安徽省哲学社会科学规划重点项目（AHSKZ2019D032）研究成果

从融入到突破
长三角高质量一体化发展中安徽的机遇与路径选择

陈江华 著

中国科学技术大学出版社

内容简介

长江三角洲地区位于"一带一路"与长江经济带的重要交汇地带,是我国综合实力较强的区域之一,在国家现代化建设大局和全方位开放格局中具有举足轻重的战略地位。本书介绍了长三角高质量一体化理论基础及演进路径,从区位、产业、人力、科技、金融等视角研究了安徽在长三角一体化发展中的机遇与优势,提出发展路径对策,旨在全方位分析长三角高质量发展中的安徽优劣势基础上,探索其深度融入与重点突破的理论基础和实践逻辑。本书适合从事经济学和管理学的学者、学生和相关产业工作人员等参考使用。

图书在版编目(CIP)数据

从融入到突破:长三角高质量一体化发展中安徽的机遇与路径选择/陈江华著. —合肥:中国科学技术大学出版社,2023.7
ISBN 978-7-312-05726-7

Ⅰ. 从⋯　Ⅱ. 陈⋯　Ⅲ. 长江三角洲—区域经济发展—研究　Ⅳ. F127.5

中国国家版本馆 CIP 数据核字(2023)第 119254 号

从融入到突破:长三角高质量一体化发展中安徽的机遇与路径选择
CONG RONGRU DAO TUPO:
CHANGSANJIAO GAOZHILIANG YITIHUA FAZHAN ZHONG ANHUI DE JIYU YU LUJING XUANZE

出版	中国科学技术大学出版社
	安徽省合肥市金寨路96号,230026
	http://press.ustc.edu.cn
	https://zgkxjsdxcbs.tmall.com
印刷	安徽省瑞隆印务有限公司
发行	中国科学技术大学出版社
开本	710 mm×1000 mm　1/16
印张	14.25
字数	295千
版次	2023年7月第1版
印次	2023年7月第1次印刷
定价	60.00元

前　言

　　长江三角洲地区位于一带一路与长江经济带的重要交汇地带,是我国综合实力较强的区域之一,在国家现代化建设大局和全方位开放格局中具有举足轻重的战略地位。2019年12月,《长江三角洲区域一体化发展规划纲要》正式发布,选择在区域一体化发展最有条件的长三角率先探索新时期区域高质量发展战略,这标志着长三角区域一体化发展迈入更高质量一体化发展阶段。2020年8月,习近平总书记在合肥主持召开扎实推进长三角一体化发展座谈会时强调,要深刻认识长三角区域在国家经济社会发展中的地位和作用,紧扣一体化和高质量两个关键词,推动长三角一体化发展不断取得成效。因此,长三角一体化发展将不仅是一个区域性的经济发展问题,而且是事关中国经济全局的战略和路径选择。目前,长三角区域担负着率先加快构建双循环新发展格局的重大任务,长三角一体化发展不仅要谋求"三省一市"(安徽省、江苏省、浙江省、上海市)的高质量发展,还要主动服务于全国加快构建新发展大局。长三角一体化发展上升为国家战略以来,"三省一市"各展所长,协同推进科技创新和经济发展,共同谋求区域协调和美好生活,近年来取得了显著成绩。

　　长三角区域一体化实现高质量发展,重点在欠发达地区,难点也在欠发达地区。"一体化的一个重要目的是要解决区域发展不平衡问题,要针对欠发达地区出台实施更精准的举措,推动这些地区跟上长三角一体化高质量发展步伐。"有必要调整政策思路,加大对长三角一些后发展地区的政策支持。充分发挥欠发达区域比较优势,推动欠发达区域跟上长三角一体化高质量发展步伐。欠发达地区需要对本地产业资源的盘点以及经济、技术、人才资源的开发进行全面的调研与评估，找出最具地方特色、最有基础和条件发展起来的产业，并与总体规划、土地规划、空间规划紧密结合起来，形成具有一定约束力的产业发展规划。

安徽一直努力向东融入长三角一体化发展，历经经济协作、部分城市先行加入、全省域融入、区域一体化高质量发展阶段。安徽从长三角的"旁听生"成为"正式生"，正在雄心勃勃地成为"中等生"，并向"优等生"努力。安徽融入长三角高质量一体化发展目标确定下来后，政府出台了一系列相关政策，采取果断措施全面推进。作为一个正处于发展高速上升期的省份，安徽的发展潜力较大，也是长三角未来十分关键的经济增长点。随着沪苏浙的产业向外转移，安徽抓住区域一体化发展的战略机遇，经济发展持续高位运行，保持良好的趋势，各方面发展水平都努力向江浙沪靠近。但安徽与沪苏浙之间的发展差距十分明显。目标的确立与实现之间还有很大差距，不能混淆目标与实现过程，要深刻理解实现高质量一体化目标的难度。长三角区域虽然是中国经济较为活跃、发达的区域之一，但还存在发展不平衡状态，区域内部目前仍有部分相对欠发达地区，主要集中在苏北、浙西南、皖北等地。从整体经济发展水平和市场发育程度来看，上海、江苏和浙江要明显强于安徽，尤其是上海市更为突出。为了实现安徽融入长三角更高质量一体化发展，必须正视安徽经济发展境况。

作为欠发达地区融入长三角更高质量发展，安徽必须解决好区域一体化发展，同时发挥自身优势在局部领域突破发展、尽快缩小差距这两个问题。目前相关研究大多从国家战略的宏观层面，着力于长三角一体化规划图景实现，来研究安徽在长三角高质量一体化发展的思路、任务及路径。研究问题一定要充分认识目标与过程的关系，具体分析安徽经济、自然、文化、制度等方面的差距，发掘创新、区位、资源等方面的优势，提出切实可行的实现路径。安徽作为长三角的"东部腹地"与"西部门户"，如何紧抓长三角更高质量一体化发展机遇，大力发挥自身优势，找准战略定位，在技术创新、人力资本、金融资本和区位资源上扬皖所长、展现作为？必须重点研究安徽经济高质量一体化发展过程中如何发挥区位资源、金融资源、人力资源、创新资源，同时重视制度和文化要素的作用。

  安徽全面融入长三角一体化发展,并利用优势资源在局部领域取得突破,需要进行理论探讨和政策建议。本书试图利用发展经济学、区域经济学等学科理论,总结安徽融入长三角一体化发展的历程,分析安徽拥有的优势和劣势,探索安徽的融入和突破的路径。首先从整体角度分析区域一体化发展理论、安徽融入长三角一体化发展机遇和挑战、未来发展路径;其后具体分析安徽区位资源新优势、人力资本新热土、金融服务新动能、科技创新策源地、产业聚集地和数字经济新高地等方面内容。

  由于作者水平有限等原因,书中难免存在一些不足之处,敬请读者不吝指正。

目　录

前言 ………………………………………………………………（ⅰ）

第一章　长三角高质量一体化理论分析 ……………………（ 1 ）
　　第一节　区域高质量一体化发展理论 ……………………（ 2 ）
　　第二节　长三角高质量一体化研究热点分析 ……………（ 16 ）
　　第三节　长三角高质量一体化理论 ………………………（ 28 ）

第二章　长三角一体化安徽融入表现与突破发展 …………（ 41 ）
　　第一节　长三角一体化推进的成效评估 …………………（ 41 ）
　　第二节　安徽高质量一体化发展的机遇与挑战 …………（ 56 ）
　　第三节　安徽高质量一体化发展突破策略 ………………（ 73 ）

第三章　安徽凸显长三角区位资源新优势 …………………（ 85 ）
　　第一节　安徽区位资源优势明显 …………………………（ 85 ）
　　第二节　安徽区位资源配置机遇与挑战 …………………（ 92 ）
　　第三节　安徽发挥区位优势服务长三角一体化路径 ……（104）

第四章　安徽开拓长三角人力资本新热土 …………………（108）
　　第一节　安徽人力资本现状 ………………………………（109）
　　第二节　安徽人力资本优势 ………………………………（117）
　　第三节　安徽人力资本发展的局限性 ……………………（121）
　　第四节　安徽打造长三角人力资本新热土的路径选择 …（124）

第五章　安徽增添长三角金融服务新动能 …………………（128）
　　第一节　长三角金融一体化的动因及发展 ………………（129）
　　第二节　金融发展区域差异测度及分析——基于基尼系数视角 …（137）
　　第三节　长三角金融一体化中安徽发展机遇与制约因素 …（147）
　　第四节　安徽融入长三角金融一体化的建议 ……………（152）

第六章　安徽建设长三角科技创新策源地 …………………（155）
　　第一节　安徽科技创新发展阶段分析 ……………………（155）

第二节　安徽融入长三角一体化科技创新优势……………………(158)
  第三节　安徽融入长三角一体化科技创新存在问题………………(161)
  第四节　安徽建设长三角科技创新策源地路径……………………(164)

第七章　安徽培育长三角优势产业集聚地………………………………(170)
  第一节　长三角一体化发展政策演进………………………………(171)
  第二节　长三角产业发展基础与特征………………………………(177)
  第三节　长三角产业一体化现状分析………………………………(182)
  第四节　长三角产业一体化实证分析………………………………(189)
  第五节　安徽培育长三角优势产业困境……………………………(192)
  第六节　安徽培育长三角优势产业路径……………………………(195)

第八章　安徽打造长三角数字经济新高地………………………………(198)
  第一节　长三角数字经济一体化理论与实践………………………(198)
  第二节　安徽融入数字经济长三角发展成效………………………(202)
  第三节　安徽融入数字经济长三角存在的问题……………………(208)
  第四节　安徽融入数字经济长三角发展路径………………………(212)

后记…………………………………………………………………………(220)

第一章 长三角高质量一体化理论分析

在双循环新发展格局背景下,长三角一体化已进入高质量发展阶段。2018年,长三角一体化正式上升为国家战略,这表明国家充分肯定长三角地区推进区域一体化发展成绩的同时,又赋予长三角"三省一市"在国家现代化建设中的新使命。沪苏浙皖合称的长三角地区是全国 GDP 领先区域之一,也是经济活力高、创新研发程度强、国内外贸易体系完善的核心区域,在面对新发展阶段时,更需保持协同共进的发展节拍,继续书写高质量发展新历程画卷。"十四五"规划的开局之年,不仅是全国发展的新阶段起点,也是长三角地区一体化发展的新节点,既是长三角一体化发展成为国家级战略的第三个年头,又是长三角生态均衡发展提出的第二个年头,还是习总书记调研安徽时就长三角一体化发展召开专题会议的整整一周年之际。近年来,随着高质量一体化发展目标和规划的制定,长三角地区建立了协调机制和执行机构,推出一系列制度和举措,谋划和落实区域一体化项目,初步构建"四梁八柱"规划政策体系,发挥多层次工作机制实效。长三角各省市就相互关注度高的省际、区间协调一体化发展领域着重开展协商,达成一系列框架协议,并逐步落实一体化、系统化发展的任务,其发展成果是显而易见的。现阶段,长三角区域已经初步实现经济领域合作加深、经济活力发展充沛、研发创新程度持续提升、中高端人才资源集聚、金融渠道几乎无障碍联通、空间联系更为紧密、生态绿色城市建设的一体化发展战略协同共进,区域经济对全国经济的贡献程度进一步提升,在我国区域发展新格局中"试验田"和"育苗圃"的作用更加彰显。

长三角一体化发展要立足国际化和现代化的两大浪潮中,不仅要协调好区域内省(市)际关系共同发展,还要走向更大范围的战略协同,加强与其他重大区域战略的联动发展,在国家区域发展总体战略全局中进行统筹谋划;并且积极与国际贸易环境相融合,利用好对外贸易与对外合作的积极影响效应,打造出优质的营商环境,消除国内外经济壁垒,构建出国际市场与国内市场之间的良好通道。

在双循环新发展格局背景下,长三角区域发展坚持一体化发展和高质量发展这两项核心区域发展思路。区域协同发展要以一体化市场发展作为首要发展目标,对区域内的各项资源禀赋流动的省际壁垒进行优化和取消,如省际行政壁垒、金融政策壁垒、人才限制壁垒等,使得资本资金、人才资源甚至土地等资源要素在区域间更加流畅地流动,促进资源要素的边际效益提升,发挥各自省市的比较优势,形成分工更为合理、效率更为优化的区域"合力",进而实现地区的高质量发展。长三角一体化发展是实现区域高质量发展的核心条件,同时区域高质量发展也是实现一体化的主要动力源泉。二者之间的实践活动丰富了我国区域协调发展理论,同时也为国内其他区域一体化发展和高质量发展提供了鲜活的示范案例。深入探究以长三角为代表的区域一体化、高质量发展实践与理论,既能对中国现代化发展具体实践进行总结和阐述,丰富中国发展经济学理论研究,又能为实现长三角一体化发展战略目标提供重要的理论研究支撑。

第一节 区域高质量一体化发展理论

"中国奇迹"是改革开放的结果。中国政府通过增量改革和渐进调整的方式寻求适合自身的经济发展道路,在积极稳妥推进国内经济体制改革的同时,也逐渐打破了过去高度封闭的经济状态,积极参与国际经济体系,深度融入经济全球化,形成了全面开放的格局。中国之所以在这几十年里实现经济腾飞,究其根本原因,并非完全是"改革开放"这个四字政策,而是"改革开放"这一导火索,促进了中国的劳动力、资本金、新技术、新制度和新结构所形成的优势得以充分释放。①

一、经济发展理论

(一) 经济增长与经济发展

经济增长和经济发展是两个紧密联系但又存在重大区别的概念。二者在定义方面就存在较大的差异,前者更为侧重经济总量的扩大,是一个"量"的概念。而经济发展则是一个多维的过程,除产出和收入的增长外,还包括整个社会经济结构的变化,涵盖了制度、社会管理结构乃至社会观念的转变。可以发现,经济发展的定义范畴是更为繁复和多样的,经济发展是基于经济增长而实现的,即经济发展是经济增长的充分非必要条件。

1. 经济增长

长久以来,对于如何完成经济增长的这一目标,是众多古今经济学家们共同研究的课题,同时也是经济体的"掌舵者"所关心的核心领域之一。自亚当·斯密始起,弗里希、凯恩斯等诸多经济学家们先后对这一研究领域进行了理论边际拓宽和

---

① 郭熙保,胡汉昌.后发优势新论:兼论中国经济发展的动力[J].武汉大学学报(哲学社会科学版),2004(3):351-357.

理论深度挖掘。从历史发展角度来看,主要经历了古典经济理论、边际学派、新古典经济理论、新经济理论等多层次递进的理论发展阶段。纵观经济理论发展历史,哈罗德-多马模型自20世纪30年代末被提出后,标志着经济增长理论进入现代经济理论阶段,该理论提出了储蓄与净投资的概念,并认为投资是推动经济增长的核心动力因素。20世纪50年代后,经济学家逐渐不再满足于仅以资本积聚来解释经济增长,开始引入国民生产函数的概念,试图通过分析资本、劳动、技术等要素的投入与预期产出的关系来解释经济增长的过程。随着历史车轮的前进,20世纪60年代后,技术创新所撬动的经济增长逐渐被经济学家所认知和关注,具有代表性的经济学家索洛就提出过技术进步方为长期发展视角下的根本增长动力,资本及劳动等其他要素仅能在短期发展中具有推动力,长期发展视角下并非经济增长推动要素。至此,技术创新所涉及的人力资本理论、市场企业竞争理论等纷纷在经济增长研究过程中被创建。20世纪70年代以后,通过对新古典经济增长理论的梳理与进一步思考,以诺思为代表的新制度经济学家发现,有效的制度变迁对经济增长不仅有影响,而且这种影响将会产生决定性的结果。该理论认为过去提出的经济增长的"资本决定论""技术决定论"及"人力资本决定论"等理论均存在一定的片面性,其中所提到的核心增长因素,如规模经济、资本积累、创新应用、人力资本积累等,并非根本性经济增长动力因素,而是由于制度变革外在表现的特征,故而,实现经济增长的根本动力因素为制度因素,即"制度决定论"。该理论认为制度的内涵是规则,一种可以规范大多数人的规则,一旦制度发生变化就会对经济产生影响,正是因为人的行为将被制度变化后的变化所影响,具体而言,是借由人在经济体系中的经济活动变化所达到的。人们的经济活动在理论假设中将遵循成本收益的最大化原则,并在不同经济活动成本收益比较后,据此选择是否从事某项经济活动。该理论研究认为,个人的经济活动收益率只有在与整体社会的收益率相接近的制度下,才会积极维护制度。以诺思为代表的新制度经济学家对制度变迁与经济增长关系的考察具有深远的价值和意义,但仍存在不足之处,其研究内容主要是通过历史事件和案例分析进行的理论性描述。随着经济学的进一步发展,国内外学者陆续研究出反映制度变迁的替代指标,试图通过运用大量数据,采用计量方法对制度变迁与经济增长的相关性进行实证研究。近年的研究成果表明,制度变迁与经济增长之间确实存在高度的相关性,从而进一步证实了新制度经济学家有关制度变迁对经济增长至关重要的结论。

纵观历史,数百年以来有关经济增长的理论争论一直未曾停歇,理论研究范畴从社会物质资料等有形体拓展到人力资本、技术等无形体。同时,随着历史进程的发展,新兴技术与跨学科等研究工具,也在不断演变。有关经济增长理论研究的增长要素从财富资本、劳动人口逐渐拓展到人力资本、技术创新、制度体制等。历史阶段的局限性和区域发展的局限性尽管对理论研究存在一定的限制,但西方的众多经济学家们关于经济增长的理论研究和成果是足以为现代其他国家的经济增长提供一定的智力支持和理论借鉴。

2. 经济发展

经济发展,从某种角度上看,实质是一种结构变化的过程,伴随而来的是相应制度安排的变迁。与经济增长的内涵相比,经济发展是在经济增长的基础上进行了内涵拓展,囊括了经济结构的变化,即经济要素投入结构、经济产出要素结构、经济质量及经济社会中居民的经济公平与社会幸福等。在二者的数量化度量指标方面,前者一般仅需 GDP 这一指标,而后者则一般是多个指标的综合性度量。因此,就经济发展的指标度量而言,发展经济学家从不同的角度,依据不同的变量影响模式与影响程度进行了相应的划分。其中,哈根、尼维阿罗斯基及联合国社会发展研究所重点从结构的角度度量经济发展,主要考察了投入结构、产出结构、分配结构、就业结构以及文化教育、卫生健康等因素对经济发展的影响。此外,以莫里斯为代表的发展经济学家从经济发展的目的出发,提出了"物质生活质量指数"的概念,主张按照人的福利而不是结构变化来度量经济发展,克服了仅靠 GNP 等指标度量的局限性,更好地反映和比较世界各国的经济发展状况与人民生活水平。21 世纪以来,联合国发展计划署(UNDP)丰富并修正了"物质质量生活指数",提出"人类发展指数"的概念,该指数由寿命、教育程度和生活水准构成,用以衡量相对的人类发展水平,进而反映一国长期人类发展的进步水平。人类发展指数分为四组:极高人类发展指数(0.8 以上),高人类发展指数(0.7—0.8),中等人类发展指数(0.55—0.7),低人类发展指数(0.55 以下)。据此测度出我国的 2020 年度指数值位于高人类发展指数区间,达到 0.761,在全球范围内位列 85 位;与 21 世纪初始年度的 0.726 指数数值和排位 96 相比,均有所提高[①]。此外,我国的预期寿命和平均受教育年限两个指标好于综合人类发展指数,但人均国民收入指标排名相对较低。这在一定程度上表明,我国的社会发展指标要优于经济发展指标。

中国特色的发展经济学的核心理论依据是唯物主义的辩证法和历史分析法,其理论重点放在社会中的生产力与生产关系之中,以及依据唯物主义中的经济基础决定上层建筑的思想来阐述现实中的发展问题。中国特色社会主义经济发展的主要动力:要从要素投入转变到创新发展。自我国实施改革开放后,经济发展的主要动力要素由劳动、资本较快地过渡到技术创新、人力资本与知识等更高效的经济要素。这种发展模式的变化,其核心是较快地以技术与知识等生产要素替代掉占据社会主要生产要素的劳动与资本等。技术与知识的主要表现形式为创新,且不仅仅是科学技术领域的创新,也包括制度体系方面的创新。近几十年来,我国经济所取得的显著成就离不开融入全球经济金融体系,发挥海外资本、华侨资本等资本优势,积极利用好国家制度引领的优势等。这些不仅仅是中国发展经济学理论的外在实践,也同样是可供其他发展中国家借鉴参考的理论样式。

---

① 杨辉.我国财政支出与人文发展指数相关性研究[J].长沙铁道学院学报(社会科学版),2007(1):69-71.

(二) 可持续发展与高质量发展

高质量发展与经济增长、经济发展和可持续发展这两组概念有着密切关联性。可持续发展是在传统经济增长和发展模式对环境和生态造成不利影响的情况下提出的反思,注重代际关系的科学发展理念。高质量发展是相对于过去强调数量高速发展带来问题而提出的,重视质量的中低速发展新发展观。经济发展是可持续发展与高质量发展的基础,经济发展还是各国政府一项非常重要的任务。

1. 可持续发展

虽然自然生态很早就已经被经济学家加入理论分析之中,但环境因素只在20世纪60年代才在国际上引起了经济学家广泛关注。一般经济学强调的是资源配置的效率,可持续发展经济学则要强调资源、环境供求的代内和代际公平,不能为满足当代人的福利而损害子孙后代发展。可持续发展经济学不仅要研究适应自然界限的经济增长,还要在尊重自然的前提下突破自然界限的科技进步。20世纪70年代,罗马俱乐部共发布了三个《增长的极限》报告[1],基本出发点是自然资源的稀缺性、不可再生性、不可替代性。增长极限的经济学理论将人口、粮食、自然资源、环境污染等认为是经济增长的5个核心要素,并建设性地指出继续按照当时工业经济的发展模式走下去,将会在百年的时间内达到经济的极限高度。这种理论提出后也有异议,一些经济学家依据发达国家经济增长的实际状况指出,自然资源供给限制经济增长的界限是可以改变的,即自然资源的稀缺性、不可再生性、不可替代性是可以依靠投资和技术进步改变的。

《布伦特兰报告》中强调了可持续发展的概念,指出可持续的原则是对外在环境不造成影响后代继续生活生存的前提性原则[2],并着重指出可持续发展需优先对全球的经济能力较差的人群进行考量。Pearce and Turner 指出可持续发展是人与环境在发展的过程中具有较强影响关系的产物,其主旨是重视发展的外在环境持续恶化,并将对全球经济发展与人类存续产生负面影响。Briguglio 等认为可持续发展在注重当代人类的社会需要时,也需要关注后代人类的发展基本需求,如健康、安全等基本要素。越来越多的学者意识到人类经济行为对环境的影响,日益关注"关于人类环境和自然资源加速恶化而造成经济和社会发展的后果"。当1983年世界与环境发展委员会设立时,联合国大会确认,环境问题是全球性的和坚定的,实施可持续发展政策是所有国家的共同利益。

当下,对可持续发展的定义范畴不断外延,其发展主旨是实现对全社会全方位的经济社会发展,既包括经济的增长与繁荣,又囊括了社会稳定公平和生态环境维

---

[1] 1972年,罗马俱乐部首发《增长的极限》,它是美国麻省理工大学德内拉·梅多斯、乔根·兰德斯、丹尼斯·梅多斯等人合著的研究报告。

[2] 1987年,格罗·哈莱姆·布伦特兰在联合国大会上发表《我们共同的未来》报告(又称为《布伦特兰报告》)。

护。建立在经济增长基础上的可持续发展,不再是以牺牲环境为代价的粗放式经济发展,而是维护生态环境与社会稳定前提下的发展模式。在新冠疫情全球蔓延的情形下,可以看出城市在引领创新、弥合不平等差距、采取气候行动、确保绿色和包容性的经济复苏等方面发挥着不可替代作用。2018年联合国经济和社会事务部编制的报告中指出,目前全球55%的人口生活在城市中,预计到2050年,这一数字会升至68%,可以说可持续发展的未来将取决于城市的命运。我国经济发展仍在不断实现工业化、城市化和现代化的时期,这一时期内国内经济结构优化日益明显,且表现出自然资源对整体经济的推动力较为显著的特征。这种资源与经济的发展关系,使得国内本就较为稀缺的资源环境显得更为薄弱与紧张,同时,全球经济持续增长与全球资源愈发稀缺的现状,也不断地对环境提出了更高的要求。整体来看,中国实现可持续发展将主要完成以下方面的任务:完成经济的数量与质量的同步提升;满足人类生存发展的物质、精神、文化和社会等方面的需求;维护生态系统的平衡与稳定,保证环境的稳定性和生物的多样性;统筹人与环境、资源与发展、人口均衡等关系;改进技术研发目标与内容。① 可持续发展是一种从量变到质变的变迁发展模式,其发展核心不再是经济总量的增长,而是经济质量的提升。中国将继续坚持可持续的理念,统筹经济、社会、生态的协同发展,促进国内经济结构的转型升级,并积极发展人类命运共同体,为全球可持续发展做出重要贡献。

2. 高质量发展

保持高质量发展,是中国经济未来发展的必然趋势。高质量发展在党的十九大报告中被率先提出,报告指出国内经济已经处于从高速增长向高质量发展转变的新阶段。该报告首次将"高质量发展"作为一个核心概念置于重大政策表述之中,重新赋予了新时代我国经济发展方向的理论内涵和政策定义。

经济增长与经济发展具有紧密联系,但两者之间又有明显差异。故而,在对二者进行研究时,需明确其内涵的差异性。改革开放40多年以来,我国国民经济增长取得了举世瞩目的成就,其主要特征是数量和规模的急剧增加,更多表现为"规模扩张"和"要素驱动",实质上是一种外延式的增长方式。步入崭新的发展阶段后,适应快速增长阶段的制度体系将难以维持对高质量发展的制度的支持,且在某些领域甚至会对高质量发展产生负面影响。从基本内涵的角度来看,高增长和高质量发展,都是经济社会产出的增加,换而言之,经济意义都是经济系统中的全部商品使用价值实现增长,日益增长的经济使用价值以满足人民逐步增加的经济需求。但二者的差异十分明显,经济的高速增长阶段主要集中于重视产品与服务供给量的增加,而高质量发展更注重经济结构和经济质量。经济高速增长这一阶段是我国经济从供给端的角度出发,其基本特征表现为"落后的生产力水平难以满足

---

① 汪卫民,吕永龙,卢凤君.可持续发展的理论分析及实现途径初探[J].中国农业大学学报,1998,3(2):1-5.

人民日益增长的物质文化需要",为了迅速扭转物质上存在的制约和不足,这一时期经济发展目标中,国民收入、市场利润、GDP水平等指标理所当然地成了社会共同追求的重要目标。当经济高速增长已经取得了巨大成就,初期的制度结构和制度安排难以维持经济增速的持续性,前期过度重视"量"的增长而忽视其他发展变量所积累的矛盾日益凸显出来。在党的十九大报告中就已提出,社会的主要矛盾现已转变成人民日益增长的美好生活需要和不平衡不充分发展之间的矛盾。即经济总量的增长并不足以完全解决发展中所反映出的各种问题。"高效""公平""可持续"这些将是高质量发展的核心目标。

从已有研究成果来看,高质量发展的定义范畴一般包括以下四个角度:第一种研究视角是以"五大发展理念"和社会主要矛盾为视角界定高质量发展内涵(赵昌文,2017;何立峰,2018;程承坪,2018;杨伟民,2018;刘志彪,2018;任晓,2018)。第二种研究视角是从经济高质量发展为视角强调从增长到发展的变化(张军扩,2018;金碚,2018;王春新,2018;任保平,2018;林兆木,2018;朱启贵,2018;李伟,2018;徐赟,2018)。第三种研究视角则是从微观、中观、宏观等不同层次看待高质量发展的内涵要求(刘迎秋,2018;王一鸣,2018;姚冬琴,2018;汪同三,2018)。第四种研究视角是通过识别经济社会发展中的不平衡问题来分析高质量发展内涵(赵昌文,2017)。根据 Romer 的"内生增长理论",经济增长受内生而非外生因素的驱动,鲜有学者提出内生增长是实现高质量发展的根本支撑(和军,2019;黄柳林,2019)。

高质量发展是基于创新、协调、绿色、开放、共享等核心理念的发展模式。其核心模式是以效率高、过程公平及可持续的方式来满足美好生活的需求。高质量发展也是基于高速经济增长转型新阶段的国情而提出的发展模式。总而言之,高质量发展具有综合性、系统性、全覆盖面等特点,相较粗放的数量规模增长,其具有结构优化调整、风险可控制、环境可持续等明显优势。

实现高质量发展的主要措施有构建现代经济产业体制、推动能源经济高质量发展、加强生态环境可持续发展、打造社会民生高质量体系、构建高质量对外体制等多个方面。由高速增长转向高质量发展,所涉及的不仅仅是经济增长方式由外延型向内涵型转变,更是一种体制转轨和制度变迁的过程。增长方式由高速转变成高质量,我国需对制度体系进行创新改革,追根究底,是需要自上而下地完成制度体系的适当变革方能实现高质量发展目标。2021年发布的"十四五"规划中就已指出实现高质量发展是我国经济实践与理论的统筹方案,也是实现宏观经济的稳步提升,是经济体系中实现企业的高质量发展,也是生态环境的高质量发展。同年发布的《中共中央关于党的百年奋斗重大成就和历史经验的决议》中也着重指出推动高质量发展,统筹发展和安全。

二、区域经济一体化理论

区域一体化内涵比较丰富,范围比较广泛,涉及国际市场和国内市场一体化发展问题。

(一)区域分工与区域经济合作

在古典学派学者看来,他们开展经济学术研究的主题是以不断增长的劳动分工,以及对自然资源和生产方式的私有产权为特征。斯密认为,劳动分工是劳动生产率和人均收入增长的最重要源泉。[①] 劳动分工最先在一个国家企业和区域内部出现,然后再到它们相互之间,最终会扩展到国家之间。劳动分工一来可以从专业化中获得收益,二来节约了在不同工序和工作中更换所损失的时间,最重要的是促进了机器的改进。[②] 依据马克思主义政治经济学的分工理论,人类劳动具有社会性,社会劳动必然伴随着社会分工,伴随着手工业和商业的专业化,城市开始出现,城乡发展产生区别,城乡间分工程度日益加深。在完成统一市场后,社会将普遍出现区域分工的现象,同时,组织形式与专业的区域分工也将逐步累积成其发展的内生动力。

区域分工的内涵是不同地区依据自身的区域比较优势,专门从事可以体现区域比较优势的专业生产,通过市场的区域间交易实现其分工生产的商品价值,并满足区域内不宜生产或无法生产的商品市场需求,从而实现良性循环的生产能力不断扩张的一种地区分工。依据区域比较优势的差异,可以将其大致分类为四种。一是以自然资源差异为基础所决定的分工,不同区域内以自然资源差异为基础,可以发展长期稳定的分工与协作关系,但随着社会生产力的发展和科学技术的进步,尤其是在实现工业化的国家中,这种分工的地位和作用逐渐减弱。二是以社会资源为核心基础所产生的分工,一般以资金、劳动或知识技术等资源的区域性差异为核心,进而对区域进行分工。这种区域分工的稳定性较上一种稍差,但其分工方式却是区域分工中占比超过上一种的方式,且在越发达的国家之中这种比重超出现象越发显著,这种分工方式同样也是我国的重要分工方式之一。三是以经济规模或结构为主要差异的分工。这类分工方式大多集中于区域间自然资源与生产力水平都较为接近的地区中,其分工的稳定性更差,一方面主要是形成经济规模或结构的因素相对更为繁杂,同行业产品具有高度替代性,竞争性更强,另一方面在于生产要素在同一部门间的流动性较强,地区产品结构调整速度较快。四是以知识禀赋为基础的分工,随着知识经济的发展和信息化时代的来临,以知识的生产、传播和运用为核心的区域分工形态逐渐推进和深入。

---

① 王连峰.人力资本不平等与中国区域经济增长[D].厦门:厦门大学,2007.
② 库尔茨.经济思想简史[M].李酣,译.北京:中国社会科学出版社,2016:31.

现实的经济发展过程中,各种类型的分工往往并不是相互孤立的,而是交叉重叠进行的,主要表现为两个方面:一是由于生产部门种类繁多,不同区域的生产部门往往处于不同的发展层次,即多元经济并存,由此,实际发生的分工表现为不同产业间的垂直分工与同一产业内的水平分工的交叉。二是不同区域的分工对象不仅仅是与它毗邻的某一两个地区,而是众多地区,国家范围越大,地区数量越多,由于区际分工是在不同发展水平的众多区域间交叉进行的,因而区际分工的形式也必然会交叉重叠。

依据马克思主义政治经济学的分工理论,合作与分工相辅相成,互为补充,有分工必然要求合作的产生。纵观人类社会发展的分工的历史进程,区域分工或合作都非一步到位就完成的,大多数是一步一步地不断演变而成的,其发展历程均存在客观规律。

区域经济合作的内涵是位于不同区域内的主体基于互相遵守的某一或多个经济合作协议,将经济要素在地区之间进行再次分配,从而获取更高的经济或社会收益。究其原因,不难发现区域经济合作达成的核心诉求仍然是经济主体为了获得更好的经济要素,从而最终获得更高的经济或社会效益。按照不同标准,我们可以将区域经济合作划分为不同的种类。一是依据合作范围可以划分为国际间经济合作和国内不同地区的区间经济合作。二是依据合作方式可以划分为水平合作和垂直合作。三是依据合作对象或内容可以划分为资本合作、劳务合作、生产合作、信息合作或技术合作等。四是依据合作主体可以划分为官方合作与民间合作等。

区域经济合作是基于社会生产力发展与区域分工而出现的,也是经济区域发展的必然趋势。一般在区域空间的临近的不同区域间合作,将更容易打造出区域经济合作示范区和经济合作区。随着中国经济的快速崛起,当前各地区之间相互依存、相互融合、相互影响和相互制约达到新的高度,区域经济合作成为提升区域综合竞争力的主流趋势,加强区域经济合作,成为提升综合竞争能力的必然选择。从区域的分工与合作之间的基础研究出发,两个领域值得着重探究,分别是区域间差异、区域与整体的利益关系。究其根源,区域间的差异性是合作的客观性基础条件,区域合作有利于整体经济的扩张与提升,是根本性经济动力。

(二)区域经济一体化

二战以后,区域经济一体化已经成为世界各国维持自己经济和贸易利益的重要手段,在组织上一般表现为区域性经济贸易集团的建立与发展,这已经成为国际经济和贸易发展的重要现象。所谓区域经济一体化,是相对于经济全球化而言的,是指空间地理位置相近的两个或者两个以上国家性质主体由政府发起,在特定的一体化框架内,通过协调,缔结条约或协定实施统一的政策或措施,相互给予经济性便利,从而实现在经济领域合作的区域性组织。依据相互间的经济贸易壁垒差异情况,从壁垒的程度由高到低可以将区域经济一体化划分为以下几种:优惠贸易、自由贸易区、关税同盟区、市场共有、经济化同盟及经济完全一体化。

有关区域经济一体化的理论基础,早在19世纪初,以亚当·斯密、大卫·李嘉图为代表的古典经济学家就探讨了关税互惠条款对两个国家间贸易不仅会产生积极的影响,还可能会使两国同时遭受损失。此后,雅各布·维纳提出了关税同盟理论,指出关税同盟对于同盟国成员与非成员国之间带来的经济效应存在静态效应与动态效应的差异。其中静态效应指贸易创造效应和贸易转移效应,动态效应主要指规模经济效应、竞争强化效应、投资扩大效应以及技术进步效应等。20世纪80年代以来,以克鲁格曼为代表的学者在相互促销模型中提出一体化的发展在降低或消除市场分割带来的价格歧视时会促进成员国福利和整体福利的增长。阿朗索(1980)的"钟型发展理论"认为,经济增长的起始阶段很难是平衡的,只有单个或少数区域内的地区经济出现较快增长,且达到发展的转折阶段,才能对区域经济的非均衡状态起到加强作用,进而促使一体化经济的萌芽,随着生产要素的投入以及城市化的推进,经济高度一体化,区域间差距逐渐消除。Gatsios、Karp(1991)以博弈模型为研究工具得出关税同盟的最优政策结论,认为其最优解一方面需考虑同盟组织与外部组织间的行为策略,还需考虑同盟内单一组织对外的政策行为主导权等因素。克鲁格曼(1995)认为,区域一体化对区域间商品运输成本的降低效应,并不能主导产业的迁移活动,这可能由于规模经济效应等因素而选择不进行产业迁移,同时在一体化的过程中也可能对外部区域的产业产生负面经济效应。曼佐齐(2001)等基于内生增长理论,认为区域一体化的内部各个国家所得到的增量收益是显著高于非一体化成员国家的。

区域一体化既存在于国与国之间,也存在于一国之内的不同地区之间。一般意义的区域一体化是将相对发展较快的城市与邻近发展较慢的城市进行一体化,通过快带慢、大带小的模式,将发展较快的城市的产业更好地辐射到周边较慢的城市,从而缩减相互之间的技术、产业差距。① 通过借鉴海外一体化研究理论成果,国内的学者结合我国发展国情进行本土化理论创新,形成了较多创新理论,如梯度推移理论、反梯度推移理论、点轴开发理论、优区位开发理论等。在国内经济一体化中,具有地缘关系的省内各地区、城市之间为了谋求发展会在社会生产的某些领域进行不同程度的分工合作,形成一个能够让劳动、资本等要素自由流动的一体化的市场,促进资源优化配置和联合体的共同繁荣。张佑林(2004)指出区域一体化需要借由发展战略、规划布局、政策体系及资源的统筹规划方式,从而构建符合区域发展的有利制度体系,并尽可能消除内部的经济资源损耗现象。

伴随全球化及区域一体化的趋势不断演进,国内也逐步从区域协作、城市合作等方式走到区域一体化阶段。经济协作区是区域协作的代表性形式,是通过强化

---

① 上海市人民政府发展研究中心.长三角更高质量一体化发展路径研究[M].上海:格致出版社,上海人民出版社,2020:2.

区域内的基建领域及产业产品结构等领域协作的方式,间接促进区域内的市场形成区域协同效应。城市间经济协作网络则是城市合作的代表性形式,主要以大中城市为中心,以小城市或城镇为结点,以集镇为末梢的经济联系等各种渠道形成的经济网络。在区域经济联合发展中起到了重要作用。上述均属于区域一体化的初级形式,以政府为主导的传统经济模式无法适应新时期的发展特点,以市场为主导的市场经济应运而生,也将区域一体化带到了新的发展高度,具体包括长三角一体化、京津冀一体化、成渝地区双城经济圈、泛珠江三角洲一体化等。新的一体化形式具有扩大区域优势的作用,进而提高区域整体经济实力,增强区域经济竞争力。

区域经济一体化发展需要处理好国际与国内区域一体化建设的对接问题。中国在双循环新发展格局下积极推进对外开放战略,在印度提出退出协定后,2020年11月举行的 RCEP(区域全面经济伙伴关系协定)会议上,成功完成协定签署工作。同年12月,中国提出加入 CPTPP(全面与进步跨太平洋伙伴关系协定)。中国政府已经就协定内容进行了充分、全面和深入的研究评估,通过改革努力全面达到 CPTPP 规则标准,正按照 CPTPP 有关加入程序,与各成员进行接触磋商。在全球贸易一体化进程中,区域一体化越来越受到重视,中国通过对外开放加入区域组织来提高区域合作水平,同时与国内几大区域战略结合起来,促进国内区域高质量一体化发展。

三、区域一体化发展动力与功能

现阶段,城市群与都市圈是区域一体化发展的核心载体,承载其助力完成一体化市场、经济便利、产业融合、创新协作、治理协同、成果共享等区域统筹发展事宜。市场主体积极推动区域一体化的动力来源以及区域一体化在经济增长和经济发展中的作用需要理论阐释。

(一)区域一体化发展的动力

区域经济活动中,各生产要素具有自由流动、统一开放的天然属性。经济主体为了自身的生存和良性循环发展,希望通过生产要素在市场上自由流动,实现其交换目的。为了维持经济社会秩序,各层级政府都拥有一定范围的行政区划,行政职权行使都有一个管理边界。市场要素自由流动属性与行政管理边界限制有时会发生一些冲突。区域一体化过程,就是流动的生产要素能够突破管理边界的制约,可以按照市场动力寻找最契合的资源禀赋和比较优势,形成有效率的集聚规模合力和分工合作,进而提升整体竞争力。换而言之,跨越行政管理区域的限制,使得区域形成一体化的经济合作。

一国之中,空间地理上的经济活力往往出现非均衡分布状态,在经济资源相对集中的地区其经济活力往往更为活跃,也造就了区域间的经济发展差异特性。这种区域间的经济发展差异特性是实现区域一体化的主要动力因素。通常而言,区域间的经济差异所产生的主导因素大多为资源禀赋差异、集聚效应和产业转移成本等因素。胡佛于所著的《区域经济学导论》中将以上三种因素称作三大区域经济的基石。资源禀赋差异作为第一个基石，是由于经济发展的要素流动受限，造成自然资源、人口与资本等要素形成区域间的显著差异，即部分地区资源丰富，而部分地区资源贫瘠的现象。宏观经济学派中古典学派的理论假设前提之一，即生产要素在空间上能够完全自由流动，从而在理论研究之初就忽视了存在区域经济的可能性。也就是，如果要素可以自由流动，则每个区域根据自己的条件，扬长避短，错位发展。集聚经济作为第二个基石，则是部分地区产生规模经济效应，造成经济产业的分布不均衡。规模经济导致集聚经济的出现，这是由于经济活动在空间上往往需要距离相近的空间布局。换而言之，集聚经济将经济产业活动中所需的上下游产业链的生产要素在空间上聚集后，进而形成产业区域集聚和产业区域优势。产业转移成本作为第三个基石，指出了产业的产品生产与关联服务需要为空间上的距离付出相应的经济化、社会化等综合性成本。正是由于存在转移成本，生产要素的空间流动与转移将不再是无成本的，需要付出一定的空间转移阻碍成本。这也约束了前两个基石的实现程度，局限了区域的范围。通常，产业转移成本囊括了运输费用、时间耗费、信息传递及心理预期等成本。由于资源禀赋、集聚经济和转移成本的存在产生了区域经济存在的客观基础。也就是说，正是由于这些因素的存在，才会催生区域经济发展。

区域一体化的动力，主要来源于区域内的资源要素在更便利的流动条件下所可能取得的优化配置效益增加。一般只有在这种增加的效益高于合作所付出的成本时，同时经过多元主体成本-收益识别机制和主体博弈，使得一体化的合作意愿得以顺利传递，区域一体化的合作方能实现。如果区域合作的收益小于成本，市场主体就会丧失推动区域一体化的动力。跨国区域一体化动力机制，经济学家大多依据全球化和贸易理论为基础进行解释。比如维纳和李普西的关税同盟理论、小岛清的国际协议分工理论等，认为通过建立区域统一市场使各成员国获取贸易创造、贸易转移、贸易扩大、促进竞争等经济效益是区域一体化的主要推动力。区域贸易分工理论则从资源要素（劳动力、资源、资本）的成本差异、技术差异解释了区域分工的现象，认为一体化的驱动力来自生产过程的分化、区域和国际劳动分工的日益精细以及与之相伴随的专业化、行业内部和公司内部跨国贸易的发展。与跨国区域一体化相比，国家内部区域一体化的动力机制虽在市场分工和资源要素差异等方面与之有相同之处，但二者又有不同之处。一国区域一体化中，关税和国际贸易的影响几乎可以忽略不计，更多地考虑自然、文化、技术以及体制机制的影响。市场主体自发竞争行为以及政府实施的区域一体化战略和相关产业政策，都会影响区域一体化目标的实现。

关于我国国内区域一体化的动力，学术界有多种阐释。从经济学来看，一体化作为市场化、全球化、城镇化等趋势下的产物（洪银兴，2007），其动力要素包括了资源禀赋、经济分工、体制优化、区域博弈等(陈建军,2008)。国内的区域一体化大多是政府主导推动形成的,是一种自上而下的形成机制,对于区域一体化建设中的割裂情况更易控制(郁鸿胜,2010)。陈雯认为,区域一体化过程中要素流动和配置获取的收益超额,就是一体化的红利,这正是推动一体化进程的内在动力。区域一体化能够带来以下益处:劳动分工增强会促进规模经济集聚;提高联系密度能促进范围经济发展;缩短相互距离将降低流动成本;区域边界融合会降低交易成本;协调共享发展能促进分享经济。各种收益不是孤立的存在,它们之间还相互影响形成整体的效果。地区有效分工、基础设施联通共享、边界融合的制度合作和协调干预等形成政策组合,可以有效地降低合作成本,提升合作收益,是区域一体化的基本推动要素。① 总的来说,区域一体化不仅是区位选择的结果,而且是一个动态的、交互的过程。一体化的形态是不是一定表现为"集聚",这不能确定,因为在一定空间内"集聚"与"扩散"的力量同时发力相互影响,需要以动态系统的观点进行评估。现阶段我国一体化的动力更多地体现在当地的产业有某种集聚性或者互补性,或者当地的市场割裂状态严重阻碍了经济增长和整体福利水平的提高。区域一体化整体呈现市场一体化、产业分工体系的构建、要素流动带来的空间溢出等特点。

(二)区域一体化促进经济高质量发展

从长远角度出发,区域一体化是有利于经济增长的,但在不同时期、不同区域及不同潜质情况下,其正向作用也表现出异质性。同时,区域一体化的正向有利影响为非线性作用,仍需一定的规划和引导措施,从而积极利用其正向有利影响效应。② 针对区域一体化的影响效应研究,学术界尚未统一,而是存在不同的研究角度。第一类认为分割化的区域市场同样对经济增长具有正向影响。一般认为,短期发展过程中,区域一体化往往难以实现对经济增长的有效贡献,有时市场分割对地方经济具有短暂的促进作用,更有利于保护本地在市场上竞争力较弱的产品和服务,这也是地方保护壁垒存在的原因。陆铭和陈钊(2009)指出市场非一体化以倒"U"形的影响方式作用于经济增长,在经济增长前期的正向助力作用是显著的,而在增长后期的反向影响也同样较为显著。相反的观点认为,市场分割不利于经济增长,市场分割下的行政壁垒、技术壁垒、贸易壁垒带来了要素流动的障碍,以及克服市场分割带来的地方投资建设的同质化和产业结构的趋同造成了资源浪费,区域一体化能够克服市场分割的弊端来提高经济增长效率。第二类认为地区的经济水平与市场一体化的有利影响效应息息相关。在推动区域市场一体化的过程中仍需考虑地区经济的承受能力,研究表明,更高的经济水平地区内的一体化市场对经济增长的正向影响作用相较低水平地区反而更低。同时,经济水平较高的地区

---

① 陈雯,孙伟,袁丰.长江三角洲区域一体化空间合作、分工与差异[M].北京:商务印书馆,2018:20-22.
② 张明,魏伟,陈骁.五大增长极[M].北京:中国人民大学出版社,2021:4.

所承受的一体化市场负面影响也同样低于相对较低的地区。第三类是空间溢出对区域经济增长的影响,孙博文(2019)认为,经济发达地区不仅通过"回波效应"从其他欠发达地区吸引人口流入、资本流入和商品流入,以加快自身发展,扩大区域收入差距,而且存在为欠发达地区提供资本、人才和技术等要素而加快欠发达地区发展的"扩散效应"或者"溢出效应"。随着经济一体化程度的加深,区域经济增长差距存在先扩大后降低的趋势。以京津冀一体化为例,存在"双重低端锁定"问题,区域联系对京津冀产业升级在经济发展的影响是通过北京的技术外溢实现的,对区域整体经济增长具有促进作用,对河北和天津产生一定程度的抑制作用。此外,一体化过程中的规模经济带来的基础设施、生产性服务业的集聚,有助于降低成本,从而促进经济增长。空间上的联系和区域一体化并不能画等号,区域内的交通通达度的提高对经济增长的促进作用有限。区域一体化更多的需要通过市场一体化、要素一体化乃至制度一体化来加强区域深层联系,从而促进经济增长。总体来说,多数研究认为,长期而言区域一体化对区域整体经济增长是有利的,只是不同阶段以及对一体化组织中不同城市的影响存在异质性,这一方面是因为在某些阶段有些城市还是处于依靠资源、投资拉动经济增长的阶段;或者该区域一体化程度不高,仅仅存在空间形式上的一体化,要素层面和制度层面实质性的一体化还未出现,对经济增长作用的影响依然较为有限。另一方面,或许是因为某些城市在该区域内不存在较为明显的比较优势,因此无法充分获取一体化带来的好处。

对于地区一体化研究,有的学者开始更多地关注区域一体化对经济增长质量的影响。经济增长质量通常被认为比经济增长具有更丰富的内涵,包括生产效率的提高、经济结构的优化、收入差距的缩小和社会福利水平的提升等。李雪松、张雨迪和孙博文(2017)利用DEA模型对长三角流域一体化进行研究时发现,一体化对于不同区域的影响存在着异质性。黎文勇和杨上广(2019)认为,区域一体化能通过市场一体化和城市功能专业化提高经济增长质量。市场一体化引致的市场规模扩大和竞争加剧有助于促进要素资源跨区流动、知识溢出和技术扩散,推动技术创新和结构升级,提高经济发展质量。城市功能分工通过促进城市间形成功能错位、优势互补、良性互动的空间发展格局,进而影响经济发展质量。黄文和张羽瑶(2019)经过实证研究长江经济带城市群后认为:区域一体化不断落实的时期中,区域内的城市群体高质量发展水平均呈现出提升态势,但也存在长江上、中、下不同地区内的区别;同时,由于地区生产性服务业集聚程度的不同,一体化对城市经济高质量发展呈现出一种非线性的倒"U"形特征。但总体而言,区域一体化能够有效减少流通交易成本,发挥区域市场的规模经济效应,促进产业专业化发展以及产业间的知识溢出。因而,区域一体化对实现商品和要素的优化配置,以及提高区域经济的增长质量具有重要意义。程必定(2019)认为,一体化推动高质量发展的核心在于在资源禀赋差异和技术进步的基础上,围绕产业链的现代化推进更高水平产业协同发展,以现代化的产业体系实现经济增长的高质量。

随着我国经济发展进入新阶段,跨地区的要素流动和人员往来日益频繁,经济社会联系更加紧密。以城市群、都市圈为载体,推动实现区域一体化发展,有助于打造高质量发展的动力系统,带动我国实现更加高效、包容、可持续的发展。区域一体化发展在空间层面的目标强调整体性,区域发展在空间层面从少数地区率先增长转向一体化高质量发展,打破"生产、分配和治理"分割。在生产维度,实现商品和要素自由流动,推动分工体系不断深化;在分配维度,实现发展成果共同享有,推动地区、城乡、人群之间绝对和相对差距逐步缩小;在治理维度,实现跨界公共事务共同治理,推进建设既有良性竞争又能有效合作的政府关系。在推动区域发展的新路径方面,一是着眼范围从"个别地区"转向"整体区域",更加注重依托毗邻地区经济联系促进联动发展;二是实施举措从"特惠政策"转向"普惠政策",不是打造政策洼地,而是通过优化营商环境激发企业的内在动力;三是动力机制从"地方竞争"转向"地方合作",更加注重在生产、分配、治理维度上构建跨地区协调机制;四是推进方式从"碎片化"转向"系统化",更加注重从实现市场一体、联通便捷、产业融合、创新协作、治理协调、成果共享等多维度上共同发力。

区域一体化发展是我国区域协调发展的高级阶段。区域一体化发展是新发展阶段构建高质量发展动力体系的主要路径之一。

第一,这有利于打破区域间的行政限制壁垒,更大范围内优化资源要素的高效配置。改革开放之后,中国政府一直重视全国统一市场建设,鼓励生产要素流动和交换,但与一体化市场目标还有差距。在很长一段时期,由于分税制改革以及现有财政体制的原因,地区之间的横向竞争激励地方政府通过财政补贴、税收减免、土地优惠等优惠政策招商引资,以带动当地经济发展。这种"地方政府"竞争的区域发展模式能够在短期内有力促进物质资本积累,吸引农村劳动力进入城市,促进当地经济增长。但也产生行政区经济,导致地区间市场分割、产业同构等负面后果长期存在,严重影响可持续发展。随着我国发展阶段的演进,人均资本逐步增加,物质资本回报率开始下降;同时,劳动力供求出现转折,"城城流动"对城镇化的贡献显著提升。[1][2] 在新的发展条件下,经济发展方式要从主要依靠物质资本积累转向更多依靠要素优化配置和技术创新。与之相适应,地方政府特惠政策的效能逐步减弱,行政分割的负面影响却不断增加,而地区之间的经济联系越紧密,这种行政分割的负面影响就越显著。以城市人均GDP变异系数衡量,我国13个主要城市群内部均存在明显的发展差异,其中7个城市群的内部差异高于城市群之间的差异。这说明城市群内部存在资源要素的空间错配。这就要求通过推进区域一体化发展,打破行政区经济壁垒,让资源要素在流动中实现优化配置,促进毗邻地区产业分工和创新协作,释放出增长新动能。

---

[1] 施戍杰.保持经济稳定增长与优化收入分配结构良性互动研究[J].学习时报,2018(7).
[2] 刘世锦.中国经济增长十年展望(2020—2029):战疫增长模式[M].北京:中信出版社,2020.

第二，促进区域的经济成果共享，提升区域包容性。当前，我国不同地区的居民福利水平差距仍然较大。2019年，东部地区人均可支配收入分别比中部、西部和东北地区高出51.5%、64.4%和44.1%。① 而与教育、医疗领域人均财政支出衡量，东部地区基本公共服务水平也明显超过其他地区。即使在东部地区内部，差异同样较大。2019年，河北人均财政教育支出分别只有京津两地的38.3%和67.6%；人均财政医疗支出分别只有京津两地的36.9%和72.3%。② 随着人力资本对经济增长的重要性不断增强，落后地区公共服务欠缺不利于其内生动力集聚，可能导致循环累计效应。破解新时期社会主要矛盾，需要促进不同地区居民福利水平趋同，但目前受到地区分化的约束。

第三，解决跨界的协同管理程度低的难题，实现可持续、高质量发展。目前，我国城镇化率已经超过60%，社会各项矛盾也日益凸显。随着跨地区要素流动和人员往来日益频繁，经济社会联系更加紧密，公共事务的空间外部效应也不断增大。例如，空气污染受地理阻隔、产业集聚等因素影响存在连片特征，具有很强的跨界属性。生态环境部公布的2019年168个重点城市空间质量排名中，后20位城市均处于我国北方，其中，中原城市群占10个，京津冀城市群占6个。山东半岛和关中平原城市群各占两个（有交叉）。又如，人口跨地区流动、企业跨地区经营要求公共服务能够实现异地便捷办理。而在传统泾渭分明的属地管理模式下，跨地区协同治理程度低、领域窄、缺乏有效保障，难以破解治理收益和治理成本在空间层面分布不均衡的矛盾。因此，需要积极推动区域一体化进程，构建协同治理的机制体系。③

第二节　长三角高质量一体化研究热点分析

长江三角洲地区，范围覆盖41个城市，国土面积不到4%，却创造出中国近1/4的经济总量，是我国经济发展程度较高的区域之一。④ 长三角致力于打造世界级的产业集群，辐射带动提升地区和产业的竞争力和创新力。

受到全球疫情的影响，世界经济形势仍较为严峻，但是中国做好了疫情常态化的把控，国家有序进行复产复工，在此情况下，长三角一体化为国家经济高质量发展提供新动能。"三省一市"各自发挥其优势，形成强大的合力，上海市是我国经济中心，实力雄厚，在产业、技术、人才方面配置都很齐全⑤⑥，江苏省重视加快发展先

---

① 根据《中国统计年鉴2020》数据计算。
② 根据《中国统计年鉴2020》数据计算。
③ 侯勇志,刘培林.区域一体化:高质量发展有效路径[M].北京:中国发展出版社,2020(1):2-8.
④ 程必定.长三角更高质量一体化发展新论[J].学术界,2019(11):56-67.
⑤ 陈宪.以"上海都市圈"建设推动长三角一体化发展[J].金融经济,2019(7):17-19.
⑥ 权衡.长三角高质量一体化发展:发挥上海的龙头带动作用[J].上海城市管理,2018,27(4):2-3.

进制造业,实体经济基础优越[1],浙江省数字经济和民营经济发展取得卓越成效,经济实力有目共睹[2],安徽省大力促进科技创新,发展人工智能技术,建成人工智能的产业集群[3]。各省市之间协调合作,积极探索,形成新的发展格局,最后做到促进整个国家经济的发展。

长三角地区要对科技和产业的创新起到示范作用。长三角拥有优质的科研资源,坐拥两个综合性的国家科学中心,国家工程研究中心以及各大高校的人才力量等,长三角一体化发展有利于集合区域资源,打破行政壁垒,实现合作共赢,努力把握在人工智能、生物医药、集成电路等关键领域的创新主动权,发挥龙头带动效应[4]。

但是长三角地区产业高质量发展仍面临着难题,首先"三省一市"经济紧密联系在一起,经济发展红利共享,同时也意味着风险的互联。基于长三角地区的发展模式,一个产业的不同环节也许会在不同的省市,那么一旦一个环节出现问题,产业链上的所有城市都会遭受波及,风险传播的速度将会加快,影响力将会加大。其次发展一体化使同质化现象更为严重[5],各个企业之间制定相同的标准,处于相似的发展态势,减少了企业的多样化,缺乏独立的竞争优势,造成整个区域企业的平庸化,经济活力会有所下降。再次,各省市之间的利益碰撞致使一体化实现存在困难,由于各个省市的行政区划和目标定位不同,一个政策的实施所产生的影响是多方面的,之间的协调发展成本也是一个需要考虑的问题。

基于上述情况来看,长三角一体化是国家深化改革的一个重要环节,是未来专家学者研究的重点问题,因此对已有的文献研究进行概括和总结,厘清长三角一体化的发展进程,探索一体化进程的难点具有重要意义。本书运用 CiteSpace 软件对国内学者关于长三角地区的研究进行梳理,分析当前的研究状况和热点,希望能对长三角一体化发展的未来研究提供参考。

一、研究数据与方法

(一)研究数据

本书研究数据来源于 CSSCI 数据库,以"长三角"和"一体化"同时作为关键词词对数据库内的文献进行检索,时间跨度为 2003—2020 年,剔除了重复文献和不相关的其他文献等,最终得到 213 篇相关研究文献。

---

[1] 杜宇玮.长三角区域一体化发展目标下的江苏方略[J].江南论坛,2019(12):12-16.
[2] 周学武,潘家栋.浙江助推长三角高质量一体化的机制与路径[J].全国流通经济,2019,14:93-95.
[3] 张学良,吴胜男.长三角一体化新发展与安徽新作为[J].学术界,2021(3):58-66.
[4] 张孟月.长三角经济高质量一体化发展之路[J].科技与金融,2021(4):3-4.
[5] 唐亚林.从同质化竞争到多样化互补与共荣:泛长三角时代区域治理的理论与实践[J].学术界,2014(5):71-83.

（二）研究方法

由陈美超博士开发的文献科学计量软件 CiteSpace，可以将文献的数据信息可视化，把科学知识的发展历程及其结构关系通过图形的方式展现出来，从而直观地将文献之间的联系呈现给读者，使读者了解相关研究领域的发展进程与前沿[①]。本书将借助 CiteSpace 软件对筛选出的数据进行知识图谱可视化分析，从作者发文量、文献期刊共被引以及关键词聚类等多个方面对长三角一体化的研究热点和前沿趋势进行探讨。

二、文献统计分析

（一）文献的时间特征和发表数量

一个时间段的文献发表数量往往能够反映这一时期在该领域的话题关注度以及研究成果。2003—2004 年长三角一体化领域文献数量开始增长（图 1.1），长三角一体化话题开始被有所关注，在此之后的几年内该领域的研究处于相对平稳状态，但是总体来说呈现下降趋势。习近平总书记 2018 年宣布支持长三角区域一体化发展并上升至国家战略，此后，该领域发文量开始逐年增长并且增速较快，呈直线增长趋势，说明了长三角一体化发展受到国家政策的影响，成为近些年来的热门研究话题。

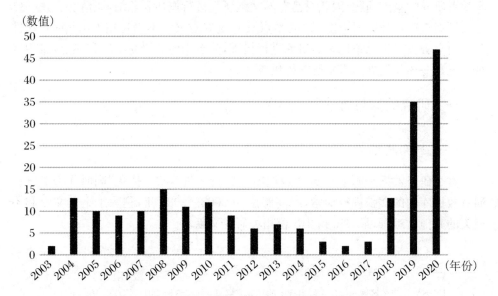

图 1.1　2003—2020 年长三角一体化领域的文献数量

---

① 李杰，陈超美. CiteSpace 科技文本挖掘及可视化[M]. 北京：首都经济贸易大学出版社，2016.

(二) 作者共现分析

最高产作者发文量为12篇,由普莱斯定律[①],即可得发文量3篇及以上为高产作者,共有7位。从作者的合作网络图(图1.2)中可以看到共有274个节点,154条连线,网络密度为0.0041。除两个比较明显的合作团队之外,其他作者间的合作较少,核心作者群落不多,以小团队合作为主,作者之间的相互交流不密切。

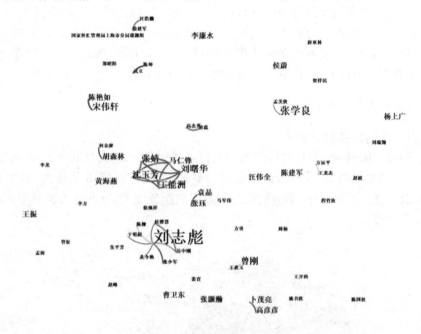

图1.2 作者合作网络

2003—2020年作者发文量(3篇及以上)见表1.1所列。

表1.1 2003—2020年作者发文量(3篇及以上)

序号	频次	作者
12	12	刘志彪
4	4	张学良
3	3	曾刚
3	3	刘曙华
3	3	张婧
3	3	王能洲
3	3	沈玉芳
3	3	宋伟轩

---

① Solla P D J. Little Science Big Science[M]. Columbia: Columbia University Press, 1963.

从表1.1中可以看出,在CSSCI数据库中,刘志彪是长三角领域研究发文量最多的学者,共12篇。刘志彪,现为南京大学经济学教授、博士生导师,教育部人文社会科学重点研究基地"长三角经济发展研究中心"执行主任,他发表了多篇关于长三角地区的著作。其中,《长三角区域经济一体化》一书中对一体化发展的机制和原则进行了深入的剖析,从制度建设、水平测度、理论分析、实证分析等多个角度对长三角区域经济一体化进行研究,给一体化未来的发展提出了政策建议①。

发文量排名第二的是张学良教授,共4篇。张学良现为上海财经大学讲席教授、博士生导师,研究方向为区域经济与城市经济,对于长三角地区的发展,他表示长三角一体化发展要同时兼备速度和质量,可以从市场、功能、产业、交通、公共服务、生态6个方面着手,适应长三角一体化发展新阶段②③④。

(三) 共被引分析

1. 期刊共被引分析

运用CiteSpace软件对被引期刊进行可视化分析,选择"Cited Journal"作为网络节点,结果如图1.3所示,该图谱共得到399个节点,1753条连线,网络密度为0.0221。在知识图谱中,节点的大小与被引的次数相关,节点越大表明期刊被引用的次数越多。

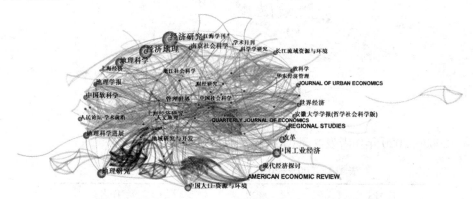

图1.3 2003—2020年长三角一体化领域高被引期刊知识图谱

由图1.3可以看出,相关于长三角一体化这个主题的研究,《经济地理》《经济研究》《地理研究》《地理科学》《中国工业经济》等期刊的被引用频次较高,这些期刊都是经济领域的高质量期刊,并且其中大部分都对区域的经济发展状况有着重研究。其中,前十位的期刊见表1.2。

---

① 刘志彪.长三角区域经济一体化[M].北京:中国人民大学出版社,2010.
② 张学良,李丽霞.长三角区域产业一体化发展的困境摆脱[J].改革,2018(12):72-82.
③ 张学良,林永然,孟美侠.长三角区域一体化发展机制演进:经验总结与发展趋向[J].安徽大学学报(哲学社会科学版),2019,43(1):138-147.
④ 张学良,杨羊.新阶段长三角一体化发展须处理好几类关系[J].学术月刊,2019,51(10):39-45.

表1.2 2003—2020年长三角一体化领域被引用期刊次数前十位

频次	期刊	年份
40	经济地理	2003
38	经济研究	2003
24	地理研究	2008
23	地理科学	2004
22	中国工业经济	2005
18	地理学报	2012
17	改革	2018
17	中国软科学	2004
16	地理科学进展	2005
16	上海经济研究	2004

2. 文献共被引分析

选择"Reference"作为网络节点,可以得到CSSCI数据库中长三角一体化的高被引文献的知识图谱,结果如图1.4所示,该图谱共得到441个节点,1085条连线,网络密度为0.0112。其中被引频次最高的是张学良[1],达6次,其次是刘志彪[2]为5次。

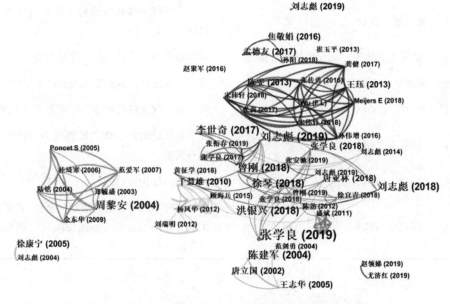

图1.4 2003—2020年长三角一体化高被引文献知识图谱

---

[1] 张学良,林永然,孟美侠.长三角区域一体化发展机制演进:经验总结与发展趋向[J].安徽大学学报(哲学社会科学版),2019,43(1):138-147.

[2] 刘志彪,陈柳.长三角区域一体化发展的示范价值与动力机制[J].改革,2018(12):65-71.

表1.3列出了前九位长三角一体化领域的高被引文献,这些文献对后续该领域的深度研究起到了很好的参考作用。其中被引用次数最高的为《长三角区域一体化发展机制演进:经验总结与发展趋向》[1],该文探讨了长三角一体化发展机制的主要内容和特点,包括政府协商机制、经贸合作机制、区域协同治理机制、资源共享机制、民间组织合作机制以及当前的发展背景下推进一体化所面临的多重挑战,给出高质量一体化发展的未来趋向和建议。被引用次数第二的是《长三角区域高质量一体化发展的制度基石》[2]一文,认为制度方面的因素是阻碍区域经济一体化发展的主要因素,可以通过行政权力调整、放开市场、放统结合三个方面消除发展障碍,促进高质量一体化发展。被引用次数第三的同样是学者刘志彪的文献《长三角区域一体化发展的示范价值与动力机制》[3],文中认为要发挥好"强政府"和"强市场"两方面作用来建设一体化发展动力机制,并给出了具体的发展方向。

表1.3 2003—2020年长三角一体化高被引文献前九位

频次	作者	年份	文献来源	题名
6	张学良	2019	安徽大学学报(哲学社会科学版)	长三角区域一体化发展机制演进:经验总结与发展趋向
5	刘志彪	2019	人民论坛·学术前沿	长三角区域高质量一体化发展的制度基石
4	刘志彪	2018	改革	长三角区域一体化发展的示范价值与动力机制
4	徐琴	2018	现代经济探讨	多中心格局下的长三角一体化发展
4	陈建军	2004	中国工业经济	长江三角洲地区的产业同构及产业定位
4	李世奇	2017	南京社会科学	长三角一体化评价的指标探索及其新发现
4	曾刚	2018	改革	长三角区域城市一体化发展能力评价及其提升策略
4	洪银兴	2018	上海经济	长三角一体化新趋势
4	周黎安	2004	经济研究	晋升博弈中政府官员的激励与合作:兼论我国地方保护主义和重复建设问题长期存在的原因

---

[1] 张学良,林永然,孟美侠.长三角区域一体化发展机制演进:经验总结与发展趋向[J].安徽大学学报(哲学社会科学版),2019,43(1):138-147.

[2] 刘志彪.长三角区域高质量一体化发展的制度基石[J].人民论坛·学术前沿,2019(4):6-13.

[3] 刘志彪,陈柳.长三角区域一体化发展的示范价值与动力机制[J].改革,2018(12):65-71.

三、研究热点和路径演进

(一) 研究热点分析

研究中出现频率高的关键词往往反映了该时间段的研究热点,因此将网络节点设置为"keyword",以分析长三角一体化领域研究热点。得到知识图谱如图1.5所示,图中有332个节点,798条连线,网络密度为0.0145,图中节点表示关键词出现的频次,频次越高,节点越大。因此,出现频率较高的关键词有:"长三角""长三角一体化""区域一体化""长三角地区""经济一体化"等。

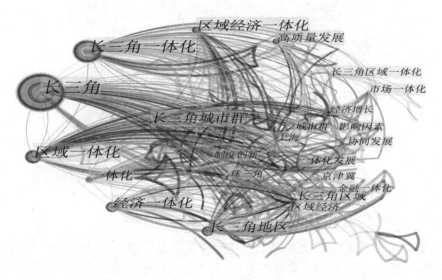

图1.5 关键词共现知识图谱

采用LLR(对数似然法)对高频关键词进行聚类(图1.6),得到具体聚类有"长三角""区域一体化""长三角一体化""区域经济一体化""经济一体化""长三角地区""高质量发展""长三角经济一体化""产业结构""发展平台"。聚类模块值(Q值)=0.6313,表示该聚类结构显著。从表1.4可以看到,轮廓值皆大于0.5,表示该聚类比较合理。

聚类0、1、2、3、4、5、7说明了"长三角""区域""经济""一体化"等关键词在研究中的重要程度。长江三角洲区域一体化发展对我国经济的高质量发展具有重要的意义。从区域来说,上海发挥龙头作用[1][2],辐射浙江、江苏、安徽三省,提高科技创新能力,完善长三角地区的基础设施建设,建成开放融合的经济环境,打破行政、管

---

[1] 李律.全面接轨大上海加快融入长三角[J].浙江经济,2020(5):62-63.
[2] 杨金水,王永刚,何泉.打造杭州接轨大上海融入长三角桥头堡[J].浙江经济,2020(2):62.

理壁垒。一体化的重要目的是解决区域之间发展不平衡的问题[①],因此要积极建成城乡协调发展的新局面,提高农村教育、医疗水平,加强城乡产业相互协作、公共服务城乡共享,促进农业现代化。除了加强经济建设之外,生态环境保护也是至关重要的一项任务,重视生态环境共同保护治理,促进环保产业的发展,突破各地区域限制构建管理机制,推进长三角生态绿色一体化。

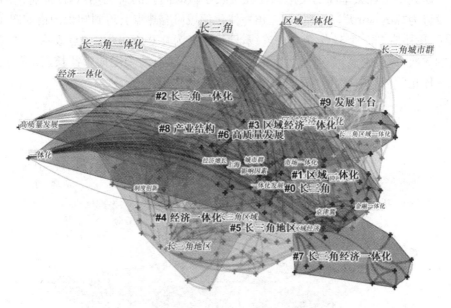

图1.6 长三角一体化研究关键词聚类图谱

聚类6"高质量发展"是衡量长三角一体化的重要指标,发展不能一味地追求速度和规模,发展质量才是重中之重[②]。人才是高质量发展必不可少的推动力,高素质的人才为城市的发展提供了活力。长三角地区各大城市积极出台人才引进战略,给予优秀人才落户补贴政策。除此之外,科技是第一生产力,加大科学研发力度,努力在人工智能、集成电路、生物医药领域取得新的突破,贯彻落实长三角高质量一体化[③]。

聚类8"产业结构",改革开放以来,长三角地区以发展出口导向型产业为主,通过发展对外贸易来拉动经济的增长,由于存在信息不对称问题,导致国内外的生产需求不对应,加剧了各个城市之间的竞争。但如今,受到国际经济形势且数字经济快速发展的双重影响,长三角地区的产业结构开始出现调整,数字经济与实体经

---

① 胡超,郭霞.区域经济一体化对经济增长的影响:基于粤港澳大湾区的实证[J].广西财经学院学报, 2021,34(2):118-130.
② 孙久文.新时代长三角高质量一体化发展的战略构想[J].人民论坛,2021(11):60-63.
③ 韩坚,熊璇.新发展格局下长三角区域高质量发展的新机制和路径研究[J].苏州大学学报(哲学社会科学版),2021,42(2):103-112.

济进行深度融合,推动了产业结构的快速转型升级。数字经济将数字变成了生产要素,使数据产生了价值,突破了传统产业的局限性,从供给侧和需求侧两个方面对区域的经济形态产生影响。①

聚类9"发展平台",长三角一体化为区域间合作搭建了平台,长三角一体化战略实施之后,区域间签订了多项合作协议,建设了多个合作平台,对区域内各个城市的发展起到辐射带动作用,为它们提供了更好的生产资料、人力资源、科学技术。城市之间相互协作,资源共享,发挥各自所长,致力于打造世界级的产业集群②,见表1.4。

表1.4 长三角一体化研究关键词聚类信息统计

聚类	节点数	轮廓值	年份	聚类名称
0	47	0.94	2011	长三角
1	46	0.746	2015	区域一体化
2	43	0.896	2011	长三角一体化
3	40	0.87	2008	区域经济一体化
4	40	0.881	2008	经济一体化
5	37	0.831	2012	长三角地区
6	27	0.834	2016	高质量发展
7	15	0.955	2006	长三角经济一体化
8	10	0.966	2006	产业结构
9	7	0.965	2012	发展平台

(二) 研究前沿分析

长三角一体化自提出以来经历不同的发展阶段,相应地会出现不同时期的研究侧重点。本书通过对关键词进行凸显分析,讨论长三角一体化的研究动态、研究前沿并预测未来该领域的发展方向(图1.7)。

如图1.7所示,在长三角一体化研究发展初期,经济一体化、区域经济一体化等关键词凸显度较高,并且持续至今,专家学者们正处于对于一个新领域的基础探索阶段。在2010年,长三角一体化领域出现"协同发展"这个关键词③④,意味着对

---

① 赵海峰,张颖.区域一体化对产业结构升级的影响:来自长三角扩容的经验证据[J].软科学,2020,34(12):81-86.

② 王振.长三角地区共建世界级产业集群的推进路径研究[J].安徽大学学报(哲学社会科学版),2020,44(3):114-121.

③ 沈玉芳,刘曙华,张婧,等.长三角地区产业群、城市群和港口群协同发展研究[J].经济地理,2010,30(5):778-783.

④ 朱俊成.长三角地区多中心及其共生与协同发展研究[J].公共管理学报,2010,7(4):39-48.

于该领域的研究上升到了另一个层面,提出了具体的发展策略,长三角区域"三省一市"合作共商共建、促进区域内资源流通、形成开放自由的市场,形成合力。"京津冀"协同发展凸显于2014—2015年,京津冀是中国的另一大城市群。2014年,习近平总书记在北京主持召开座谈会,强调实现京津冀协同发展,打造首都经济圈①②。京津冀协同发展与长三角一体化同属于国家区域战略,但是北京、天津、河北之间联系的紧密程度不如长三角地区。"高质量发展""一体化发展"是自2018年以来的凸显词,与2018年长三角一体化上升至国家战略密切相关,在一体化的进程中实现高质量发展是近些年来专家学者的研究重点,从哪些方面采取具体措施推动长三角区域高质量一体化是学术界关心且探讨的问题。③④⑤

关键词	年份	强度	开始	结束	2003—2020
经济一体化	2003	3.82	2003	2008	
区域经济一体化	2003	2.82	2003	2011	
区域经济	2003	2.39	2005	2010	
长三角经济一体化	2003	1.49	2005	2007	
协同发展	2003	2.39	2010	2014	
长三角区域一体化	2003	2.91	2014	2020	
京津冀	2003	1.83	2014	2015	
高质量发展	2003	3.51	2018	2020	
一体化发展	2003	1.58	2018	2020	

图1.7 2003—2020年长三角一体化领域前九位凸显关键词

(三)路径演进分析

本书借助CiteSpace软件中的"Timezone"时区视图,对CSSCI数据库中的长三角一体化领域的研究路径进行分析。按照时间的顺序,我们可以直观地了解长三角一体化战略的发展历程,如图1.8所示。

将知识图谱与长三角一体化的现实发展情况相结合,可以将一体化进程大致分为四个阶段:

---

① 吕世斌,庞卫宏.京津冀与长三角区域协同发展战略比较研究[J].商业经济研究,2015(6):128-130.
② 屠孟樵.长三角经济圈与京津冀经济圈的比较分析[J].统计科学与实践,2014(11):6-8.
③ 郭湖斌,邓智团.新常态下长三角区域经济一体化高质量发展研究[J].经济与管理,2019,33(4):22-30.
④ 胡本田,曹欢.长三角高质量一体化发展研究:基于人才吸引力视角[J].华东经济管理,2020,34(10):1-10.
⑤ 沈坤荣.以区域一体化推进长三角高质量发展[J].金融经济,2019(7):11-13.

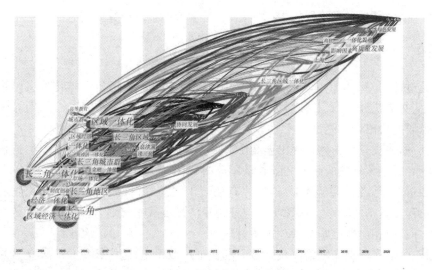

图1.8 关键词时区图

1. 酝酿萌芽阶段（1992—2000年）

这个阶段正处于浦东开发开放时期，上海积极吸引长三角城市在上海投资建设，努力构建长三角一体化的框架。但是在决策提出初期，一体化仍是一个新鲜的概念，在这一阶段专家学者对于该领域仍处于探索阶段，因此对这方面的研究较少。

2. 积极拓展阶段（2001—2007年）

这一时期长三角一体化发展出现了新的机遇，改革开放成效有所体现，中国加入世界贸易组织，经济全球化的效应推动长三角地区经济的发展。可以看出这一阶段，出现了很多凸显关键词，是长三角一体化研究的活跃时期。

3. 深化巩固阶段（2008—2017年）

这一阶段长三角的合作范围有所扩大，随着安徽地区的经济逐渐发展以及交通基础设施的完善，安徽与苏浙沪之间的联系日以紧密，2016年安徽合肥、芜湖等8个城市被纳入《长三角洲城市群发展规划》。可以看到2017年"高铁"作为凸显关键词出现在Timezone时区视图之中，可以看出这一阶段高铁对于长三角区域经济的协调发展具有重要意义。

4. 高质量一体化阶段（2018年至今）

2018年11月5日，习近平总书记在首届中国国际进口博览会上宣布，支持长江三角洲区域一体化发展并上升为国家战略。习近平总书记指出，长三角一体化发展对带动整个长江经济带和华东地区的发展具有重要意义，要紧扣"一体化"和"高质量"。高质量发展必然离不开绿色发展，绿水青山才是金山银山。建成生态环境治理体系，实现治理能力现代化也是长三角一体化发展中的重要工作任务，实现可持续发展是经济发展的理想状态，才能创造更长远的发展前景。"高质量发展"和"绿色发展"是现阶段的重点任务,也是学者们重点研究方向。

四、结论

通过运用 CiteSpace 软件,对 CSSCI 数据库中关于长三角一体化的文献进行分析,从文献统计分析、共被引分析、研究热点和路径演进三个方面着手,对该领域的文献研究得出以下结论:

其一,在长三角一体化提出至 2018 年上升至国家战略之前,可以看到,国内的专家学者对于该领域的研究文献数量不算多,2015—2017 年甚至连续三年的文献发表数量低于 5 篇,直至 2018 年后才有相较于之前的大幅上升,这与国家发布相关政策存在紧密的联系。这说明了国家的经济发展战略规划直接影响未来的经济发展方向,也相应地影响学者理论研究热点。

其二,从作者合作网络以及高被引的文献可以看出,国内长三角一体化领域的研究团队也大多来自长三角地区,但仍主要以"学缘"为主,作者之间尚未形成紧密的合作网络。刘志彪、张学良、曾刚、刘曙华等学者为该领域的研究做出了重要的贡献。

其三,从关键词聚类来看"高质量发展""产业结构""发展平台",是长三角一体化领域的研究主题,且结合凸显关键词来看,各个阶段的发展侧重点明显,高质量发展是近两年来强调的发展方向。将 Timezone 视图与关键词凸显图相结合,长三角一体化的历史进程清晰地展现出来,对于该领域的路径演进研究起到了很大的助力作用。长三角的一体化发展分为四个阶段:酝酿萌芽阶段、积极拓展阶段、深化巩固阶段以及高质量一体化阶段,理论研究也随着一体化进程的推进,从一开始薄弱的理论基础发展到如今的全面、多元、高品质的理论体系。

第三节　长三角高质量一体化理论

长三角一体化上升至国家战略之前,国内的专家学者对该领域的研究文献数量不算多,2018 年后才出现大幅上升现象。长三角一体化发展是改革开放 40 多年以来区域布局合作和要素合作进入一体化协调发展新阶段。长三角一体化发展过程中取得了一定的成绩,但是与未来期望还存在一定的差距、短板和问题。主要表现为:整体协调的国家层面实体统筹机构尚未成立;各区域之间的主动互相融合机制、社会公共服务和社会治理协调机制缺乏;区域间各城市的功能定位、合作分工不明晰,产业发展协同性不强、产业结构同质性竞争过度,区域内的改革成果和利益共享机制尚未形成;资源配置的市场机制尚未完全发挥;区域内统一大市场机制尚未建立、过于依赖政府的推动作用;长三角城市群政策协调方式缺乏前瞻性,主要是以个案处理方式为发现问题解决问题的方式,行政配置资源的痕迹明显,依法治理的任务还很艰巨;长三角区域间的社会发展事业和服务事业共享机制不健全,地方政府行为主要集中于经济增长的数量、就业保障和税收等实体利益,致使长三角地区在要素市场竞争、基础设施建设方面缺乏共享机制。

"一体化"与"高质量"是长三角一体化发展的核心标志。一体化体现在区域协调可持续发展的最高表象;高质量发展是解决经济社会发展主要矛盾的内在要求。高质量发展是长三角一体化发展的必然趋势和内在动力,是监测经济发展实效性的衡量标准。这就要求在区域一体化发展进程中不是简单追求经济增长的量,而是做到质和量的内在统一,注重质的提升。质是解决当前长三角一体化发展问题的主要矛盾。因此,经济发展要重点解决经济结构与内在质量。长三角高质量一体化发展是建立在平等互利基础上的,这就需要区域之间更好地解决制度和政策的协同性问题,共同形成互利共赢的合作共同体,在利益和责任上进行合理的协调。长三角高质量一体化作为国家战略,需要进行实践总结和理论深化研究。

高质量一体化是中国语境的一个概念,在外文文献中很难找到一个很好相对应的词。区域高质量一体化是指在经济发展中把"高质量"和"一体化"统一起来,做到在经济高质量发展的背景下推进区域一体化进程,同时区域一体化发展中促进经济高质量发展,最终推动全区域现代化建设目标实现。在百年未有之大变局的国际经济发展新形态以及我国经济进行高质量发展的背景下,区域协调和联动发展是今后我国区域经济发展的重大课题,是贯彻新发展理念和构建新发展格局的主要内容和内在要求。区域高质量一体化发展可以从两个维度理解:一是从内涵上理解为高质量的区域一体化,回答区域一体化的本质是什么,明确其发展目标和任务;二是从发展过程上理解,高质量一体化指区域发展是一个不断的积累和提高的渐进过程。

一、国外高水平区域一体化经验借鉴

(一) 城市群与都市圈高水平区域一体化

城市群与都市圈是城市经济发展到较高阶段在地域空间结构上的反映,一般情况下一个城市群内又包含数量不等的都市圈。城市群在经济学语境中指向的是在一定地理区域内,具有一定数量的不同类型、质体、性质的城市。一般是以一定的自然地理和资源为发展依托,形成一个或两个规模超大或特大的核心城市,以现代化的生产服务设施、交通运输网、资源集聚网为基础,进而在区域各城市间形成合理的经济分工和合作,构成一个比较完整的城市综合体。进入工业文明以来,城市群的发展呈现出加速的态势,空间上的集聚和渗透现象出现,形成城市区域化和区域城市化的双重发展特征。第三次工业革命后,城市群的数量增多,在世界范围内先后形成了若干分布密集、相互联系的城市集聚体,一般称之为城市群。因此,城市群是以空间经济活动为基础的经济范畴。它包含两层意思:一是大量城市在一定空间范围上的集聚,二是集聚起来的城市之间联系密切。因此,城市群并不是单纯大量城市的组合,而是城市间需要建立密切联系。因为计划经济体制下城市的规模、功能往往取决于城市的等级,高等级城市通过指令计划对一个或若干个低等级城市的生产、运行进行调节,城市之间的联系往往是垂直的。虽然城市也出现了集聚,但集聚起来的相同等级的城市之间联系强度是微弱的。相反,在市场经济中,生产要素的流动并不屈从于城市的等级结构,城市之间的横向联系显著增强,若干个互相联系的城市通过分工与协作,逐步形成密不可分的整体,真正意义上的城市群也就出现了。城市群一体化是消除制度壁垒,不断降低商品和要素城市间的流通成本,优化资源配置并实现所有城市协调发展的过程。

城市群一体化本质就是经济发展的一体化。城市是区域生产者和消费者的集聚区域,是经济、自然、文化和社会的综合体,在一体化进程中是这些元素的共同一体化,城市群与都市圈的发展可以从不同角度理解,一般可概括为实体、制度与功能三个方面。实体层面的一体化主要是城市间通过交通设施或者城市外围的扩大实现城市间的对接。制度层面的一体化主要是构建完善的城市群协调机制,以此推动城市间的协同发展。功能层面的一体化主要是指通过完善城市在区域生产和生活中某一领域所承担的特殊功能。发挥城市群作为社会活动综合体的功能优势。所谓城市群一体化就是将特定区域内各种相互关联的要素进行有规律、有目标的重新组合,而将其形成结构清晰、功能明确、运作有序的整体系统的过程。

国外发达国家已经形成了一批具有典型意义的较高水平区域一体化,其实践为当前我国区域一体化提供了可以借鉴的经验。国外区域一体化分为主权国家间和一国范围内两种形式。国外经验表明,高水平区域一体化的形成必备几大要素。一是有共同的制度和政策基础,其中完善的共同法律和规划是重要的制度保障。例如,欧盟制定了《欧洲煤钢共同体条约》《欧洲原子能共同体条约》《欧洲经济共同体条约》,这些制度是欧盟一体化的重要驱动力。二是发挥专业机构和社会力量的作用,在欧盟、纽约都市圈、东京都市圈发展过程中,规划协会、非政府组织和社会力量都对它们的一体化推进起到了重要的作用。欧盟多层治理架构的有效运转作用突出,例如各成员国组成了部长理事会。准国家机构的组织也起到重要作用,例如地方政府的私人机构、一些非政治组织。城市群建设所具备的统筹规划的具体内容包含以下几个方面:城市单元之间的基础设施有机契合、产业结构的合理配置和分工、公共服务的共享化、生态环境一体化保护等。东京湾除了有宏观的一体化规划外,内部区域内也各有规划,所有规划的协同由专业智库来科学制定。从20世纪20年代开始,一些非政府机构关注于美国纽约湾区一体化发展的长期规划,比如2014年纽约区域规划协会(RPA)实施大都市区域的第四次规划发展,集中于从一体化发展的角度解决区域内收入差距、基础社会建设、就业保障以及环境保护等突出问题。旧金山湾区的区域治理机制涉及生态环保、基础设施建设、大气治理等方面来共同推进区域协调发展。三是建立适合本国国情的城市群一体化协调机制的各种模式。发达国家也纷纷建设适合本国发展实际的协调模式,例如英国的大伦敦区域行政架构协调模式、美国城市和政府间的专门协调模式、法国市(镇)联合体协调模式、日本特大中心城市发展协调模式。最后,要充分发挥市场对资源配置的作用,形成区域内的统一大市场。

(二)城市群与都市圈发展理论

城市群是区域一体化发展的必然结果,也是城市化的更高阶段。国外都市圈经济研究最早可以追溯到19世纪20年代。德国农业经济学家杜伦(Tunen,1826)提出了不同农业作物围绕中心城市呈现出同心圆状的布局,也就是"杜伦环"都市圈圈层结构理论的雏形。19世纪末,国外学者开始关注城市群的研究,相对于都市圈研究要晚,提出"田园城市模式""卫星城"和"城市体系系统化"等理论,主要通过组合和疏散等方式解决城市过于集中带来的经济、社会和环境等问题。从总体上来看,这一时期城市群及其一体化的理论尚不成熟,主要讨论的是中心城市与外围城市(卫星城),或卫星城之间的协调发展。20世纪中叶以后,西方学者对城市群的研究逐步深入。法国地理学家格特曼(J. Gottmann,1957,1961)认为,城市群是一种在地理上中心式分布的数量不等的大城市和超大城市集聚形成的具有多种功能、多个核心、多层次的城市群。它是一种大都市区的联合载体,是城市化更为成熟的表象。城市群代表未来城市化的发展方向。弗里德曼(J. Friedmann,1964)建立的经济发展和空间演化机制,分析了城市群的发展阶段特征,指出城市群一体化是城市群的空间发展。哈盖特和克里夫(P. Haggett 和 A. D. Cliff)构建了现代空间扩散理论,并提出了区域城市群空间演化的模式。库默斯(I. B. F. Kormoss)和霍尔(P. Hall)通过研究西北欧城市群和以伦敦—利物浦为中心的英格兰城市群,认为在20世纪80年代之后,经济全球化和信息技术的发展推动了城市群的发展。这一时期关于城市群一体化的研究进展主要表现在两个方面:一是更加重视通过城市群一体化协调机制来解决生态环境问题;二是强调通过城市群一体化来增强总体竞争力以应对经济全球化的挑战。戈特曼(1990)认为城市群应该注重社会、文化、生态的协调发展。魏克纳吉(M. Wackernagel,1992)、莱斯(W. Ress,1992)提出"生态足迹"的概念,并以此来反证人类必须有节制的使用空间资源。弗里德曼(1986)通过研究城市体系的等级网络,划分了按照级别从高到低依次是世界城市、国际城市、国家城市、区域城市、地方城市,认为城市体系的等级关系是一种合理的状态,体现着跨国公司纵向生产地域分工。范吉提斯(Y. N. Pyrgiotis,1991)、昆曼与魏格纳(K. R. Kunzmann 和 M. Wegener,1991)提出的网络化知识体系,认为大城市带是一种新的区域组织形式,是产业在空间整合优化的结果,在经济全球化进程中占有核心位置。当前各种类型的城市群发展协调管理机制在国外已经建立,发展规划已成为一种参与全球化、全球性竞争的战略手段。

概言之,国外学者对城市群与都市圈进行相关形态的研究,经历了一个从静态到动态、从结构关系到空间机制、从小范围到大范围的漫长研究过程,契合从城市进化到城市群再进化成大都市发展区域带的进程规律。都市群是"点—圈",城市群是"点—线—圈"的形式,相对来说都市圈的发展在注重内部一体化、增强总体竞争力的同时,也更加注重通过建立更有效的协调机制来解决都市圈发展中面临的生态环境问题。但由于我国与发达国家在自然条件与社会经济条件上的巨大差异,西方学者提出的理论和实践是针对特定区域发展的,其理论与模型并不能完全作为中国化的依据,因此有必要结合中国城市发展的实际,研究我国城市群与都市圈发展中出现的问题,完善自己的理论。

二、中国区域经济理论发展

(一)中国推进区域协调发展战略实践探索

新中国成立以来,我国区域经济发展历经平衡发展、不平衡发展、协调发展的重大战略发展阶段。新中国成立后,我国逐步建立和实行计划经济体制,区域经济理论从恢复生产和全国一盘棋的角度强调区域之间平衡发展,实施一些大的项目和工程。改革开放以来,中国没有完全照搬国外的模式,而是在自身发展的经验和教训中,依据自身发展的实际,采取不平衡发展战略和梯度发展推进的举措进行协同发展。平稳地实现了由不平衡发展转为区域协调发展的战略目的。此举有力地推动了中国经济40多年的较快增长和社会的相对稳定。不仅各地区的经济增长速度较快,区域间的差距也在一定程度上有效地缩小。中国通过不断实践,形成了具有中国特色的区域协调发展的道路。

1978年以来,我国区域经济发展战略思路是从原来的区域不平衡发展迈向协调平衡发展的转变。总体上看,这种战略转变大体可分为三个阶段。第一阶段是1978—1998年。这一阶段的主题是围绕东部地区优先发展,强调资源配置的效率先行。因此很多发展资源偏向于沿海地区的集聚。但同时也要照顾到革命老区、贫困地区和少数民族集聚地。20世纪六七十年代由于受外部环境影响,国家区域发展战略强调备战,重视缩小区域间的差别,注重均等化发展。围绕以提高经济效益的战略方针,国家六五计划强调利用东部地区的区位优势,"充分发挥他们的特长,带动内地经济进一步发展",设立经济特区,执行沿海对外开放的政策。虽然在"八五"计划中首次正式提出促进地区经济协调发展,推进全方位对外开放,但由于没有出台相关的配套政策,国家投资布局和政策支持的重点仍主要集中在沿海地区,不平衡发展的趋势更加明显。第二阶段是1999—2018年区域协调发展阶段,在此期间中国全面实施区域经济协调发展战略。1999年9月中国政府正式提出"实施西部大开发战略"。2013年10月,中共中央决定"实施东北地区等老工业基地振兴战略"。2014年1月提出了"促进中部崛起战略"。之后,相继推进"京津冀"协调发展、长江经济带发展、"一带一路"倡议,再到主体功能区战略和多中心网络开发的国土开发战略,以不同层面共同的发展格局推进区域经济的协调发展。第三阶段是2018年11月至今为区域高质量一体化发展阶段,以长三角一体化上升为国家战略为标志。中国经济由高速增长阶段转向高质量发展阶段,建立健全绿色低碳循环发展的经济体系是新时代经济高质量发展的主要目标导向。区域高质量一体化既有"高质量发展"又有"一体化"内涵。长三角更高质量一体化发展是顺应新发展格局、更好贯彻新发展理念,让长三角作为国家代表参与全球合作与竞争,更好地引领长江经济带发展,更好地服务全国改革开放发展大局历史进程的需要。

推进区域协调发展是我国经济发展的一条主线。其内在逻辑就在于我国是一个发展中的大国,区域辽阔,通过协调联动可以有效地释放发展均衡的动力,其主要抓手在于扩大经济总量,提高发展质量。充分发挥国内的超大规模市场优势和内需潜力,不断深化供给侧结构性改革,释放经济发展的新动能。进入新时代以来,国家陆续围绕区域协调发展实施一系列的重大区域发展战略,逐步在全国范围内构建了多层次、多类型、全方位的区域联动发展格局。一些区域发展形成了联动的示范作用。发挥地方的积极性和主动性,制定具体的区域性规划,设置不同功能的经济区,培育新发展动能和新的经济增长极。以京津冀、长三角、粤港澳大湾区、成渝城市群为四角,北京至广州(港澳)和上海至成都(渝)发展轴作为两条中线,组成一个菱形的区域协调发展综合示范区。以此,构建点线同频的主体空间的区域重大战略,形成以"点"带"面"、"点""线"交织、全方位互动的区域高质量协调发展新形态,进而推动全局经济发展。这些区域协调发展战略的实施为区域经济理论提供了丰富的实证材料。

(二)中国区域发展理论逐步完善

我国区域经济发展理论在新中国成立后一直不断调整和丰富。改革开放之前,我国区域经济理论强调平衡发展,该理论受到苏联经济理论以及中国经济恢复和社会主义经济建设的客观需要的影响。改革开放后,区域经济采取非平衡发展战略,让一部分地区先发展起来,强调发展效率和速度,以带动全国整体发展。随着区域不平衡发展战略带来地区差距拉大的问题,1999年前后提出区域协调发展的理论。同时,一些学者认为非协调发展具有合理性,并且是打破传统的平衡发展论和不平衡发展论的另外一条可能的选择。通过非均衡增长实现要素的市场化配置,形成集聚和扩散的过程,最终实现区域经济协调发展。这种提法与国外学者提出的"平均的增长"和"包容性增长"概念及含义是相同的(魏后凯,1995)。从一些主流区域经济学的理论主张和具体政策实施来看,区域协调发展的理念是在不断地被认同和得到实践,期初是从平衡发展或空间均衡角度来认可,最终从区域协调发展的视野进行研究和实践。

新发展格局的必然要求就是区域的高质量一体化。从区域经济学角度,不论是形成强大的国内大循环,还是推动国内国际双循环相互促进,都需要落实到各级各类区域主体头上,相契合的空间组织架构是构建新发展格局的重要因素。区域一体化除了要畅通生产、分配、流通、消费各个环节,打通创新链与生产链、供应链之间的联系之外,还需要高度重视与之相关的空间组织建设。区域重大战略汇聚、形成韧性较强的空间组织架构,是构建新发展格局的重要路径选择。不同区域的战略互动,实现协同发展,可以避免因历史原因所造成的发展隔阂和分割,可以避免各区域间的各自独立发展,消除这种因政策级差最终可能会拉大地区发展的差距。区域重大战略的协调发展具有可行性的原因在于,国家经济一体化发展中,各自区域的目标是一致的,是围绕经济高质量发展和实现社会主义现代化国家的中心目标。同时,创新、协调、绿色、开放和共享的发展理念是相同的,且各地区都期望向高标准看齐、朝着高水平努力,达成各方都能接受的一致行动。实现区域重大战略协同联动的路径,一是保持战略间的开放性和贯通性,允许各地自主借鉴和移植体现市场经济本质要求的制度、规则等;二是最大限度地保障战略间政策利好的平衡性,在政策优惠和财政金融支持方面保持弹性,正确处理好发达地区、欠发达地区和中间地区的利益分配。具体来讲,一是开展分类指导,增强政策的实际执行力,契合区域发展的要求,以此提高战略推进的可操作性和效率性;二是推进一体联动,通过跨区域的合作优化地区分工实现优势互补。国家区域重大战略协调联动需要成立区域合作协调交流机制和组织机构,以便协调各方各地区的利益,充分发挥不同区域不同主体的优势,形成集聚效益和综合发展的效能。国家区域战略的要旨就在于最终实现共同富裕。区域战略在国家发展中具有举足轻重的地位,实施区域战略的核心是解决不合理的地区差距、促进区域协调发展。我国以区域发展战略推动解决区域间不协调不平衡的发展问题的实践,具有鲜明的中国特色;同时也为经济学和区域经济学理论发展做出了中国贡献。

区域一体化发展在新的形势下体现出新需求和新路径。区域多极化空间的扩展演化是实施区域重大战略的必然趋势,以此能够为区域协调发展创造更具有韧性的经济空间组织。为此,应采用以下措施:一是形成区域间的发展战略规划和统一行动指南;二是实现区域内部战略发展的互联互通;三是促进区域重大战略实施政策及经验的互学互鉴;四是大力推动多种类型多种层次的区域合作网络建设;五是要在顶层设计的引导下,充分发挥市场作用。推进区域一体化发展路径主要包括以下方面:一是在更高层次上发挥市场的作用,在要素配置上,全面推进区域内的大市场建设,形成区域内部均衡发展、协同发展,互利双赢。这就需要不断加大各种市场价值链的锻造力度,形成强大的微观市场基础。二是以现代交通基础设施建设为抓手,压缩时空距离,为区域内各要素的高速流动创造平台。三是实施基本公共服务均等化,不断缩小区域内部的基本公共服务发展的隔离,为区域平衡协调发展创造条件。

平衡投资和布局、平衡增长和发展,不断缩小经济差距,减少人均 GDP 的差距,是以往理论界和政府相关部门的重点关注之处。仅仅从生产和服务的最终产出的视角无法给出最终的方案,因为经济生产和产业活动的动力不足往往是与空间发展不协调相关。因此,生态环境和人的全面发展不断得到理论的关切。以人为本的理念应运而生,强调经济发展不仅要关注经济发展差距的缩小,更要关注经济社会的全面协调与可持续性。不仅要利用好当前的资源为生产服务,也要为长远的发展提供可能,更要注重经济发展与生态保护的协调。因此,不仅要看重经济增长和人均收入的提高,而且要实现区域内协调发展,注重生态环境的保护。区域协调发展评价指标应实现多元化,构建技术、生态、基本服务、人口和产业等指标体系。

三、长三角高质量一体化理论

长三角高质量发展内涵不断明晰和丰富。改革开放以来,长三角一体化发展始终备受关注,虽然不同时期采取的"名称""范围""目标"和"方法"各有不同。2018年以后,理论界和实务界广泛使用"更高质量一体化"一词。长三角"三省一市"将其各自发展目标定位在国家战略发展的新定位上,发展规划围绕国家总体发展大局,不断破除"诸侯经济",有效协调各区域间的发展,推动长三角地区更高质量的一体化,在全面建设社会主义现代化国家中形成具有领先优势的发展格局。长三角一体化发展全面提速,"三省一市"不断深化改革,提出"更高质量一体化"发展目标,探索区域合作的有效路径和体制机制,制定相关政策文件。目前在理论界形成一个研究热点,各级政府和研究机构发布了相关更高质量发展的课题,相应的研究成果不断呈现,发表学术论文和出版专著,并向政府提供决策咨询报告。长三角一体化国家战略实践的不断深入,加深了人们对其内涵建构的理解。反思当初"更高质量"的提法,认为当初提出这个概念更多的是从战略意义、目标和任务考虑,为了与以前提出的高质量发展区别开来,突出国家战略的重要意义和历史使命。自2020年以后,长三角更高质量一体化的概念使用明显少了一些,大多还是沿用长三角高质量发展的概念。长三角一体化发展是一个长期的过程,从发展历史的角度理解,发展目标和内涵也是不断完善的,高质量一体化概念也有一个不断丰富的过程,所以还是用高质量一体化概念更加合适。通过研究高质量一体化内涵、发展目标和实现路径等理论问题,有利于区域高质量一体化的实践深入发展。

(一)长三角高质量一体化发展的内涵

有关长三角高质量一体化的相关理论,国内专家学者从目标定位、战略意义以及存在问题等角度提出了不同的观点。近年来,不少国内学者从不同视角来研究长三角一体化问题。第一类是基于机制视角,通过发挥政府和市场力量推动长三角一体化(曾刚,2018;李瑞昌,2018;刘志彪,2019)。第二类是基于产业发展视角,建立产业集群来实现长三角一体化发展(张学良,2018)。第三类是基于交通设施视角,增强交通协同能力来提升长三角交通高质量一体化(熊娜,2019)。第四类是基于生态视角,完善区域联防联控联治生态治理模式推动长三角生态一体化(席恺媛,2019)。第五类是基于公共服务视角,通过提升法治化理念等推动长三角公共服务一体化(于迎,2018;刘志迎,2019)。第六类是基于高等教育视角,发挥政府、高校、社会的多边力量推动长三角高等教育一体化(吴颖,2020)。这些研究极大地丰富了长三角高质量发展理论。

长三角更高质量一体化发展的本质要求是不断通过完善区域治理体系和协同发展机制,建立创新机制来消除阻碍要素流动、资源配置的行政因素,以此形成具有优势互补、分工合理、包容共进的发展局面,在国家高水平开放和国内区域的现代化建设中起到示范引领作用。所以,各级政府及各类市场主体都需要从动因、特征和战略定位等不同维度,深刻理解长三角更高一体化发展的内涵。

从动因上来说,区域一体化发展的动力在于区域之间的差异性和集聚性。长三角高质量一体化发展面临国内和国际两个市场的空间差异和集聚问题。全球经济格局发生深刻的变化,国内各主要城市群的分工也有所改变,各城市群间和城市群内部的不平衡问题并存,长三角要在国际市场竞争中必须形成合力,不能单靠长三角主要城市各自无序的经济活动来解决,要充分发挥城市群规模效应和集聚效应,才能与国外竞争者开展有力的市场竞争。除对外开放竞争外,长三角还要发挥全国区域一体化发展的示范作用。长三角区域内,各自发展形成的差距还在拉大,现有某些政策和制度具有差异性,这种差别不利于一体化的推进,需要更加有效的统筹协调体制进行调和,充分发挥区域内市场能够优化同质。既要更好地代表国家参与全球合作与竞争,又要引领国内经济发展,实施区域协调发展战略,实现长三角区域的协调可持续发展,这些是长三角区域一体化的动力所在。

从发展特征来看,一是具有战略性。在双循环新发展格局下,长三角高质量一体化的战略地位就是在对外开放和区域高质量发展中起到示范作用,有利于在国际市场和国内市场竞争中取得自己的优势地位,从而带动全国经济发展。二是具有引领性。长三角高质量一体化发展要求在创新驱动、经济转型升级、改革开放等方面走在全国前列,对全国经济发挥着重要的增长引擎和辐射带动作用,积极打造高质量生态一体化发展的引领示范区。三是具有全面性。包括区域基础设施、产业和市场、基本公共服务、生态环境和制度等五个方面的一体化,通过协调性均衡发展,破解区域间不平衡、不协调问题,建设标准要对标全球的世界级城市群水平。四是具有差异性。长三角高质量一体化发展不是均等化也不是一样化,而要充分发挥上海作为龙头的引领作用,苏浙皖三省要各扬所长,更应关注后发地区在长三角高质量一体化发展中的重要作用,努力打造协调性均衡发展的高效经济体。五是具有包容性。长三角高质量一体化发展必须是"可持续"和"包容性"的特点,注重经济、社会、生态综合效益的协调性和均衡发展,关注代际公平发展,重视低碳发展和生态保护,走绿色发展的道路。六是具有高效率。区域一体化发展推进主要靠协商机制,协商机制的长处在于能够很好平衡各方利益和达成后各方主体会自觉的执行,但也有一个致命的弱点是低效率。长三角地区在功能组织、空间布局、基础网络、推进实施等方面形成高效决策和执行机制,同时还可以利用长三角数字经济和数字技术优势来提高推进一体化工作的效率。

从战略定位上看,高质量一体化发展内涵具有高效率、高水平、高相似度的含义。特别要强调的是,一体化不是完全的一个模式,也不是统一化,更不是合并化,而是指各行政区域主体的竞相开放,尤其是地方政府之间主动拆除各种行政壁垒,消除各种潜规则,大力推进要素在区域之间自由流动。沪苏浙皖在各个领域加强合作,搭建各种协调平台,消除行政壁垒,是促进要素合理流动,提高创新水平,将使长三角能更好地辐射带动其他地区的发展,与其他地区形成更加合理的空间发展新格局;将推动长三角发展成为全球高端技术和产业的策源地和聚集地,孕育和集聚更多具有世界性影响的资源配置平台和配置主体,成为全球资源要素配置的重要枢纽和我国参与国际竞争的战略基地。

(二)新发展格局下长三角区域高质量发展的路径选择

国内国际双循环新发展格局是应对国际国内经济发展情况实现现代化国家的重大战略部署。长三角区域一体化发展也是实现新发展格局的重要组成部分,实现高水平的对外开放格局和经济高质量一体化发展的示范区。上海一直以来是中国对外开放的桥头堡,随着我国对外开放不断扩大,一带一路、上海经合组织、中欧投资协定、RCEP和加入CPTPP等都会带来更多的发展机遇和挑战。上海经济具有创新型、服务型、开放型、总部型、流量型的特点,"五型经济"凸显其鲜明特征和内在优势,以其为主导,不断丰富和完善内在格局,促成国内大循环的中心节点、国内国际双循环的战略连接。江苏、浙江和安徽要主动服务和支持上海发挥龙头作用,协同促进沪宁合产业创新带和G60科创走廊建设。江苏省的先进制造业在国内具有很大的影响力,在一体化进程中,促进与上海和合肥的产业互补融合发展,凸显创新要素整合之力。浙江省发挥数字经济和跨境电商的优势。安徽省发挥科技创新和新兴产业集聚地优势。长三角一体化共同发展服务构建新发展格局。2021年,长三角"三省一市"加强合作,上海市建设了嘉定、松江、青浦、奉贤和南汇等五个新城,成为长三角城市群的综合性节点。江苏省携手安徽省,共同推进南京都市圈建设。浙江省积极打造长三角世界级城市群南翼,不断提升杭州、宁波等大都市区的势能。长三角各省市深化战略协同,主动联合突破一批"卡脖子"技术。

从全国范围来看,长三角全球价值链参与度相对较高,但在区域内具有明显的水平级差。上海、苏南、杭州湾的优势较为明显。面对以国内大循环为主体的双循环的大环境,长三角需要创新一体化的模式和路径,突破要素流动的行政阻碍,科学合理地布局产业链和价值链,形成区域内极富活力的"区域内循环",以"区域内循环"促进国内"大循环",率先探索新发展格局的形成路径。持续推动区域高质量发展,以区域协调发展开创长三角高质量一体化新格局。

1. 打破省际行政壁垒和制度障碍,建立要素资源有序自由流动市场

不断突破分布式块状的行政分割局面,畅通资源流通和循环的各节点,加快建设制度规范、公平竞争、高度开放的长三角市场一体化。在长三角区域内不断解决资源整合的制度性障碍,实现跨省区要素资源有序自由流动,促进资源共享和优化资源的空间配置。对于土地要素,各地土地资源利用率及可利用的土地差异大,考虑到土地的社会属性和资产属性,土地资源的高效流通无疑会进一步释放经济活力,而长三角地区土地资源的流通目前仍存在诸多障碍。一方面,要从整体上规划长三角区域的土地用途,建立区域统一土地市场,灵活运用跨省补充耕地国家统筹机制,完善长三角区域土地指标统筹制度,推动土地要素的跨区域资源有效整合与利用;另一方面,要充分利用土地资源的效用,发掘其经济价值和效益,放开农村集体建设用地进入市场,建立灵活的土地交易市场。在人力资源方面,首先要进行相应的户籍制度改革,完善大城市的落户积分制度,实施农村户籍的改革措施。推动农村人口对城市劳动力的稳定供给,保证人力资源的自由流动;其次,建立并完善长三角人力资源共享市场,进一步发挥市场在人力资源配置过程中的决定作用,搭建长三角区域统一开放的人才交流和供需平台,加强人力资源协作,整合人力资源实现共赢。对于资本要素,一是应当鼓励金融改革和金融创新,通过建立统一的绿色融资平台等方式,保障资本跨区域有序自由流动,创新金融体制,促进资金要素合理配置。二是建议五大国有银行、政策性银行以及股份制商业银行等设立长三角分行,加强信贷资金跨区域配置的统筹职能,省级政府共同成立一个专门的金融协调机构。三是形成长三角产权交易共同市场。消除传统区域行政壁垒和制度障碍,有效降低人员流动、物资流动、资金流动等要素成本,实施统一大市场体制,以极富活力的区域内循环引领国内经济大循环。

2. 推动长三角内部产业链垂直分工,构筑空间经济新格局

长三角区域内的城市要避免产业的同质化竞争,打破不合理的产业结构雷同现象,通过劳动力、资金、技术、原材料的自由流通,做好长三角区域"补链、强链"工作,增强长三角产业链的自主可控能力。一方面,各城市要依据本地区自有的要素存量和竞争力优势,在较高层次上协调编制区域产业发展规划,集中本地区的资源禀赋,合理布局产业,统筹发展本区域内的产业。作为长三角龙头的上海,要定位于发展总部经济,瞄准国际竞争,搭建具有国际一流的研发设计中心和金融服务中心;其他要素聚集度较高的地区,大力发展创新经济,推动传统制造业转型,建立高科技产业聚集区;其他城市可以根据自身的历史产业基础和地理位势,发展绿色经济、轻工业及其他相关产业的配套。另一方面,各地区以特色产业的分工为基础,搭建特色产业链的产业联盟,延长产业链发展,形成自身的竞争优势;以服务企业需求为目的,鼓励企业间搭建供应链信息平台,推动零部件供应、消费品生产、市场营销体系的构建,畅通产业链条信息快速传导机制。

3. 分类优化全球产业链布局,形成国际竞争新优势

随着单边主义、保护主义抬头,西方发达国家在前沿科技与高端产业链形成"闭环",长三角区域的全球产业链面临被国外市场不确定因素的冲击风险。长三角区域在实现了长三角内部产业链的垂直分工基础上,构建一批集聚全球创新资源的优秀研发平台,分类优化全球产业链布局,形成国际竞争新优势。

首先,推进部分全球产业链的国内替代。在以往对中间品较为依赖进口的领域,如光学影像、电子计算机、医疗设备、运输设备等,加强技术协调研发,建立科技共同体,缩小国内外技术差距。目前受中美贸易摩擦以及全球疫情的影响,供应链在一定程度上受阻,借机可以逐步打破海外厂商的垄断、实现国内替代。另外,为部分"两头在外"的内外资企业创造条件,积极融入国内技术研发、设计、制造和营销体系。其次,提高优势产业的市场占有率。根据产品的竞争优势和所处水平提高全球市场占有率,扩大市场份额。再次,形成支持部分产能转移到海外的全球化布局。一些受制于国外技术的中高端产品、受制于中美贸易战的产品以及一些成本依赖型的产品,可以通过多种对外贸易的政策转移至国外生产,比如可以利用一带一路的红利政策将一些产业转移到东南亚国家,通过全球多元化布局,充分利用国内、国际两个市场和两种资源。最后,培育战略性新兴产业新优势。随着新一代信息技术的发展,与其相关的大数据、数字经济、云计算和人工智能等新产业应运而生,这些庞大的数字化下游应用市场构成对集成电路产品的庞大需求,为相应技术和产品在更高水平和更高量级上的创新提供了新机会。新冠肺炎疫情催生了一大批新产业、新业态、新模式,也推动更多制造企业走向机器人换人,形成了一个更大、更成熟的人工智能产业。因此,应大力支持这些有实力的龙头企业走出国门,开辟广阔的国际市场。

4. 打通协同创新全链条,建设科技创新共同体

聚焦一些卡脖子的关键核心技术,加强区域内协同创新的策源力和转化力,实现在市场经济条件下的知识溢出效益,促进区域内传统产业的改造升级,这是形成以国内大循环为主体的新发展格局的关键,更是提升全球产业链价值的关键。

首先,对于从"0到1"的原始创新。以上海张江国家自主创新示范区、安徽合肥综合性国家科学中心和各高校资源为重要保障,由各地政府、科研院所、高校和企业联合建立一批研发平台,并赋予该平台特殊政策和灵活机制,形成创新科技协同改革模式,"建设一批资源共享、力量聚合,出人才、出成果的产学研用合作共同体",加快布局区块链、人工智能、大数据产业、5G等互联网产业以及集成电路、人工智能、先进材料、生物医药等高端制造业,提高产业链根植性、稳定性和竞争力。其次,对于从研发到技术应用的转化过程,要加快长三角科创中心、孵化基地、加速器建设,并培养出一批精通管理和技术的职业技术经理人,搭建起创新与产业之间的桥梁,同时以长三角区域4个技术交易市场为枢纽,搭建长三角技术交易市场网络,实现技术交易市场互联互通。最后,构建长三角区域内跨省市的联合授信机

制,消除信贷自由流动的壁垒规定,促进信贷资源的跨省市流动,促进技术成果的规模化生产以及构建科技创新型企业新型信用机制,保证信贷资源有效服务于创新;要探索区域创新收益共享机制,搭建高效的股权类融资服务平台,要充分利用长三角资本市场服务基地,不仅要建立起各类科技创新引导基金,同时要发挥科创板对创新型企业的支持功能,为长三角企业提供多层次的融资服务。

5. 推进都市圈内城市同城化,以城市群引领区域一体化

同城化实现的充分条件在于劳动力能够高效地在本区域内自由流动,以劳动力要素为主体的同城化,可以实现区域内中心城市和毗邻城市的一体化。长三角同城化的实现是引领区域一体化的重要内容。充实发挥长三角作为全国重要增长极的作用,通过长三角内部增长极带动整个长三角的增长极,辐射更大的区域,积极参与全球经济竞争。以毗邻城市同城化带动都市圈一体化,也就是以上海为中心,推进浙江"嘉湖杭绍甬"、江苏"苏锡常通"等毗邻城市同城化,进而通过长三角城市群引领长三角区域一体化。衡量同城化的重要指标包括城际交通的便捷、公共资源的共享均等化。长三角一体化可以按照从中心向外围扩散来布局,形成以上海为中心城市、专业特色服务功能的次中心城市、以专业先进制造业为主要产业支柱的一般城市、以生态休闲为主要功能的大量城镇实体的阶梯状结构。通过毗邻城市同城化,让创新创业人才等高端要素汇聚上海,使上海成为名副其实的全球科创中心,实现长三角科创成果和科技金融的深度融合。

6. 深化区域协调机制改革,优化利益分配与共享机制

推动长三角区域合作机制,加强地方立法、政务服务等政府职能领域的顶层合作,优化顶层设计,突破原有的功能性治理制度障碍,全面提升区域间合作水平,以此保障区域一体化在法治轨道上运行。一方面,实施长三角区域"大财税",通过一系列的税收优惠政策,发挥其引导作用,加快区域税收优惠向产业税收优惠的思路转变,带动创新发展和区域协调发展。另一方面,理清利益分配关系,探索建立跨区域利益共享的财税分享制度,通过财政预算一体化,为区域税收补偿、跨区域合作创新、医疗资源共享、异地养老等项目提供支持,推动跨区域深度融合。建立多元市场主体的协同联动机制,深化国有企业改革,激发民营企业的发展活力,既要发挥政府的统筹作用,在具体操作中,形成多种利益主体的协调合作机制,又要鼓励各类商业协会、行业组织、高校、研究机构的跨行政区域的合作,扩大市场的融合度,提升市场主体的创造性。持续推进长三角内部的跨区域产业转移和产业园区的"飞地"模式,探索互利共赢的跨区域投资、税收和征管协调机制,实现区域内要素流动的自由度提高。着力推动长三角区域城乡基本公共服务均等化,促使长三角地区的社会保险跨区域便利转移接续;持续推进教育资源公平配置,这不仅能提升人民的获得感和幸福感,还能进一步带动科技的进步。

第二章　长三角一体化安徽融入表现与突破发展

第一节　长三角一体化推进的成效评估

长江三角洲原是一个地理概念,一般特指长江三角洲平原,由于各城市间地域相邻、文化接近,历史上人员交流和经济往来密切,经济发展相互依赖。1997年之后,在中央政府推动和地方政府主动作为下,通过建立城市间多层次、宽领域的合作机制,长三角区域一体化成为我国区域经济合作的示范区。随之,长江三角洲转变为既是一个地理概念,又是一个经济概念。

一、长三角一体化的历史沿革

(一)区域合作试行时期(1982—1991年)

此阶段合作区域主要集中在长江三角洲平原,包括上海市全部、江苏省南部太湖以东区域和浙江省北部的杭嘉湖平原。此阶段分为前后两个部分:一是1982—1984年的"上海经济区"。1982年,国务院提出"以上海为中心建立长三角经济圈",最初设想的范围包括上海、南京、宁波、苏州与杭州。当年12月22日,国务院发出《关于成立上海经济区和山西能源基地规划办公室的通知》,正式确立上海经济区的范围是以上海为中心,包括由苏州、无锡、常州、南通、杭州、嘉兴、湖州、宁波、绍兴9个城市组成的长江三角洲。1983年3月,直属于国务院、由国家计划委员会代管的上海经济区规划办公室成立,区域范围为上海市和10个郊县;江苏省4个市(常州、无锡、苏州和南通)和18个县;浙江省5个市(杭州、嘉兴、湖州、宁波和绍兴)和27个县。二是1984—1988年的上海经济区扩大版。1984年12月,国务院决定将上海经济区的范围扩大为上海、江苏、浙江、安徽、江西一市四省。1987年纳入福建,长三角经济区再次扩容后,范围包括了除山东以外的整个华东地区。1988年6月1日,国家计委撤销了上海经济区规划办公室。撤销理由一般解释是国务院机构改革需要裁减一批机构。

从中央层面提出长三角经济区建设规划,并成立上海经济区规划办公室的区域协作尝试,由于当时定位服务于我国沿海对外开放政策,实施目标定位及任务不是十分明晰,加上五省一市之间存在巨大的经济社会发展差距以及利益冲突,最后这样的区域协作非常遗憾而终止。虽然此次由中央行政力量推动的长三角区域合作受阻,但是地方小范围区域合作并未停止。上海与苏南、浙北地区的区域合作意愿十分强烈,当时在区域合作中受益较多的乡镇企业、民营企业,它们的发展欲望成为长三角区域一体化发展的内在驱动力。以城市自发合作为主的民间合作在上海郊区、苏南和浙北蔚然成风,探索出的"苏南模式""温州模型"不断向全国扩散。

改革开放之后,意识形态领域有了深入变革,市场机制促使拥有资源禀赋和区位优势的长三角地区成为最先"苏醒"的潮头兵。上海在区位优势、要素禀赋与悠久商业历史的共同作用下,即使在计划经济时代也是商业文化活跃的中心城市。苏南地区与上海地缘相近。改革开放之后,利用从上海获得的先进技术和管理理念,特别是上海的企业家创新精神,以及通过贸易口岸拓展的营销渠道,在原有社队企业的基础上,大力发展乡镇企业。这种"苏南模式"是20世纪90年代乡镇企业的代表性模式。

浙江在改革开放以前,只能说是一个中等发达的省份。浙江的民营企业的诞生得益于长三角一体化带来的资源禀赋。浙江的民营企业最初是以家庭作坊和"前店后厂"的模式开始的,以劳动密集型产业和特色产品著称。浙商的特色产品是颇具特色的劳动密集型产业,主要是依托长三角丰富的人力资源和便捷的货运交通。浙商的成长离不开长三角地区丰富的专业化市场:上海能够接触更多的国外产品,为小手工业企业聚集的浙江提供了模仿创新的可能性;所需要的原材料来自江苏的乡镇企业,劳动力来自劳务输出大省安徽。

苏南模式的形成,正是长三角地区改革创新效果外溢带来的,自发地将新技术新理念扩散到了与长三角中心城市交流最为频繁的江苏南部地区,进而形成了一种新的模式,向全国的乡镇企业推广扩散。苏南模式的升级是借助外向型经济,由金融中心上海带来的境外投资大量涌入,促进了江苏的外向型经济持续发展。20世纪80年代,浙江依靠城乡共同推进的改革开放,以及浙商善于培育产业集聚,从路边市场的摆摊小贩发展为全世界最大的小商品集贸市场,在利用市场的基础上再培育了新的市场。浙商的资本输出和艰苦创业的企业家精神,形成了专业化的企业集群,加之临近海港,水运交通便捷的优势,形成了出口依赖的民营经济模式,更是在此基础上孕育了后来的数字互联网产业的龙头。这段时期正是改革开放之后,民营经济积攒实力,拓展了产业领域,但同时要看到在民营经济基础不够牢固的时期开展的区域合作,带来的只能是同质化的竞争,因此,专业化市场形成之后开展区域的合作才能带来显著效应。

(二)区域自发合作时期(1992—2013年)

此阶段长三角区域合作空间多次扩容并由传统的沪苏浙扩大到沪苏浙皖,合作领域也在不断丰富。从一些标志性的事件来看,长三角空间扩大可划分为:1992年以苏浙沪16座城市为主体形态的长三角城市群;2008年长三角地区城市群扩大到25座城市;2010年安徽从"泛长三角"到"长三角",几个经济中心城市正式进入长三角合作区域。

  1990年4月,国家加快开放上海浦东重大决策确立,长三角区域一体化发展重新提上议事日程。上海浦东加快开发是在深圳改革取得重大成功,带动整个珠江三角洲经济快速发展的背景下提出的。开放浦东不仅为了上海区域的发展,而且要带动长江三角洲和整个长江流域地区的经济发展。上海要发挥龙头作用,按照地理经济学中心城市的集聚和扩散的理论,自然首先影响周边区域,再通过周边区域向外扩散。1992年6月在京召开的"长江三角洲及长江沿江地区经济规划座谈会"上,做出一项对长三角城市群的发展具有决定性意义的决议,建立了长江三角洲协作办(委)主任联席会议制度。长江三角洲城市经济协调会最初包括上海、杭州、宁波、湖州、嘉兴、绍兴、舟山、南京、镇江、扬州、常州、无锡、苏州、南通14个地级市。1996年泰州和2003年台州两市相继加入,至此以苏浙沪16城市为主体形态的长三角城市群基本框架保持相对稳定并受到普遍认可。2008年9月16日,国务院为了进一步推进长江三角洲地区改革开放与经济社会发展,提出要把长三角地区建设成为亚太地区重要的国际门户和全球重要的先进制造业基地,具有较强国际竞争力的世界级城市群。2010年6月7日,国家发展改革委发布《长江三角洲地区区域规划》,首次在国家战略层面上将长三角区域范围界定为苏浙沪境内的25个地级市,将安徽省定位为泛长三角地区。面对上海浦东开发的历史机遇,安徽的城市积极呼应浦东开发,想融入长三角区域发展,抓住机会参加区域合作会议。2003年长江三角洲15个旅游城市和黄山市共同签署了《长江三角洲旅游城市合作杭州宣言》,黄山市是安徽第一个成为长三角拓展旅游的特色城市。

  长三角城市之间不断探索新的合作形式,推动区域一体化组织成立和制度建设。大致可以分为两个阶段:一是长江三角洲协作办(委)主任联席会议,二是长江三角洲城市经济协调会。区域合作的层级不断提升,由当初各城市的职能部门的领导人会议协商,上升到市长峰会,最后升格为"三省一市"的主要领导座谈会,长三角地区合作与发展联席会议。自1992年开始,长江三角洲协作办(委)主任联席会议每年一次,主要讨论城市合作事项,交流发展经验,加强经济协作中的组织协调工作。1996年会议决定"将主任联席会升级为市长峰会"。为了更好地发挥联席会议制度的作用,1997年长三角城市经济协作办主任联席会议升格为由各市市长参加的长江三角洲城市经济协调会(以下简称"经济协调会"),确定每两年举办一次市长会议。该次会议上通过了《长江三角洲城市经济协调会章程》,构建了长三角城市合作的基本框架。会议确立了旅游、商贸合作等专项推动区域合作的模式。2003年第四次长三角经济协调会上台州加盟而形成包含16城市的小长三角。2010年第十次长三角经济协调会上合肥等6个城市加盟;2014年第十三次长三角经济协调会上芜湖等8个城市加盟,至此成员已达到30个城市。

为了解决好长三角区域合作中存在的跨省域问题,长三角区域协作机制层级不断提升。2001年沪苏浙两省一市常务副省(市)长参加的"沪苏浙经济合作与发展座谈会"的召开以及2004年两省一市"长三角地区主要领导座谈会"的召开,标志着长三角区域一体化发展机制上升到省级层面。省级层面上一体化发展协调机制主要包括:一是沪苏浙两省一市由常务副省(市)长主持,各地的发改委、专题合作组负责人等相关人员参加的"沪苏浙经济合作与发展座谈会"制度;二是两省一市主要领导人参加的"长三角地区主要领导座谈会"定期磋商机制,旨在集中磋商来解决长三角地区一体化发展中的重大问题,并对未来的一体化发展提出总的方向和要求。2008年安徽省应邀出席长三角地区主要领导人座谈会。2009年,安徽作为正式成员出席长三角地区主要领导人座谈会、长三角地区合作与发展联席会议。

(三)区域合作国家战略时期(2014年至今)

长三角区域一体化从战略构想逐步上升为国家战略。中央政府明确了推进实施长三角高质量一体化发展的目标和任务。2014年9月,《国务院关于依托黄金水道推动长江经济带发展的指导意见》中明确,安徽为长三角重要组成部分,合肥市为长三角城市群副中心城市,安徽作为长三角成员得到国家层面的正式确认。随着,长三角区域一体化政策和规划的实施,区域范围不断调整和扩大。2016年6月,《长江三角洲城市群发展规划》发布,将安徽省的8个城市纳入长江三角洲城市群。长三角范围包括了上海市,江苏省(南京、苏州、无锡、南通、泰州、扬州、盐城、镇江、常州),浙江省(杭州、湖州、嘉兴、宁波、舟山、绍兴、金华、台州),安徽省(合肥、芜湖、马鞍山、铜陵、安庆、池州、滁州、宣城),总数为26个城市。2018年11月,长江三角洲区域一体化发展上升为国家战略。2019年12月,中共中央、国务院印发《规划纲要》,确立了长三角一体化的目标和方向,并进入全面实施阶段。《规划纲要》规定长三角规划区域为沪苏浙皖""三省一市"",强调要充分发挥上海核心城市及杭州、南京、合肥等副中心城市重要增长极的经济发展带头作用,通过制度、技术外溢等形式帮助浙西南、苏北、皖北等欠发达地区培育出内生增长动力。为了积累绿色生态发展经验,在上海青浦、江苏吴江、浙江嘉善建立长三角生态绿色一体化发展示范区,示范引领长三角地区更高质量一体化发展。以上海临港新区中国(上海)自由贸易试验区新片区建设为示范,打造与国际通行规则相衔接、更具国际市场影响力和竞争力的特殊经济功能区。

长三角一体化在政策机制上也经历了40多年自下而上的探索后,逐步上升为国家战略,进入到上下联动、横向协作的全面推进新阶段。长三角一体化的规划重点也从强调"点-轴"开发与协同,到强调以都市圈为核心的重点板块、重点区域协同发展新阶段。当今世界现代化建设的一个重要标志是城市化,城市群是城市化发展的历史产物和高级形态,在区域经济中具有核心与支配地位。20世纪80年代,城市群理论传播到中国。从全球层面来看,中国城市群的主要问题是规模上"发育不足";从全国范围来看,其主要问题是"发展不平衡"。长三角城市群和世界五大城市群相比,二者差距不仅看经济总量、城市基建甚至某些高新科技等"硬件"方面,而且要看城市的软实力和文化服务方面。在长三角率先提出并规划建设文化型城市群,可为中国城市群摆脱"物质发达,文化简单"的初级形态、走出一条高质量和全面发展的新路子提供示范和经验。① 城市群高质量一体化发展除发展经济外,文化建设日益受到关注,长三角已然成为中国文化产业较为发达的地区之一,也是国家文化软实力的核心承载区之一,未来要构建文化发展共同体。当今的长三角城市群,不仅是支撑当代中国高质量发展的核心功能区,同时也是推动当今世界发展和社会变迁的重要力量。在长三角一体化中,文化交融也是重要的内容。

目前长三角在一体化建设的协调机制,主要依赖会议磋商、文件和论坛等,议题多集中在一些局部地区。比如沿G60国道的沪浙皖地区在交通、科技等方面对接事务,而真正按照市场机制、突破行政壁垒的实招、实事和实绩还不是很多。阻碍生产要素自由流动的行政壁垒依然明显存在。区域内难以形成利益共同体的保障机制,使得各种协调会议决议和政策有部分最终流于形式。因此,需要靠建构利益共同体制度来保障区域一体化进程,使得身处其中的成员能够得到更多的利益。制度创新并不是简单地制定出新的制度就解决了问题,实际上还应该重视现存制度的普惠普适性。这里所讲的普惠普适制度,从利益上讲应该"就高不就低",政策上应该"就宽不就严"。长三角地区应视为区域内城市关系紧密的多元功能共同体。首先,区域内地缘相近、人缘相亲,人的交往活动密切,是文化高频交流和碰撞的文化共同体;其次,区域内水网密布、水脉相连,是生态安全与环境品质息息相关的生态共同体;最后,区域整体发展水平较高、城乡差距相对较小,是我国城镇化基础最好的地区,也是我国最有条件率先实现一体化发展的地区。长三角一体化协调组织和机制的构建和完善,需要满足长三角高质量一体化发展目标的需要,应体现中国现代化建设的要求,从利益共同体走向命运共同体。

二、长三角一体化发展评估

长三角高质量一体化提出三年来取得的成效有目共睹,为了未来进一步更好地发展,尤其是安徽在融入区域协调发展中取得重大突破,就有必要对于目前高质量一体化发展现状进行评价。随着长三角一体化范围的不断扩大,战略地位不断上升,跨省协调机制不断完善,长三角各省市在营商环境、治理能力提升的水平上得到了整体提升,进一步加速了长三角各地经济社会的融合。长三角社会经济融合的现状可以通过交易成本指数评价指标来分析。统一的长三角市场带来较低的

---

① 刘士林.长三角一体化的发展历程与文化选择[J].中国名城,2021(8):7.

内部交易成本。

(一) 社会经济融合指数

1. 指数的设计

通过构建市场化指数说明交易成本。通常认为交易成本较低的区域,经济社会融合情况较好[①]。交易成本的衡量指标之一就是区域的市场化程度。借鉴李洁(2020)[②]用于研究长三角文化融合度的指标,构建社会经济融合指数Econoimic Integration Index,EII),并分别计算长三角整体以及上海、江苏、浙江、安徽的分区指标。

EII通过从市场化、制度性、营商环境和城市化四个维度衡量一个区域的交易成本,判断区域经济的融合程度。其中,市场化程度由私营经济领域就业情况进行衡量,制度性程度由代表性企业规模衡量,营商环境由政府公共服务支出的程度衡量。EII指数的表达式如下:

$$EII = MEI + EI + GI + LU$$

MEI(Market Employment Index)指数是正向指标,数值越高表示市场化程度越高,即社会融合程度越高;

EI(Enterprise Index)指数是正向指标,数值越高代表区域企业家精神溢出活跃,即文化交流程度高;

GI(Governance Index)指数是正向指标,数值越高代表政府用于公共卫生事业支出的占比越高,政府更注重营商环境营造,而非直接投资驱动,即区域经济市场化程度高;

LU(Level of Urbanization)指数是正向指标,数值越高代表城镇扩张速度的增幅越宽,即融合速度加快。LU可能为零或负数,说明与上一期相比,本期该地区城市化扩张的速度保持不变或放缓,即融合速度降低。

2. 指数构成、数据选取及资料出处

MEI指数由区域城镇单位就业人员与国有单位就业人员的差额占城镇单位就业人员总数的比重计算得出。非国有单位就业人员数占比大,说明区域市场化程度高。市场化程度高说明合作效率高、区域内交易频繁,适合普遍规模不大的非国有经济发展。非国有经济活跃带来的劳动者需求大,能够提供更多的就业机会。相对应地,劳动者流动壁垒低,劳动者倾向于在自由市场上获得更高的劳动回报,经验技术人脉随着自由流动而不断扩散,带来更高程度的社会融合。

EI指数由区域内上市公司企业数与区域内规上企业数的比值计算得出。上市公司多,说明对于信息敏锐,企业管理制度现代化程度高,创新精神获得资金支

[①] 张五常.交易费用的范式[J].社会科学战线,1999(1):1-9

[②] 赵宏,等.中国区域经济发展报告(2019—2020)[M].北京:社会科学文献出版社,2020.

持的能力强。上市公司数占比大，表示这种由企业家精神主导的创新溢出在区域范围内已经形成相互影响、相互促进的创新文化集聚，带来的是先进文化的更加紧密交流。

GI指数由政府科教文卫支出总数占地区GDP比重计算得出。科教文卫支出属于政府的地区财政一般性公共预算支出。地方财政一般公共预算支出体现了政府对于地方经济的投入支持程度。除去科教文卫等必须由公共财政转移支付负担的部分，剩下的份额体现了政府对经济发展的直接干预，反映的是政府究竟是"服务型"还是"投资型"。在市场化程度较高的区域，政府对经济的直接干预程度应当较低，而对软环境的投入应当较高。

LU指数由计算特定区域的夜间灯光指数年度变化率得出，反映城镇化和商业经济发展情况。近年来在学界，从时空分异角度对于城镇化和商业经济发展进行度量带来了许多崭新的结论。通常认为夜间灯光数据与GDP增长率之间存在较高的关联度。比起原先从城乡经济、人口的单一角度考量，采用夜间灯光数据反映区域内的城镇化和商业发展，更加多维度，也更加能够直观地反映城镇化和商业经济发展的成果，在地理信息系统加成下获得的夜间灯光分布图受到观测时点的影响，难以充分表达变迁的含义，因此将其数值化后引入指标体系，方便与其他指标一起观察和比较，也能够对其他指标起到补充和修正的作用。

本书所用资料来源为各年度的《上海统计年鉴》《江苏统计年鉴》《浙江统计年鉴》《安徽统计年鉴》以及全球灯光数据库。

（二）指数计算

1. MEI指数计算结果

根据各地统计局公布的官方数据，结合国家统计局官方网站数据进行调整后，为保证数据说服力，将城镇单位就业人员与国有单位就业人员之差用城镇私营企业就业人数指标进行了替换。据此，计算得到2008—2019年度长三角各省市的MEI指数（表2.1）。由于统计口径的不同，城镇单位就业人数并不一定大于城镇私营企业就业人数，因此，按照原先的设定计算了全国范围平均MEI，进行对比（图2.1）。

表2.1　MEI指数计算结果

年份	上海	江苏	浙江	安徽	长三角整体	全国
2019	1.054880603	1.32650304	1.268712651	0.7383821	1.162468549	0.681097774
2018	1.139847042	1.296278691	1.16773557	0.783049131	1.152563792	0.667400626
2017	1.066582319	1.231375455	1.145282124	0.87098024	1.128050765	0.656313761
2016	0.962089838	1.122153209	1.023941936	0.747824405	1.014609381	0.655076029
2015	0.864877589	0.940274467	0.949326195	0.636239782	0.888921167	0.656294984

续表

年份	上海	江苏	浙江	安徽	长三角整体	全国
2014	0.720449992	0.813217673	0.735467489	0.52213916	0.736383105	0.654666813
2013	0.638978668	0.8222577	0.62672639	0.428516452	0.680185275	0.648497901
2012	0.652510347	1.281381634	0.525091113	0.447115385	0.754968032	0.551128905
2011	0.67866479	1.251448293	0.551170031	0.400874636	0.760926396	0.534864359
2010	0.799440061	1.25543336	0.534517881	0.35746849	0.778468424	0.500766166
2009	0.807213285	1.18605296	0.52991768	0.257015838	0.741240956	0.489382009
2008	0.749204666	1.099773884	0.548300054	0.268257201	0.718716873	0.471253998

数据来源：由笔者计算所得。

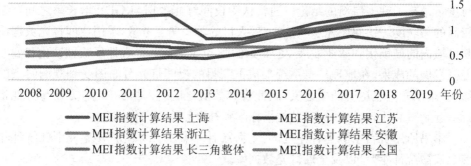

图 2.1　MEI 指数变化趋势

图 2.1 直观展现了 2008—2019 年相应区域的市场化程度。江苏的市场化水平始终较高，浙江与上海以及长三角整体趋同，安徽最低。这说明安徽在市场化程度上依旧与长三角存在较大差距。这个比值说明了所在区域政府主导经济的特征，苏浙沪在政府转型方面开始早，取得的效果好。2018 年，长三角一体化正式上升为国家战略，安徽承担其中一个增长极的作用。加速融入长三角之后，安徽也在多方寻找产业的突破口。为弥合与先发地区的差距，承接产业转移，地方政府凝聚核心产业，筑牢工业基础上的投入较多，反映到 MEI 指数上，出现了暂时的转折。MEI 数值反映了安徽在 2015 年之前低于全国平均水平，变化幅度也大致与全国平均水平相似，在 2015 年之后，获得了与长三角地区相同的驱动，曲线的斜率趋于长三角整体。2016 年正是安徽全域加入长三角的标志性年份，说明安徽加速融入长三角取得了开门红。

2. EI 指数计算结果

根据 IPO 时间，选择 1992—2019 年相应地区的数值进行计算（表 2.2）。为更加直观地表现年度变化，选取每年新增上市公司数量作为观测值。为充分反映企业家精神扩散的结果，将 A 股、B 股、H 股均考虑在内。

表 2.2 EI 指数计算结果

年份	上海	江苏	浙江	安徽	长三角整体
1992	0.002962625	0	0	0	0.000219739
1993	0.005781058	0.000109469	0.000172473	0.000102981	0.000535972
1994	0.004555528	0.000154137	0.000175223	0.000052958	0.000462765
1995	0.000239492	0.000041754	0	0	0.000034418
1996	0.001000667	0.000268108	0.000242913	0.000419353	0.000339772
1997	0.001267293	0.000369549	0.000367278	0.0002815	0.000428156
1998	0.00081666	0.000061492	0.000126387	0.000308775	0.000183668
1999	0.000307	0.000174448	0.000301403	0.000068899	0.000215677
2000	0.000602289	0.000207526	0.000345841	0.000402188	0.000318535
2001	0.000359626	0.000093551	0.000046610	0.000122873	0.000105289
2002	0.000279236	0.000098657	0.000083374	0.000424869	0.000143964
2003	0.000159642	0.000152683	0.000136017	0.000351124	0.000161818
2004	0.000331148	0.0001434	0.000310053	0.001109604	0.000308602
2005	0	0.000082601	0.000087554	0.000153304	0.000077721
2006	0.00020258	0.000279295	0.000223464	0.000379003	0.00024842
2007	0.000570849	0.000293772	0.000483582	0.001046463	0.000447689
2008	0.000360425	0.000293353	0.000430933	0.000721501	0.000386733
2009	0.000596599	0.000372509	0.000502375	0.000510465	0.000470818
2010	0.001639008	0.001879699	0.002415978	0.002163332	0.002047518
2011	0.002332634	0.002348572	0.002744425	0.00298913	0.002525588
2012	0.001846822	0.001111049	0.001353282	0.000264271	0.001264365
2013	0.004399142	0.000111377	0.000074212	0.000257268	0.001008087
2014	0.009018108	0.00520398	0.003234462	0.002363591	0.004620563
2015	0.019524222	0.012984989	0.011454198	0.005633422	0.011922394
2016	0.030332554	0.01530134	0.014919446	0.006055363	0.01524608
2017	0.017049408	0.008215334	0.00789201	0.004097795	0.008214971
2018	0.005168715	0.002303972	0.001619105	0.001202833	0.00210336
2019	0.002464511	0.001831453	0.001298966	0.000871713	0.00151142

数据来源:由笔者计算所得。

EI 指数变化趋势(1992—2019 年)如图 2.2 所示。

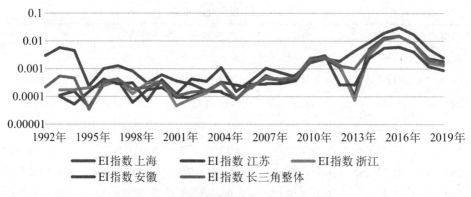

图 2.2 EI 指数变化趋势(1992—2019 年)

为了直观地展现计算结果,图 2.2 将表 2.2 的数据进行了对数化处理。由图 2.2 的 EI 指数变化可知,安徽在做大做强龙头企业方面依旧有上升空间。上海作为国际金融中心,融资理念先进,在利用市场、运用创新技术和先进管理方法、培育龙头企业方面都有许多先进经验可以学习。江苏和浙江紧跟上海,利用长期合作交流优势,接受来自上海的文化溢出,共同奠定了苏浙沪充分利用内部市场、降低创新成本、提高创新效率的基础。从 2011 年开始,安徽的 EI 指数明显与长三角其他省市的变化趋势相同。而此时,正是安徽主要经济发达区域,如合肥、马鞍山等进入长三角的节点,说明正是及时的区域一体化政策,降低了先进文化扩散的壁垒,助力安徽与苏浙沪并肩而行。

3. GI 指数计算结果

GI 指数涉及财政中科教文卫事业的支出,为方便计算,不去区分财政资金的来源是中央还是地方,只统计年鉴中用于该部门的财政支出总数。在统计资料的来源上,2006 年以前的数据来自各省市地方统计年鉴,2006 年之后的数据来自国家统计局网站。由于统计口径不同,前后数据不可比。计算结果如表 2.3 所示。

表 2.3 GI 指数

年份	上海	江苏	浙江	安徽	长三角整体
1997	0.0276484	0.017842013	0.01623331	0.020085518	0.019694181
1998	0.028044897	0.018877778	0.017477051	0.019530573	0.020452266
1999	0.028434739	0.01980436	0.018823357	0.021206188	0.021533728
2000	0.027577823	0.019838199	0.01996334	0.021414154	0.02172833
2001	0.029309394	0.021639455	0.023619672	0.023638608	0.024061795
2002	0.026942192	0.021539752	0.025188106	0.024130415	0.024037196
2003	0.0263301	0.021606699	0.025058954	0.022486245	0.023667108
2004	0.02605905	0.021324149	0.025614652	0.025451453	0.024094682

续表

年份	上海	江苏	浙江	安徽	长三角整体
2005	0.026695371	0.021156871	0.026438599	0.024875421	0.024229037
2006	0.026529168	0.021274622	0.026881531	0.026670721	0.024621273
2007	0.040480794	0.02790014	0.033103541	0.033684609	0.032585998
2008	0.042521445	0.029066262	0.03511506	0.04110836	0.034929546
2009	0.047529602	0.031128143	0.037653556	0.042879138	0.037650873
2010	0.046570548	0.032719729	0.037577509	0.041768141	0.037852542
2011	0.051303618	0.036309768	0.039535329	0.053502129	0.042341997
2012	0.054644319	0.040536555	0.041996196	0.058528955	0.046084714
2013	0.053494426	0.040219109	0.042820065	0.057174829	0.045745388
2014	0.051802943	0.039853927	0.044677252	0.057903505	0.045863077
2015	0.053961022	0.04159024	0.049798082	0.059999924	0.048580273
2016	0.056182287	0.040465075	0.048043129	0.058454923	0.047858885
2017	0.056719818	0.039495492	0.047277356	0.05745217	0.04722239
2018	0.05556512	0.038681502	0.047461847	0.057400225	0.046746006
2019	0.054190051	0.040102862	0.05154526	0.061413215	0.048825588

数据来源：由笔者计算所得。

GI 指数变化趋势（1997—2019 年）如图 2.3 所示。

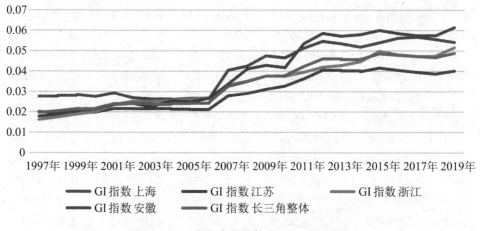

图 2.3　GI 指数变化趋势（1997—2019 年）

图 2.3 为 GI 指数的变化趋势。GI 指数可以认为是评价政府在公共服务领域投入的指数，可以反映出政府对于一体化自由市场的干预程度。同时，这个比值也是政府重视科教文卫事业的表现。2011 年和 2018 年两个时间点尤其值得关注。

安徽的科教文卫事业投入占比在长三角相对较高,在 2011 年以前,GI 指数所表现出来的政府科教文卫投入占比中,安徽低于上海。2011 年,安徽部分城市加入长三角以后,政府在科教文卫等公共事业方面的投入占比超过上海,之后一直稳居长三角第一位。这说明在促进长三角高质量一体化发展的进程中,安徽牢牢把握科教中心的定位,向发展科教文卫事业投入大量的财政资金。2018 年,安徽全域划入长三角,从 2018 年开始,安徽的 GI 指数与长三角全体及江苏、浙江的 GI 指数变化幅度趋同,说明先发地区的政府治理经验对于安徽的影响逐渐加深。同时,安徽的 GI 指数依旧高于其他长三角地区,说明安徽在融入长三角、承接产业转移和吸收先发地区优秀经验的同时,也保留特色,继续发挥自己科技创新方面的优势,以安徽力量促进长三角高质量一体化发展。

4．LU 指数结果

LU 指数计算结果见表 2.4 所示。

表 2.4　LU 指数计算结果

年份	上海	江苏	浙江	安徽	长三角整体
2000	0.007441265	0.021564128	0.02267091	0.017673694	0.01190029
2001	0.025276059	0.033419374	0.089510279	0.009711989	0.032534172
2002	0.06902065	0.133701591	0.19350391	0.188012319	0.099086449
2003	0.079767768	0.144107024	0.179591702	0.10736649	0.104424169
2004	0.039636815	0.048410391	0.041105282	0.083702503	0.043602104
2005	0.051713647	0.043887922	0.022294492	−0.001462328	0.043908807
2006	0.039590035	0.088983245	0.078123357	0.11406224	0.057192887
2007	0.053952399	0.129276326	0.122404438	0.305180449	0.089831419
2008	0.003145355	0.002854706	−0.00102114	−0.147000252	−0.006549682
2009	0.000165623	0.006735762	0.001989996	−0.001073393	0.001673713
2010	0.00946617	0.05321896	0.029519334	0.230678308	0.03248523
2011	0.003492088	0.027014788	0.017446212	0.021348118	0.011297336
2012	0.000120924	0.002406178	0.00108788	0.006689464	0.001140757
2013	0.000696351	0.017500314	0.009863076	0.079251852	0.010383199
2014	−0.037692484	−0.032894737	0.003718459	−0.043139293	−0.031606738
2015	0.058395032	−0.003809524	0.009261709	0.01955459	0.039741965
2016	−0.008857046	0.05572248	0.075249082	0.085775173	0.018280523
2017	0.074164722	0.175679172	0.197512802	0.263493621	0.120734051
2018	0.034601526	0.066681338	0.066177968	0.076504854	0.04782862
2019	0.015518566	0.068289664	0.062261268	0.094155844	0.037708462

数据来源：由笔者计算所得。

　　LU 指数是通过夜间灯光指数反映的城市化发展进程,进而度量长三角统一市场形成的速度。夜间灯光数据来自中国研究数据服务平台(CNRDS)。LU指数存在负值,负值反映了所在区域的城市化进程受阻。其背后的原因有很多,需要结合事件具体分析。

GI指数变化趋势(2000—2019年)如图2.4所示。

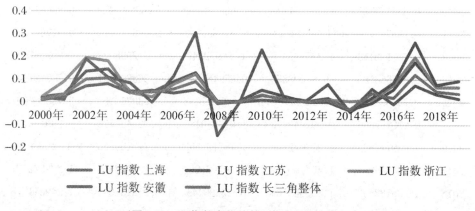

图2.4 GI指数变化趋势(2000—2019年)

2008年,长三角整体经济活跃程度受到全球金融危机影响。安徽作为在城市化过程中,城市基础设施建设和乡村改造对于投资高度依赖的中西部地区,受全球金融危机影响,投资的减少显著延缓了安徽城市现代化的速度。从2008年开始,在国家刺激内需的财政政策作用下,安徽开始了新一轮的城市大建设,城市化进程加快。这一轮由政府投资带动的城市新区建设、城镇基础设施建设带来的迅速城市化,随着2010年财政资金投放完毕而结束,也促使安徽的城市化增长幅度在2010年达到顶峰。而自2014年开始的新一轮经济刺激计划同样促进了长三角城市化增幅的扩大,到2017年达到顶峰。安徽自2015年起"入长",显著扩大了城市化增长的幅度。安徽的政府财政预算支出增长率可以解释95%的夜间灯光数据变化,说明城市化和市场一体化的成果主要取决于政府的财政预算支出。安徽的城市化水平要达到长三角平均水平必须长期保持高速增长态势,但依靠政府投资难以为继。安徽需要有更多的民营企业和资本加入,形成全社会共同参与的氛围,才能获取高质量一体化发展的持久动力。

5. EII指数计算

根据对于EII指数设计,将计算得到的各地区MEI指数、EI指数、GI指数以及LU指数叠加,得到2008年以来的EII指数,如表2.5所示。

如图2.5所示,EII指数的计算结果反映了2008—2019年长三角"三省一市"社会经济融合的现状。EII指数越高,代表一体化融合程度越高。在整体趋势上,2008年之后,长三角一体化的融合程度不断提升。具体到每个省市,江苏的融合程度在"三省一市"中最高,安徽最低,上海和浙江居中。

表 2.5　EII 指数

年份	上海	江苏	浙江	安徽	长三角整体
2008	0.795231892	1.131988204	0.582824907	0.16308681	0.74748347
2009	0.855505109	1.224289374	0.570063607	0.299332047	0.78103636
2010	0.857115787	1.343251748	0.604030703	0.63207827	0.850853713
2011	0.735793129	1.31712142	0.610895997	0.478714013	0.817091318
2012	0.709122413	1.325435416	0.56952847	0.512598073	0.803457867
2013	0.697568586	0.8800885	0.679483743	0.565200401	0.737321949
2014	0.743578559	0.825850843	0.787097662	0.539266963	0.755260007
2015	0.996757866	0.991040173	1.019840185	0.721427718	0.989165799
2016	1.039747632	1.233642105	1.162153593	0.898109865	1.09599487
2017	1.214516267	1.454765452	1.397964291	1.196023826	1.304222177
2018	1.235182403	1.403945504	1.28299449	0.918157043	1.249241778
2019	1.127053732	1.436727018	1.383818144	0.894822872	1.250514018

数据来源：由笔者计算所得。

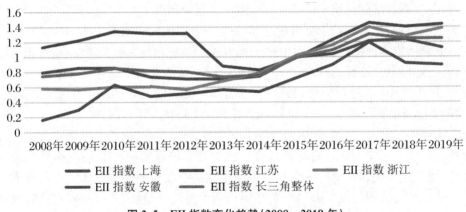

图 2.5　EII 指数变化趋势（2008—2019 年）

（三）长三角高质量一体化经济社会融合的地区差异

1. 江苏融入长三角的特征

江苏融入长三角的程度经历了高-低-高的波折，但即使在最低谷的时期，EII 指数也明显高于其他省市。说明江苏与长三角一体化市场的融合度最好，在整个长三角一体化过程中，江苏起到主要的推动作用。不论是从最开始由于地理位置临近上海而带来自发的承接上海产业转移，还是在制度上不断寻找打破辖区壁垒的突破口，江苏在长三角一体化中始终做到了敢为人先，主动与上海保持密切联系。苏南地区目前依旧与上海保持紧密的空间、经济、文化交流。

江苏的融合度最好,但也经历了波折。最明显的是2012—2017年,随着江苏的MEI指数和EI指数显著下降,即私营企业发展情况不佳,新增龙头企业较少,与长三角的融合发展也受到限制,直到2017年江苏完成国有企业股份制改制以后,才获得更加自由的市场。长三角社会经济的融合发展在于通过人员资本和企业家精神的互通以及开放自由的社会文化环境,减少地方政府对于自由市场的干预,培育一个交易成本较低的市场,进而优化区域内的资源配置,促进区域内各地区高质量发展。

2. 上海与浙江融入长三角的特征

各省市在长三角一体化中要各扬所长、优势互补,上海与浙江在促进长三角一体化中处于第二梯队。上海是长三角区域的绝对中心,以上海为中心的大都市圈是享誉全球的国际化大都市圈。上海对长三角的辐射促进了浙江在人才、资金、政府治理能力、对外开放以及创新精神方面的飞速提升。上海也通过向周边区域的产业转移,其发展腹地获得不断扩展。长三角的"朋友圈"一再扩大的过程中,上海也获得了广阔的市场和生产要素。因此,融合度不断提升。浙江与上海的交流密切,在对外开放和数字经济方面取得了令世人瞩目的成效。浙江在十二五规划时期即2011年就提出要向江苏看齐,积极融入长三角,因此其反映其与长三角融合发展程度的EII指数在2012年出现了明显的提升,并且保持了极高的增速。经过十年的发展,浙江依托长三角先进的技术、人才优势,在本地形成了开放包容的独特氛围和独具特色的产业集群,以互联网经济为主导发展头部经济,同时也培育了新业态,带来了长三角的新增长点,同时也为长三角带来了优秀的企业家精神"浙商精神"的外溢。

3. 安徽融入长三角的特征

安徽与其他三省市相比,促进长三角一体化的程度上存在明显的差距。2011—2018年,安徽加速融入长三角,从跟跑到并跑,与长三角的融合程度不断提升。安徽的EI指数在2018年以后显著偏低,导致了EII指数的下降,说明安徽在建立现代企业制度,培育有区域影响力的代表性企业方面尤其存在短板。由分析结果也可以看出,安徽在科技创新、城市更新的速度等指标上,帮助提振了长三角高质量一体化的水平。作为最后加入长三角的省市,安徽在打通市场壁垒、承接产业转移、改革所有制形式、培育优秀龙头企业、提升区域现代化水平、加强与先发地区的文化交流等方面依旧有较大的改善空间。安徽的对外开放程度也相对于长三角整体来说显著偏低,但是从区位角度而言,安徽是长三角的西部门户,是双循环背景下长三角丰富国内大循环的重要支撑,在建立更加统一的内部市场上中起到承东启西、贯通南北的重要作用。

基于上述各地经济社会融合的差异,未来长三角高质量一体化发展需要建立更加统一的内部市场。具体来说,要做到"两降低,一提升"。

首先,建立更加统一的内部市场,要素自由流动是重要基础,长三角高质量一体化发展要降低长三角内部要素流动成本,促进形成区域内更加统一的土地、劳动力、金融、科创成果等现代生产要素资源交易市场,清除要素在长三角内部流动的各项障碍。合理统筹区域土地利用,以省级毗邻地区产业园区建设为契机,推进跨省跨市产业合作。降低高技能人才和劳动力在区域内移动的政策阻碍,推进金融资本自由流动,把握数字金融新机遇,培育健康的投融资市场,引进合格的投资机构,注重科创型中小企业的培育,拓宽企业投融资渠道。升级区域内交通网络,丰富区域内快速交通毛细血管,加强区域内交通设施的共建互联,统筹规划仓储物流网络。

其次,建立更加统一的内部市场,资源高效配置是必要条件,长三角高质量一体化发展要降低长三角内部各区域合作壁垒。长三角区域内各地市应当优势互补,各扬所长,错位发展。抓紧产业链、供应链以及创新链的强链补链契机,发挥各地的资源禀赋优势,疏通难点堵点,避免同质化竞争。长三角区域合作的硬件条件是基础设施建设,加大在新能源、5G、智慧城市等方面的投入力度,共建中国式现代化。要进一步转变政府职能,积极营造健康向上的营商环境,提升治理能力,构建服务型政府,培育优秀产业集群,帮助企业做大做强。

最后,建立更加统一的内部市场,提升营商环境是有力保障,长三角高质量一体化发展要提升长三角内部各区域文化认同。长三角形成协同机制,共同利用区域内统一的要素、服务资源,共同提升营商环境,加强干部交流,共同提升法治水平,维护知识产权保护体系,合理运用政府补贴的撬动作用,共建长三角统一的经济文化市场。共同鼓励创新创业氛围,加大对民间文化交流演艺活动以及文娱活动的支持力度,共同提升长三角"三省一市"居民的获得感和幸福感。

第二节 安徽高质量一体化发展的机遇与挑战

一、安徽积极融入长三角一体化发展

改革开放后,安徽一直希望向东融入长三角一体化发展。《规划纲要》将安徽全域纳入长三角范围标志其成为长三角正式成员,同时预示着多年的愿望变成了现实。安徽融入长三角一体化发展的愿望一直比较强烈,行动积极主动。媒体报道总结安徽大致经历了"旁听生""插班生""正式生"三个阶段,这样三段式划分确实形象地反映安徽努力融入长三角的实际情况。

(一)安徽融入长三角一体化发展进程

安徽与沪苏浙山水相连,人缘相亲、文化相通,自古以来安徽与沪苏浙之间就在行政、经济及文化等方面有千丝万缕的联系。现在还有少数专家对于安徽提出

融入长三角一体化发展不理解,经常会提出这样的疑问:既然安徽是长三角区域的一员,为什么还提出融入发展?这主要是由于他们对于长三角概念外延一直在扩大和安徽成为长三角一员的曲折历程不太了解。

从新中国成立以后到改革开放初期,安徽主要作为上海的资源供应地,为其输送工业原料和能源,而上海则向安徽输入工业制成品,并通过包括工厂转移、派遣科技人员等在内的多种形式对安徽进行援建工厂。安徽的工业基础薄弱,当时上海迁移一些工厂到安徽,从人员、技术、资金和机械设备等方面提供帮助。比如在合肥市长江东路及周边地区,当时集中建设了一批由上海援建的规模较大的国有工业企业,现在还保留有一些工厂旧址。刚刚解放时,上海市是中国经济最发达的第一大城市,经济规模是排名第二到第十名城市经济规模的总和。1978年,沪苏浙皖全年GDP总量排名,上海市以272.81亿元排在第一名,江苏省以249.24亿元排在第二名,浙江省以123.72亿元排在第三名,安徽省以113.96亿元排在第四名。上海市GDP总量在全国同样排名第一,当年江苏GDP相当于上海的90%,排名全国第二,浙江GDP相当于上海的45%,排名全国第十二,安徽GDP相当于上海的40%,排名全国第十三。那时上海是中国最重要的税收来源地,财政收入长期占据全国的六分之一以上。江苏、浙江和安徽三省与上海市经济相比处于弱势,与上海联系相对紧密的地区主要集中在太湖流域的东部地区,尤其是苏南地区,而浙北地区相对要弱一些。

改革开放初期,长三角的上海、江苏和浙江依托优越的地理位置,抓住东部沿海开放政策支持机遇,以极快的发展速度拉开了跟内陆省份的差距。安徽属于华东地区,位于长江长三角下游,毗邻江苏、浙江两省,在改革开放之时与苏浙的经济总量差距不大,1978年安徽省GDP总量只比浙江省少9.76亿元,可以说相差无几。随着改革开放深入,"苏南模式""温州模式"等相继出现和推广,安徽与长三角的差距越来越大。由于地理位置处于东部沿海地区与中部地区的交汇处,安徽在"东部率先发展"和"西部大开发"战略中处于盲点,经济发展一直难以有较大的起色。

1. 第一阶段(1982—2007年):安徽东向努力融入长三角区域

1982年,为了推动区域经济联合,国务院下发成立"上海经济区"的通知,将江苏、浙江作为与上海联动发展的腹地,被认为是长三角经济圈的最早雏形。1983年3月22日,国务院专门成立"上海经济区规划办公室",其最初的管辖范围是以上海为中心,包括苏州、无锡、常州、南通、杭州、嘉兴、湖州、宁波和绍兴等在内的10个城市。同年8月18日,上海经济区规划工作会议在上海召开,安徽派出观察员参会。1984年2月,上海经济区省市长会议在上海召开,安徽首次作为经济区成员与会。1988年6月,当时国家计委办公厅通知停止上海经济区活动,之后由中央政府牵头合作"搁浅"达10年之久。事实上,安徽与沪苏浙之间自发的区域经济合作一直没有中断。

长三角一体化作为国家的区域政策最初提出,正是建立在改革开放深入推进的基础上的。20世纪90年代,在特区经济取得成效、外向型经济获得发展的时代背景下,中共中央提出了以浦东新区为龙头,带动长江流域整体发展的战略。1990年7月,在中共中央做出开发开放浦东这一决定的两个月以后,安徽省委、省人民政府便做出了"抓住机遇、开发皖江、强化自身、呼应浦东、迎接辐射、带动全省"的战略决策。抓住长三角龙头城市上海浦东开发的契机,以长江为纽带将安徽沿江地区以及全省经济与上海浦东发展紧密联动起来。1992年,最初的上海经济区10个城市,加上舟山、扬州、南京、镇江,共14个市的经济协作办公室发起组织,成立长三角14城市协作办主任联席会,这是长三角区域经济合作的二次启动,也为江苏、浙江带来了新的发展机遇。从1992年到1997年,浙江、江苏的对外出口总额年均增长率在20%以上,可以说,处于成长期的沪苏浙民营企业借助开放的市场,迎来了发展的黄金时机。到了20世纪90年代中期以后,苏浙两省经历了高速发展以后实现了全面崛起,导致安徽与苏浙两地的经济差距拉大。由于区域间存在相对较大的发展落差,安徽省与沪苏浙地区的经济联系就不在同一水平上,导致安徽省一段时间内游离在长三角之外。1995年,为了驶入长三角这条经济发展的快车道,尽快突破经济发展的瓶颈,安徽出台《关于进一步推进皖江开发开放若干问题的意见》,制定《安徽省长江经济带开发开放规划纲要》,开始全面推进"东进突围"战略。

　　进入21世纪,安徽加快融入长三角的步伐。2003年安徽省委七届四次全会明确提出,加速融入长三角经济圈。2004年3月初,以"长三角15城市+黄山"的模式,共同建立起第一个跨区域的无障碍旅游区。第一次有安徽的城市正式加入长三角经济圈,虽然只是长三角拓展旅游特色专题合作,但也表明安徽融入长三角跨出实质意义的一步。同年11月,在上海召开的长三角城市经济协调会第五次会议上,安徽的合肥、马鞍山等6个城市强烈要求加入长三角协调会并列席了本届会议。2005年,安徽省委、省人民政府做出"实施东向发展战略,加快融入长三角"的发展战略,为安徽经济和社会发展指明了方向,加速了安徽融入长三角的步伐。2007年5月,在上海召开的长三角地区协调发展座谈会上,长三角范围虽扩展到"三省一市",但此阶段安徽正式融入长三角没有取得实质性进展。

　　2. 第二阶段(2008—2018年):安徽成为扩容后长三角区域成员

　　2008年初,"泛长三角"成为一个大家讨论的热词,人们重新审视长三角区域的定位,以及其能否跳出原有长江三角洲的地理范畴,讨论安徽与沪苏浙组成一个"泛长三角"的主题。2008年9月,《国务院关于进一步推进长江三角洲地区改革开放和经济社会发展的指导意见》中,提出"泛长三角"的概念,明确安徽作为"泛长三角"的一部分,这为安徽融入长三角发展提供政策依据。安徽经过了十多年的努力,终于在2008年首次受邀参加了长三角地区主要领导人座谈会,这是安徽加入长三角区域合作的一个标志性事件,表明长三角开始接纳安徽这位"近邻"。2009

年,安徽省成立长三角区域合作领导小组,作为正式成员出席长三角地区主要领导人座谈会、长三角地区合作与发展联席会议。2010年1月,国务院正式将安徽省沿长江的城市作为承接产业转移示范区并纳入国家宏观发展战略。3月,合肥、马鞍山两市正式加入长三角城市经济协调会,长三角范围从沪苏浙"一市两省"扩大到沪苏浙皖的部分城市。6月,中共中央印发《长江三角洲地区区域规划》,这个规划将长三角区域限定在沪苏浙的范围。

2011年,安徽首次以轮值方式成功举办长三角地区主要领导人座谈会和长三角地区合作与发展联席会议。至此,安徽得到沪苏浙的正式认可,标志着安徽已经全面融入长三角一体化。2013年4月,芜湖、滁州等8座城市正式加入,长三角协调会扩容至30个城市。至此,长三角覆盖上海市、江苏省、浙江省全境以及安徽省的合、马、芜等5个地级市。2013年,长三角主要领导人座谈会首次提出"加快转型升级,共同打造长三角经济'升级版'"。2014年9月,《国务院关于依托黄金水道推动长江经济带发展的指导意见》中,首次规定安徽是长三角城市群的一部分,合肥作为长三角副中心城市。2016年,国务院公布《长江三角洲城市群发展规划》,合肥、芜湖、马鞍山、铜陵、安庆、滁州、池州、宣城8市被列入长三角城市群。同年底,合肥都市圈扩容升级后整体加入长三角城市群,合肥城市定位是长三角世界级城市群副中心城市。2018年4月,长三角城市经济协调会第十八次市长联席会吸纳了铜陵、安庆、池州、宣城,皖江城市带中的城市整体加入,至此安徽共有9个城市加入长三角。

3. 第三阶段(2019年至今):安徽推进长三角区域一体化建设

长三角一体化发展到2018年上升为国家战略时历经36年。长三角区域政府合作逐步形成了决策、协调和执行"三级运作"的区域合作机制:决策层是"长三角地区主要领导座谈会",协调层是"长三角地区合作与发展联席会议",执行层是各种重点领域合作专题组,围绕交通、能源、信息、科技、环保、信用、人社、金融、涉外服务、产业、城市和食品安全等,随时进行任务动态调整和协调。2018年6月,在上海长三角地区主要领导座谈会上,审议并原则同意《长三角地区一体化发展三年行动计划(2018—2020年)》和《长三角地区合作近期工作要点》。"三省一市"对长三角更高质量一体化发展进行了再谋划、再深化。统筹谋划新时代长三角发展蓝图,将长三角地区建设成为全国贯彻新发展理念的引领示范区、全球资源配置的亚太门户、具有全球竞争力的世界级城市群。

为了推进长三角一体化国家战略的实施,2019年《长三角洲区域一体化发展规划纲要》(以下简称《规划纲要》),将安徽全域纳入规划范围,安徽真正成为长三角"正式生"。10月,长三角城市经济协调会第十九次会议正式吸纳阜阳、蚌埠、黄山、六安、淮北、宿州、亳州7个城市加入(表2.6)。随着长三角包括高铁网络在内的综合交通运输体系的不断完善,人流、物流、资金流等更加便利于由中心城市向外扩散,城市经济联系日益紧密,区域合作的空间范围逐渐扩大,长三角开始走上一体化发展的快速之路。安徽从开始单向承接到现在双向融入,从被动接受辐射到主动参与分工合作。2020年8月,在合肥召开扎实推进长三角一体化发展座谈会后,安徽已经从全面参与走向了深度融合长三角一体化的时期。

表2.6 安徽城市加入长三角城市经济协调会员时间

年份	新增成员城市	城市总数	具体事件	主办城市
2010	合肥、马鞍山	22	第十次市长联席会	嘉兴市
2013	芜湖、滁州、淮南	30	第十三次市长联席会	合肥市
2018	铜陵、安庆、池州、宣城	34	第十八次市长联席会	衢州市
2019	阜阳、蚌埠、黄山、六安、淮北、亳州	41	第十九次市长联席会	芜湖市

《规划纲要》出台为长三角更高质量一体化发展这一国家战略提供了更加清晰的行动指南。安徽率先成立推动长三角地区更高质量一体化发展领导小组,由省委省人民政府主要负责同志担任双组长,下设交通、能源、信息等15个专题合作组,办公室设在安徽省发展改革委。2018年安徽与沪苏浙共同组建长三角区域合作办公室,负责研究拟订长三角协同发展的战略规划,以及体制机制和重大政策建议,协调推进区域合作中的重要事项和重大项目,统筹管理合作基金等,同时落实《长三角地区一体化发展三年行动计划(2018—2020年)》。

安徽根据国家规划纲要,聚焦顶层设计,围绕空间布局、科技创新、产业发展、生态环保、区域市场、基础设施和公共服务等"六个一体化",制定安徽规划实施方案。2020年1月印发《安徽省实施长江三角洲区域一体化发展规划纲要行动计划》,围绕九大战略任务细化实化216项重点工作、30个重大工程,形成了落实《规划纲要》的任务书、时间表、路线图;研究制定长三角一体化发展规划"十四五"实施方案安徽行动方案及重大政策、重大事项、重大项目"三张清单"。安徽聚焦主动对接、对标对表,2019年和2021年,安徽省党政代表团两次赴沪苏浙开展"学先进、促一体"活动,达成"2+13+118"和"15+3+3"务实成果;安徽省人民政府推出对标学习沪苏浙经济社会发展和科技创新政策举措,启动实施赴沪苏浙跟班学习"千人选派计划",常态化对标学习沪苏浙的浓厚氛围已经形成。

(二)安徽推进长三角高质量一体化发展取得成绩

安徽紧扣一体化和高质量两个关键词,对标上海龙头,携手苏浙两省,积极推动长三角一体化发展。安徽以主体身份推进一体化大市场、设施互联的大枢纽、科创策源地和产业集聚地的建设。共同推进长江大保护、淮河和新安江流域生态保护,建立生态共同保护机制和生态补偿制度,绿色共保长三角"后花园"。共同搭建了科创产业协作平台、科学研发仪器设施共用服务平台,降低各城市的科技创新成本,形成长三角科创共同体。做大做强合肥都市圈,规划分类发展省内各地级市,加快城市化进程,省内城市发展形成合力,带动城乡协调发展。打造都市圈联动的大纽带,深化与上海、南京、杭州都市圈的协调联动。推动"中四角"合肥、武汉、长沙、南昌四市深度合作,连接长江中游城市群。安徽省在融入长三角更高质量一体化发展中取得较好成绩。

1. 安徽省整体经济发展态势良好

近年来,安徽省保持良好的发展势头,实现了从科教大省向科技创新策源地的跨越发展,实现了从农业大省向现代新兴产业集聚地的跨越发展,也实现了从内陆省份向改革开放新高地的跨越发展。2021年安徽在外部环境复杂严峻、国内疫情多点散发的形势下,经济总量和经济增速不断提高。安徽省GDP约为4.3万亿元,全国排名第十一位,增速快于全国平均水平、居全国第八位。安徽GDP总量增加速度加快,从2018年起仅用3年时间从3万亿元跨上4万亿元台阶。全省人均国内生产总值超过1万美元。上述数字表明安徽省经济能级和人均水平都跨上一个标志性台阶。贸易进出口总额突破1000亿美元、粮食产量超400亿千克,这些都表明安徽省综合实力、行业规模和企业竞争力进一步提升。2021年,安徽省驱动经济发展的"三驾马车"投资、消费、进出口三项增速均高于全国平均水平。

安徽省扬长避短,聚焦高质量协同发展,调整产业结构,三次产业发展及结构比例日益趋好。2021年,三次产业增加值占GDP比重分别为7.8%、41%、51.2%,其中第三产业增长速度最快为8.7%。工业转型步伐加快。2021年,战略性新兴产业产值占全部工业比重由上年的40.3%提高到41%,其中,新能源汽车产业发展迅速,产值同比增长31%。全年进出口增长26.9%,居全国第十一位,居长三角第一位、中部第二位。安徽坚持高质量发展的要求,以创新带动实体经济发展,推进制造业由"中低端"向"中高端"迈进,使得规模以上工业增加值增速连续多年位居全国前列。41个工业大类行业中有14个行业产值超千亿元,575户规上工业企业产值超十亿元(其中42户超百亿元)。

2021年全省亿元以上在建省外投资项目7013个,实际到位资金16207.2亿元,同比增长14.9%。重点区域在皖投资增势良好,其中沪苏浙在皖投资增幅明显。江苏、浙江和上海在皖投资资金分别为全国第一、二、四位,均处于前五位。

全省市场主体户数多年持续增加,2021年安徽新登记各类市场主体113.62万户,同比增长8.46%;其中,企业40.15万户,同比增长14.77%。截至2021年12月底,全省实有各类市场主体660.87万户,同比增长12.43%;其中,企业192.77万户,同比增长14.49%。

2. 区域高质量发展新动能不断增强

安徽"一圈五区"协同推进。实施合肥都市圈一体化发展行动计划,增强合肥市核心城市实力,加快建设合六经济走廊、合淮产业走廊,开展成员城市合作,都市圈能级和同城化水平进一步提高。印发实施皖江城市带承接产业转移示范区提升发展意见,江北、江南新兴产业集中区等一批高能级产业平台加速打造,皖北承接产业转移集聚区建设,沿江和皖北地区高速发展成为安徽省高质量发展的"主引擎"。制定印发皖北发展"新 10 条",皖北地区内生发展潜力进一步激发;出台新时代支持大别山革命老区振兴发展的实施意见,全力打通大别山革命老区对外联通通道,实现 19 个县市区全部通高速、15 个县市区通铁路,内联外通的发展格局进一步形成;推进建设皖南国际文化旅游示范区,杭黄世界级自然生态和文化旅游廊道列入国家"十四五"规划纲要。

重点区域率先突破。其中苏皖合作示范区加快发展,带动"一地六县"产业合作区开局起步,总投资 227 亿元的 63 个重大项目先行启动;宁滁、宁马省际毗邻地区新型功能区管委会揭牌成立,"1+1+N"规划政策体系逐步完善;首批 18 个省际产业合作园区发展壮大,中新苏滁高新技术产业开发区今年以来签约沪苏浙项目投资额占比超过 78%;城市城区合作共建更加紧密,14 个城市与沪苏浙 18 个城市签订 27 个战略合作协议,阜阳、安庆长三角区域重点城市带动力、辐射力不断增强。

3. 多领域一体化发展成果丰硕

(1) 合力打造长三角科技创新共同体。上海张江、合肥综合性国家科学中心"两心共创"迈出坚实步伐,在量子信息、同步辐射光源、智能语音等领域开展科技攻关、成果转化取得积极成效,如长三角国家技术创新中心揭牌成立,G60 科创走廊建设全面发力等。

(2) 协同实施长三角产业链补链固链强链行动,共同组建集成电路、生物医药、新能源汽车产业链联盟,牵头成立的人工智能产业链联盟已集聚科大讯飞、苏宁软件等上下游企业 72 家。

(3) 对外开放合作取得新进展。获批建设中国(安徽)自由贸易试验区,推出包括 212 项赋权事项的特别清单,与沪苏浙共建长三角自贸试验区联盟,深化合肥、芜湖片区与宁波片区,蚌埠片区与金义片区合作共建。

(4) 立体综合交通体系加快建立。商合杭、杭黄、安九等高铁建成运营,高铁总里程位居全国前列,"五纵十横"高速公路主骨架纵穿江淮,联通长三角的水运大通道及"一枢十支"机场体系加速构建,合肥中欧班列发货量稳居全国第一方阵。

(5) 全面绿色转型发展迈出新步伐。加快建设长江、淮河、江淮运河、新安江生态廊道和皖南、皖西大别山生态屏障,开展大气、水污染联防联治;共同深化生态保护补偿制度建设和生态产品价值实现机制。

(6) 公共服务便利共享实现新突破。如合肥与沪苏浙 9 个城市实现了地铁"一码通行";政务服务"一网通办"更加便捷,7×24 小时不打烊"随时办"服务加快推行,以社会保障卡为载体的居民服务"一卡通"体系基本建立,人民群众的幸福感、获得感、满足感显著增强。①

---

① 李应松,程晖.安徽:对标沪苏浙,"三张清单"推进落实长三角一体化发展来源[N].中国经济导报,2021-11-26.

二、长三角高质量一体化发展给安徽带来的重大机遇

安徽原始创新活跃、源头供给强劲;生态资源良好、环境保护有力;产业特色鲜明、要素联系紧密;人口众多、城镇化潜力巨大;区位资源丰富,市场腹地广阔,这些有利条件将推动长三角率先发展。长三角一体化高质量发展给安徽经济发展提出了更高的要求,带来前所未有的重大机遇。

(一)区域发展战略叠加带来政策红利

安徽省处于"一带一路"和长江经济带的重要节点,是唯——个同时拥有长三角一体化、长江经济带、中部地区崛起三个国家战略叠加的优势省份。区域经济发展战略是指对一定区域内经济、社会发展有关全局性、长远性、关键性的问题所作的筹划和决策。[①] 每一个国家区域经济发展战略的实施必有其独特的重大意义和目标,随着战略的深入实施,国家会根据实际需要出台相关政策文件和动员多方面资源保障予以支持(表2.7)。比如,为了实施长三角一体化战略,《规划纲要》在统一规划管理、统筹土地管理、要素自由活动、财税分享、公共服务协同等方面都制定出了创新性的政策规则。地方各级政府为了落实国家区域经济发展战略,也会因地制宜地制定相关规划和政策,有的是单独制定,有的是协商后共同制定。在条件成熟的情况下,区域内的地方政府往往会共同制定一些规划、政策和标准。

表2.7 2019—2021年长三角一体化相关规划与政策

时间	部门	政策文件
2019	国家发展改革委	《长江三角洲区域一体化发展规划纲要》
2019	国家发展改革委	《长三角生态绿色一体化发展示范区总体方案》
2019	国家发展改革委	《关于推动长江三角洲区域公共资源交易一体化发展的意见》
2020	浙江省发展改革委	《浙江省推进长三角生态环境保护一体化发展专项行动计划》
2020	浙江省发展改革委	《浙江省推进长三角市场体系一体化专项行动计划》
2020	国家发展改革委	《长江三角洲地区交通运输更高质量一体化发展战略》
2020	国家发展改革委	《关于在长三角生态绿色一体化发展示范区深化落实金融支持政策推进先行先试的若干政策》
2020	苏浙沪皖体育局	《长三角地区汽车运动产业发展规划(2020—2025年)》

[①] 洪必纲.区域经济发展战略下的主体功能区建设[N].光明日报,2011-01-16.

续表

时间	部门	政策文件
2020	苏浙沪皖体育局	《长三角地区体育一体化高质量发展的若干意见》
2020	科技部	《长三角科技创新共同体建设发展规划》
2021	苏浙沪皖科技厅	《长三角G60科创走廊"十四五"先进制造业产业协同发展规划》《长三角G60科创走廊打造具有国际影响力的科创走廊和我国重要创新策源地指标体系》
2021	长三角一体化示范区执委会	《长三角生态绿色一体化发展示范区重大建设项目三年行动计划(2021—2023年)》
2021	上海市人民政府	《上海市综合交通发展"十四五"规划》
2021	浙江省经信厅	《长三角区域一体化发展信息化专题组三年行动计划(2021—2023年)》
2021	苏浙沪皖司法厅	《推进长三角区域行政规范性文件合法性审核机制一体化建设》
2021	国家发展改革委	《沪苏浙城市结对合作帮扶皖北城市实施方案》
2021	苏浙沪皖市监管局	《长三角市场监管一体化发展"十四五"规划》

资料来源:根据相关材料整理而成。

安徽省面临多个国家战略政策叠加机遇,对于现有的政策一定要充分利用,学深悟透和用好用活政策。同时,加强现有政策梳理总结,自我创新和借鉴相结合从而提出新要求,积极争取上级政府政策支持。过去安徽省在争取国家区域经济发展试点和政策支持方面取得了一些成绩,但申请成功后,政策实施效果还有很大空间,比如合芜蚌自主创新综合配套改革试验区在创新引领方面仍需解放思想,下大工夫,取得更多实效。安徽省适时出台长三角一体化发展相关政策,建立健全任务落实的台账,强化落实检查和督查考核,确保高质量完成国家规划纲要以及长三角"三省一市"领导人会议确定的长三角行动计划中各项任务。

(二)发展落差激发安徽发挥后发优势

安徽发展问题是长三角一体化发展的重点和难点所在。一体化主要针对区域发展不平衡的问题而提出的。习近平总书记在扎实推进长三角一体化发展座谈会强调,发展落差往往是发展空间。长三角区域内部发展不平衡,表现在省际有差异,如安徽的发展相对落后;也有省内地区差异,如江苏的苏南和苏北、安徽的皖南和皖北,以及浙江的沿海和山区发展落差明显。长三角一体化高质量发展要促进欠发达地区高质量发展,政府部门要针对欠发达地区出台实施更精准的举措。看问题要有辩证的思维,随着交通、通信等技术发展,一些欠发达地区空间区位的劣势成为优势,另外开发不足的自然条件和生态环境等方面优势逐渐显现出来。发展差距不是不可逾越的鸿沟,从发展的角度来看,欠发达区域的发展也可以将其理解为未来会拥有多种可能的发展空间。

在全国范围内长三角"三省一市"经济实力都比较雄厚,具体到各省来看,安徽相对要弱一些。但也要看到安徽融入长三角一体化发展积极性高的一面,发挥其主观能动性与沪苏浙对接,近年来在经济增长、科技创新、产业集聚、交通设施和营商环境等方面取得令人刮目相看的成绩。这些为未来发展奠定了基础和积累了经验,尤其是增强安徽跨越发展的信心。在区域竞争合作中,安徽在某些方面暂时处于下风,未来可能转化为后发优势。比如,安徽以前交通不便制约经济发展,尤其是铁路交通,近些年由于高铁和铁路设施投资,现在安徽高铁里程居全国前列,加上高速公路和内河航道建设,安徽交通劣势已慢慢变成了优势。以前发展缺乏资金,现在安徽成为各类资金投资的热土,合肥市政府投资基金模式受到各方关注和借鉴。安徽相对沪苏浙而言土地开发强度相对较低,但具有较大的开发建设空间;生态环境资源丰富,可以成为长三角一体化发展的腹地和旅游休闲的基地。合肥市的科技创新已成为安徽省的一张名片,这也是欠发达地区跨越发展的有效路径。安徽作为相对落后地区,中央政府会出台一些政策和资金支持,相对来说会获得更多的发展机会和对口帮扶,比如2021年国家发改委颁发文件,要求沪苏浙对口合作支持皖北8个城市。总之,安徽省要借鉴先发地区的经验,引进其优质资源,发挥自己优势,主动作为,加快缩小区域发展差距,并在局部领域要勇于突破。

(三)畅通双循环释放一体化市场潜能

构建新发展格局需要推进开放的国内国际双循环的形成。长三角一体化国家战略定位中包括区域一体化发展示范区和新时代改革开放新高地。这一战略定位要求完善中国改革开放空间布局,形成扩大内需的战略攻坚点,打通国内外市场的痛点,长三角在这两个方面必须起到示范引领作用。所以,长三角一体化不仅要重视以国内市场为主体的国内国际双循环格局,还要关注未来中国全球化问题。

长三角一体化发展的基础在市场一体化。长三角一体化战略推进,对于行政区经济中存在的行政分割和市场碎片化竞争的问题必须有效破解,否则无法实现长三角市场一体化。因为我国区域发展水平差距很大,全国统一市场建设、要素市场化配置的改革不可能一蹴而就,必须分区域、分步骤渐进式推进。[①] 建设统一市场、推进要素市场化配置改革,促进资源要素自由流动。市场一体化打破行政壁垒,提高政策协调,要让生产要素在更大的范围内畅通无阻。国内生产要素包括土地、人员、资本、技术、市场,未来要把全球的生产要素都调动起来。安徽省要利用独特区位优势,集聚配置各类要素资源,服务构建以国内大循环为主体,国内国际

---

① 刘志彪.长三角一体化发展的基础在市场一体化[N].学习时报,2019-11-28.

双循环相互促进的新发展格局。区域一体化展开必然会带来市场范围的扩展和市场分工的深化,产生"1+1＞2"的显著效果。安徽省自贸区要与沪苏浙的自贸区建立联动发展机制,形成长三角自贸区一体化发展格局。安徽省加快实施创新驱动发展战略,打造科技创新的策源地,提高在国际市场的竞争力。通过对外高水平开放和科技创新,安徽省重点把合肥市打造成为内陆开放型经济高地。总之,安徽省要打造一个市场化、法治化、国际化的公开透明的市场经济,使更多的外资企业、民营企业和中小微企业等市场主体充满活力,优化市场营商环境。这些为安徽在长三角一体化发展中奠定了坚实的统一市场基础。

（四）双碳战略促进产业低碳绿色转型

实施双碳战略目标,必须推进能源革命,突破关键技术,加快产业动能转换,构建绿色低碳循环发展的经济体系,推动经济社会发展全面绿色转型。《规划纲要》明确坚持生态保护优先,把保护和修复生态环境摆在重要位置,加强生态空间保护,推动环境协同治理,夯实绿色发展生态本底,努力建设绿色美丽的长三角。2021年5月,长三角区域生态环境保护协作小组第一次会议在江苏无锡召开,提出生态环境高水平保护,研究部署区域生态环境阶段协作重点工作,签署了长三角区域碳普惠机制联动建设工作备忘录和长三角区域固体废物和危险废物联防联治合作协议。

安徽省在长三角区域既是能源消耗大省又是能源供应地。安徽省煤炭资源丰富,煤炭保有量居全国第八位。煤炭、电力、钢铁、水泥等行业是减排降碳之重点,安徽省实现"双碳"建设目标任务压力较大。长三角碳普惠机制联动建设工作推进,给安徽省与沪苏浙通力合作实现降碳目标带来机遇,一方面发挥安徽省资源和能源优势,提高现有能源产业的利用效率,加快能源绿色低碳转型速度;另一方面利用培育绿色发展新动能,建立科技创新联合体突破关键技术,聚焦于碳达峰、碳中和技术路径设计,关注生产端、消费端、固碳端及碳汇管理等全过程、全产业链的技术创新。在能源绿色低碳转型的方面,安徽省利用抽水蓄能资源较为丰富,已建成响水涧、琅琊山、响洪甸和绩溪4座抽水蓄能电站,共装机348万千瓦,居全国第三位。

生态环境建设中,安徽省是长三角的后花园和重要的生态屏障。从地理上看,安徽省是沪苏浙的腹地,位于长江、淮河和新安江等流域上中游,生态资源良好,环境保护有力,拥有皖西大别山区和皖南山区等全国重点生态功能区,是长三角地区重要的生态屏障,皖南地区是新安江的源头,生态环境对下游浙江有着直接影响。安徽省建成长三角面向长江经济带的绿色发展之门,有助于安徽省实现水清岸绿产业优化的高质量发展。生态环境可以创造更大的容量。通过省市间的密切合作,安徽可以在维护长三角生态平衡、创造长三角生态福利、共建绿色美丽长三角方面发挥更大的作用。安徽省拥有八百里皖江,推进皖江绿色发展,对加快形成长江经济带生态文明建设的生态示范带意义重大。加快皖江产业带的经济转型升级，实现水清岸绿产业优化，是安徽省高质量发展目标的重要内容。从绿色发展观念来看，双碳战略促进产业低碳绿色转型对安徽来说是一个重要的发展机遇。

（五）数字经济赋能安徽省高质量发展

数字经济是我国建设现代化产业体系的重要组成部分，加快发展数字经济，对于构建新发展格局、推动高质量发展具有重要意义，也是信息通信业在全面建设社会主义现代化国家新征程上的重点任务。数字经济是继农业经济、工业经济之后的主要经济形态，正推动生产方式、生活方式和治理方式深刻变革。加快发展数字经济，促进数字经济和实体经济深度融合，打造具有国际竞争力的数字产业集群。近年来，中国数字经济发展非常迅猛，在国家数字经济战略、网络强国战略和国家大数据战略引领下，中国经济正经历着从高速增长向高质量发展，从自然资源密集型向数据密集型转变。2021年中国数字经济规模占GDP的比重达到39.8%，总规模45.5万亿元。当然，有学者认为这个数据过大，主要因为统计口径原因造成的，但有一点可以肯定：数字经济发展速度快是事实。我国数字经济呈现出东强西弱的局面，东部地区的数字经济明显快于西部地区。在长三角区域内，数字经济发展也不平衡，上海市和浙江省相对发达，而江苏和安徽要弱一些。数字经济可以通过数字产业化和产业数字化赋能实体经济，长三角数字经济一体化推进，将会给安徽的发展带来新的发展机遇。

近年来，安徽的数字经济快速发展，尤其省会合肥市，成为数字经济发展的新热土。全面建设数字安徽，加快数字经济发展，推动数字安徽建设的系统形态、建设理念、建设模式、管理方式、实施路径重塑，构建政务信息化建设新范式。2019年以来，合肥大力实施数字经济"一号工程"，在全国率先编制数字经济发展规划，在全国率先开展市级数字经济创新试验区建设。合肥已成为国内数字经济创新发展标杆城市之一。2021年，合肥入选赛迪研究院发布的"数字经济城市发展百强榜"，并成为数字经济发展新一线城市。安徽已出台《安徽省加快发展数字经济行动方案（2022—2024年）》。安徽以改造优化政府工作流程为重点，以提升数字经济核心产业增加值为牵引，以满足人民群众教育、医疗、文化等领域需求为目标，一体推进数字政府、数字经济、数字社会建设，努力打造一批数字化建设标志性成果，为促进全省经济社会高质量发展提供有力支撑。安徽推动合肥综合性国家科学中心数据空间研究院、人工智能研究院等新型研发机构建设，推进新一代信息技术、人工智能等产业补链延链固链强链。支持数字产业集群发展。中国声谷营业收入力争超过3500亿元，并建设黄山特色的软件产业园。安徽数字经济快速发展将成为全省经济高质量发展的内涵和抓手。

三、长三角更高质量一体化发展给安徽带来的挑战

（一）安徽与沪苏浙差距缩小的难度较大

一体化发展的重要目的在于消除区域发展差距而实现均衡发展。长三角一体化战略赋予长三角"三省一市"在新时代引领全国发展历史任务，安徽省抓住国家战略发展机遇跨越式发展，但其他两省一市同样也要落实国家战略任务而加快发展。安徽省在长三角一体化发展过程中面临省际和省内各地市之间区域落差比较大的境况。与沪苏浙地区相比，安徽省在经济实力、基础设施、市场意识、公共服务等方面还有显著差距。

安徽与沪苏浙之间发展差距大的判断，是基于原有基数以及沪苏浙也在不断发展得来的，所以安徽省要实现跨越发展的挑战不可小视。从2021年长三角"三省一市"生产总值来看，江苏省以116364.2亿元排在第一位，也是唯一超过10万亿元的省份；浙江省以73516亿元排在第二位；上海市以43214.8亿元排在第三位；安徽省以42959.2亿元排在第四位，这也使得安徽省试图在2021年超过上海GDP的希望落空。从当年GDP增长速度来看，江苏省年增速8.6%、浙江省年增速8.5%、安徽省年增速8.3%、上海市年增速8.1%，安徽省排在第三没有表现出很强的竞争优势。若从当年人均GDP来看，安徽省的比例还是最低，上海人均GDP为17.38万元，安徽省人均GDP为7.04万元，也就是说上海人均GDP超过安徽省的2倍以上。从以上数据可以看出，安徽省的GDP总量及人均GDP与沪苏浙三个地区的差距较大、实力悬殊。财政收入是一项反映区域经济发展质量的重要指标。2021年一般公共预算收入，江苏突破万亿元大关名列全国第二位、浙江省超过8000亿元名列全国第三位、上海市以7771.8亿元名列全国第四位、安徽省以3498亿元名列全国第十位。安徽省正在雄心勃勃地赶超上海市GDP总量，这是一个近期可以实现的目标，但在人均GDP和一般公共预算收入方面要赶超上海市，在短期内难以实现。从2021年城市和县域经济发展水平来看，长三角超过万亿的城市共有8个，安徽省只有一个合肥市且排在第七位，仅高于南通市，南通市近年来发展势头较好；全国县域经济百强县中，上海全是城区、江苏省有24个、浙江省有23个、安徽仅有4个且排名靠后，与苏浙两省悬殊太大。

从安徽省内经济空间分布来看，区域差异同样比较大。安徽省南北差异明显，表现在自然、经济、人文等各个方面。江苏和安徽都是全国省内文化存在巨大差距的省份，江苏省主要划分为苏南和苏北，而安徽省分为皖北、皖中和皖南三大部分。经济发展也一样，合肥都市圈和皖江城市带处于工业化中后期的加速发展阶段，其他地区还处于工业化初期或中期阶段。皖北、苏北和浙南是长三角区域内三个欠发达地区，在安徽省内皖北相对于皖中和皖南来讲整体发展要落后。而且安徽省县域经济发展模式普遍单一，发展不均衡情况显著。皖北片区人口密度最高，是最

低的皖南片区的 4.3 倍;皖中片区城镇化率最高,比最低的皖西片区高 24%;皖北地区集中了大量的农业人口,沿江片区 GDP 是皖北片区的 2.2 倍,但仅拥有皖北片区 53% 的常住人口,严重制约沿江片区的工业化和城镇化。另一方面,对外开放程度不高,整体对外贸易依存度不够。根据各省统计公报发现,2021 年在货物贸易进出口总值方面,安徽省为 6920.2 亿元,仅分别达到上海(40610.35 亿元)、江苏(52130.6 亿元)和浙江(41429 亿元)的 17.3%、13.2%、16.7%。由此可以得出安徽省与沪苏浙之间的差距表现在多方面,缩小差距任重道远。

(二)区域一体化体制机制需要完善

实施长三角区域一体化战略,有一个重要的目标就是实现提升长三角在国内和国际双循环中的竞争能力。区域一体化过程会带给沪苏浙皖丰厚的发展红利,近年来在交通、旅游、产业、公共服务便利等领域取得的丰硕成果证实了这一判断。随着一体化合作领域的扩大和深入,合作各主体的利益共享和风险分担成为亟须解决的现实问题,解决不好会势必成为一体化发展的障碍。目前长三角一体化规划的任务虽明确,但规划的制定并不等于规划就实现了。人们常说"徒法不能以自行",同样规划也不可能自己实现。推动长三角一体化规划落实,需要建立合理的利益分配和共享机制,还要有配套的政策措施,配备必要组织机构和人员。目前,长三角一体化推进主要依赖规划性、引领性的政策,和地方政府主动性、协商性的协调制度。安徽省相对于传统长三角区域之间的差距比较大,竞争中处于劣势位置,在一体化过程中与其他省市获得的利益可能不均衡,若发生利益冲突后,纠纷解决机制缺乏顶层设计,导致一些争议问题迟迟难以解决。

以生态环境一体化为例,生态环境一体化体制和机制在跨省间尚未有效建立,难以就合作事项达成协议,发生纠纷也难以解决。"新安江模式"作为广泛宣传跨省流域生态保护补偿机制的典型成功案例,但第四轮的协议没有如期顺利续签。目前安徽省与浙江省各持己见迟迟不能签订,在一体化发展背景下原有跨省生态补偿协议都难以为继,更不用说合作进一步深化,可见一体化发展中首先要解决好利益分享问题,不能仅依靠上级部门协调和省级领导合作意愿,而是需要依法建立体制和机制来保障。在长江段干流水质生态保护补偿方面,安徽省与江苏省经过多轮协商也同样至今没有达成生态补偿协议。毗邻区域合作是推进长三角一体化的重要抓手,实际上各省在毗邻区建立合作园区和交通项目的态度差别大。安徽省滁州市来安县与南京江北新区合作共建顶山—汊河省际毗邻地区新型功能区,不可否认皖苏双方努力推进虽取得一些合作成绩,但在交通、投资等方面远未达到省际毗邻区"试验田"的目标要求。2021 年,国家发改委发文要求沪苏浙八市对口支持皖北八市,安徽在承接过程中表现得积极主动,但支持的市(区)对于支持方式和力度各市(区)有不同的理解,有的发达市(区)积极主动,还有的市(区)以疫情和市场化为借口难有实际行动。虽然对口支持的文件中提到进行考核,但对考核内容只是原则性规定难以落实到位。即使在省内要推进一体化发展时也面临这样的问题，比如同在合肥都市圈内，在2020年调研中发现，正在新建的六安市、庐江县到合肥市两条高级公路，六安市舒城县和庐江县段先开工建设甚至已经完工，而合肥市肥西境内以生态和土地为由迟迟不动工，导致先行修好的公路不能发挥效益。总之，长三角区域一体化加快推进，"三省一市"一定要谋划和制定共同政策，完善一体化发展制度体系，还要有保障实施的措施，在条件成熟的前提下制定相关法律和建立一体化共同机构。

（三）区域内竞争激烈导致"虹吸现象"

区域市场一体化带来的益处明显，通过打破市场壁垒，促进区域内要素自由流动，激发市场活力。但市场一体化推进过程中城市之间、都市圈之间的竞争也异常激烈。经济学从集聚和扩散的角度分析一体化发展的效果，那么长三角中心城市之间竞争、中心城市与周边地区发展同样存在集聚和扩散的可能性。长三角一体化从发轫至今不断扩容，安徽的城市是后来者，与长三角原有城市尤其是第一批城市差距明显。发达城市一直利用先发优势地位，不断扩大自己的势力范围。在长三角传统地区上海市发展优势明显，发挥龙头的作用，上海周边地区苏州、无锡、常州等市影响较大，随着交通和经济影响力提升，目前嘉兴和南通发展速度较快。现在上海都市圈扩容到除上海市外还包括江苏的苏州、无锡、常州、南通和浙江的嘉兴、宁波、舟山、湖州等市，从太湖东岸发达地区向南北延伸到宁波和南通。大都市圈对于小都市圈形成吸收和挤压的影响，现在上海都市圈已把苏州都市圈和宁波都市圈吸纳进去，并对杭州都市圈形成挤压态势，并影响到南京都市圈和合肥都市圈。上海洋山港自贸区建设对于杭州影响比较大，吸引长三角各大中心城市的优势企业，杭州的大企业最受影响。杭州都市圈和南京都市圈都吸纳了安徽省城市加入，黄山市加入杭州都市圈，滁州、马鞍山、芜湖和宣城等城市加入南京都市圈。合肥都市圈所包含的城市全在安徽省境内，其中滁州市、芜湖市、马鞍山市3个城市同时属于南京都市圈。合肥都市圈与南京都市圈在项目、资源和人才等方面的竞争还是比较激烈的。各个都市圈都有扩张冲动，规划蓝图体现出积极进取的态度，合肥都市圈在激烈竞争中实现突破发展有机遇，更有挑战。

都市圈内部在产业、资源和人力等方面的竞争也是一样激烈。同在南京都市圈内的滁州和马鞍山，合肥都市圈内的六安和淮南，相互之间争夺资源和产业。合肥市在招商引资，尤其是合肥高新区重视科技创新，培育中小型科技企业快速成长方面投入大和服务优，形成一个在合肥市内高新企业培育和发展的高地。从每年的科技类奖项、高价值专利数和高新企业上市等数据能明显地反映出来。近年来有一个现象要引起高度重视，长三角发达地区到合肥来招商，目标对象是成长型的高科技企业。以前沪苏浙的企业常与合肥科研院所对接，购买新技术或者引进新技术成立公司，而现在有的投资人直接从合肥引入企业。在跨境电商方面，安徽的企业规模和技术难以与沪苏浙的企业竞争,调研六安、淮南等市发现安徽在发展跨境电商产业方面最大的障碍是人才缺乏,而现实中安徽跨境电商的人才存在外流到沿海发达地区的现象。安徽承接沪苏浙的某些产业过于集中,在调研中发现滁州市和下属的来安县招商引进大量光伏企业。这些企业一般规模比较大,产值高和技术成熟,目前欧洲因石化能源从俄罗斯进口减少从而大量进口中国光伏产品,产业发展比较好。一旦欧洲市场销量饱和,这些企业产品销售和生存会出现问题,要高度注意国际市场的变化。总之,安徽省作为长三角后来者,必须在承接产业转移的同时,一定要强调产业发展的自立自强。

(四)安徽科技创新水平急需大力提高

长三角城市群应担负世界级城市群引领人类重大科技创新重任,以需求为导向,建立各类别的科学研究共同体。要建立以科学研究为基点、以技术研发和应用为中介、以产业化和市场化生产应用为出口的创新-产业融合分工体系,需要各城市合理调配创新功能的分工,突破行政壁垒,建立成本共担、利益共享的区域协作与融合一体化机制。同时,建立区域一体化机制,需要处理好地方行政管理与跨界融合机制的关系。在跨界合作发展的过程中,上海需要充分发挥引领带动作用,提升战略定力,带动长三角城市群整体创新水平提高。

长三角创新研发的国际竞争力有待提高,长期以来长三角地区科技资源丰富、技术人才集中是我国创新较活跃地区之一,但从国际上看长三角机制的创新能力和水平还不够高,远落后于纽约、伦敦、东京等国际大都市群。如澳大利亚智库、全球创新城市指数报告显示2021年度全球500强中,东京和波士顿并列第一,纽约名列第三位,上海位列第十五位,在中国城市中排名第一,当然要从提升速度来看,上海城市创新能力自2019年以来上升了18位,提升速度快。长三角创新资源差异影响科技创新水平。长三角一体化的动力和活力在于创新,但这种创新活力离不开体制机制改革的有力支撑。

安徽省重视科技创新,加快推进创新型省份建设,坚定不移下好创新"先手棋",抓好科技创新"栽树工程",实现了"科教大省"向"科技创新策源地"的跨越发展。2021年安徽区域创新能力由10年前的第十五位上升至第八位,连续10年位居全国第一方阵。安徽省在量子力学、空天技术等方面取得不俗成绩,但科学研究的投入大,安徽省对于基础性研究的投入如果不能得到回报,那么省级财政难以为继,科学研究的可持续性就变成问题。从基础科学研究到技术发明,从技术发明到产品出现,产品投入市场销售是一个复杂的过程,每个环节不可忽视。现在安徽省已经意识到基础研究这个问题,提出"开花结果"的要求,既要在科学研究上得到突破,又要在技术和产品上获得收益。安徽在基础研究方面发力的同时,也要重视科技创新水平的提高。目前,安徽省科技创新水平与沪苏浙地区相比还存在较大差距,科创与产业融合度较低。2020年,沪苏浙技术合同成交额分别为1815.27亿元、2335.81亿元、1478.24亿元,而安徽仅672.19亿元;沪苏浙高新技术企业数分别达到19012家、33027家、22158家,而安徽仅8559家;截至2021年底,科创板共有企业377家,其中上海63家、江苏76家、浙江34家,而安徽仅有15家。安徽在科技创新方面存在研发投入强度不足的问题,以2020年为例,沪苏浙R&D经费支出分别为1615.7亿元、3005.9亿元、1859.9亿元,而安徽仅883.2亿元。此外,还有核心技术供给有而不多、科技成果转化通而不畅、企业创新主体数量偏少、创新人才短缺与外流并存等问题。从沪苏浙的科创能力与发展活力来看,安徽省要想在夹缝中寻求突破的难度较大。

(五)生态保护和产品价值实现难度大

安徽省位于长三角上游,既是其生态环境的"后花园",又是区域经济社会发展的腹地。安徽省面临既要保护生态环境,又要实现"双碳"目标,还要加快经济高质量发展速度,统筹做好各项工作确实具有挑战性。生态一体化是长三角一体化中重要组成部分。安徽省在长三角区域生态资源丰富,国土开发强度低,拥有近三分之一的森林面积,长江、淮河、新安江三大水系自西向东流形成自然生态环境和人为自然保护地,承担着区域重要水源涵养地和生态屏障的重任。安徽省生态环境保护效果不仅影响本省的生态环境质量,还会影响下游的沪苏浙生态环境质量。生态环境保护和治理受到长三角政府广泛重视,长三角生态绿色一体化发展示范区建设就是一项创新举措,将会在管理机制和利益责任承担方面探索新的路径。安徽正在统筹推进山水林田湖草沙一体化保护和系统治理,加快建设长江、淮河、江淮运河、新安江生态廊道,构建皖南山区、皖西大别山区两条生态屏障,为区域经济发展筑牢生态安全屏障。

安徽在生态环境方面做出巨大贡献,政府财政投入压力过大,需要建立生态补偿体系和多元化投入机制。比如,在新安江流域,为保证杭州重要水源地千岛湖水质,自2012年皖浙两省启动全国首个跨省生态补偿机制试点以来,仅黄山市累计投入超过200亿元,而该市2021年一般公共预算收入为88.3亿元,2018—2021年第三轮试点中央财政退出,考核标准较前两轮提高,皖浙两省每年各出资2亿元,至今第四轮的生态补偿协议未达成,但黄山市的新安江上游生态保护责任不能放松,生态投入只能增加不可减少。这也说明这种跨省生态补偿机制缺乏顶层设计,落实机制缺乏刚性。现在人们从各种媒体上都能够看到新安江水清景美,环境治理成效显著。黄山市为此付出巨大的经济代价,实施了生态保护补偿项目325个,关停淘汰污染企业220多家,拒绝污染项目190多个。

随着长三角区域经济的发展,人们对旅游、康养等生态产品的需求日益增长。如何让生态资源变成生态财富,生态产品价值实现是关键。目前,安徽省加强皖南国际文化旅游示范区、推动杭黄世界级自然生态和文化旅游廊道建设。安徽省部分地区开展了生态系统总值(GEP)核算、排污权交易试点等工作,但在试点工作中还存在相关部门协调沟通机制有待完善、GEP核算结果应用不足、生态产品市场机制不够健全、全国政策标准尚不统一、生态产品价值核算的应用体系和体制机制尚未完全建立、价值核算结果难以有效转化为生态产品价值等问题。

推进长三角一体化发展，为安徽带来了前所未有的战略机遇，政策红利得到最多，群众受益也是最多，取得了一定成绩。安徽深入推进长三角高质量一体化工作同样面临各种挑战，未来要发挥自己的优势，在局部领域率先突破形成竞争优势，从而带动全区域的对标发展，贡献自己的智慧和力量。

第三节 安徽高质量一体化发展突破策略

一、安徽推进高质量一体化发展的机制和政策

安徽深入推进高质量一体化发展目标和任务明确，目标终归只代表一个努力方向，拿出具体行动、抓住近年来积极推进长三角一体化取得的良好发展势头的关键，是落实各项工作任务。近年来，安徽认真贯彻习近平总书记系列重要讲话精神，紧扣一体化和高质量两个关键词，携手沪苏浙推动国家规划实施、重点协同事项落实，取得阶段性成效。安徽省委书记郑栅洁明确下一步融入长三角一体化发展的工作任务，紧扣"三大使命"和"七项重点任务"，更主动地靠上去，更积极地融进去，聚焦省际合作园区、苏皖合作示范区等重点区域，宁马城际等重大项目，量子信息产业合作、产业链备份基地等重要事项，与沪苏浙构建紧密型、互补型合作关系，让"高质量"越来越高、"一体化"越来越强、"一盘棋"越下越活。

（一）推进高质量一体化发展主线

以优化"政府与市场、地方与地方、中央与地方"的关系为主线，转变政府职能，让市场在资源配置中发挥决定作用。落实长三角国际一流营商环境建设行动方案，推动长三角区域统一市场建设。构建地方政府间既有良性竞争又能充分合作的新型关系，在赋予地方政府更多权限的同时，增强中央政府对跨地区事务的统筹能力。完善长三角一体化协调机制，创新区域协作协调机制和工作方法，争取国家及相关部委的政策支持。

（二）推进高质量一体化发展保障机制

1. 建立推进工作组织机构

以省级推进工作组织建设为突破口，强化机构的独立性、常设性和综合性，改变目前以省主要负责人为组长，省发改委为具体牵头落实单位的做法，设立专门的推进机构。各地市、县成立相应的组织机构，配备必要的工作人员，确保在组织和

人员方面的保障支持。

2. 建立跨地区规划衔接机制

以城市群、都市圈为空间范围制定总体规划引领一体化发展。建立规划评估机制,对各地落实情况进行考核。发挥民间组织和机构在规划制定和实施中的作用。增强规划的约束力,各地规划要与总体规划保持一致。

3. 建立多层次的统筹协调机制

构建地方政府常态化合作机制,对跨地区重大事项共同决策。在交通、环保、公共服务等具体领域建立专项协调机制。设立专家委员会,提供第三方协议和评估。发挥中央政府及部门的协调和指导作用。

4. 建立利益分配责任承担机制

鼓励毗邻地区建立合作园区,非毗邻地区共建飞地园区,发挥各自比较优势合作招商,共享税源。探索并实施有利于企业跨地区转移的系统化税收分配方案,构建生态补偿等横向转移支付制度。建立生态保护一体化机制,鼓励组建科创共同体,强化区域产业链和价值链。

5. 建立督促考核机制

强化推进高质量发展一体化任务的考核,出台相关考核政策,明确考核主体、考核对象、考核内容及考核结果的运用等。转变对地方政府的考核内容和方式,使之从只追求本地利益转向着眼整体利益,从只注重增长转向对经济、分配、治理的总体考量,增强合作,推动高质量发展的主动权。

(三)推进高质量一体化发展主攻方向

1. 改善营商环境,推动长三角区域统一市场建设

长三角一体化的内涵是打破行政区经济,促进要素自由流动、商品互通有无和专业化分工协作,实现高质量发展和共同繁荣。商品和要素自由流动是区域经济一体化的本质要求。厘清政府和市场的职能,打破所有割裂市场的显性和隐性的壁垒。转变政府无序招商的做法,从依靠特惠政策转向通过优化营商环境招商引资。要实现区域内市场主体在市场准入和退出方面的监管标准统一,建立各类企业跨地区自由进出并平等竞争的制度和政策环境。提高司法部门的独立性,增强市场法治化的水平。

2. 加大交通投入,促进基础设施的互联互通

交通基础设施是人员、货物、信息往来的支撑载体。要从整体效益最大化角度对跨地区基础设施统一规划、共同建设、合作运营。要实现公路、铁路、航空、航运中心等不同类型的基础设施有机结合。打通毗邻地区的"断头路",完善交通网络,提高长三角交通的通达性。建设以合肥为中心的物流枢纽中心,发挥4个省内区域中心城市的物流功能,形成长三角交通体系一体化的局面。合理配置区域内基础设施资源,促进各地区动态平衡发展。

3. 发挥资源优势,促进产业结构合理布局

产业体系在空间层面有机融合是区域一体化发展的物质基础。引导错位竞争,把安徽区域资源优势变成竞争优势,在产业布局中做好科学性、前瞻性和可行性的产业专项规划,立足各地的禀赋,明确产业定位,避免无序竞争和重复建设。以产业数字化实现多要素有机联动,共同促进产业转型升级,推动一般制造业等传统产业在区域内有序转移,发挥各自优势,合力推动新产业新业态发展。要探索联合招商引资,促进产业链供应链协同发展,鼓励产业集群发展。

4. 加强制度建设,促进创新资源整合与利益分享

科技创新是安徽的最强基因。近年来,安徽积极推进长三角科技创新共同体建设,依托大科学装置集中区打造世界一流的重大科技基础设施集群,牵头成立长三角人工智能产业链联盟。创新是推动区域发展和结构调整的重要动力。一方面要促进创新要素在区域内自由流转,突破行政条块束缚和企业、高校、科研院所间的壁垒。以市场为纽带,激发各地区各主体的创新活力。另一方面要促进从研发应用到制造的创新链,在空间层面合理布置。制定相关创新制度,鼓励市场主体参与创新。

5. 重视生态保护,探索生态优先绿色发展新路

协同推进区域绿色低碳发展,深入打好污染防治攻坚战,强化生态系统共同保护,创新推进区域一体化政策实施和试点示范,不断提升长三角发展绿色底色和质量成色。长江、淮河、新安江是沪苏浙皖共同的重要生态廊道。安徽深入践行"两山"理念,在省际毗邻地区探索建立生态环境标准、监测、执法"三统一",联合打造长三角生态屏障。安徽将围绕重点领域和关键环节,全力支持长三角区域生态环境共保联治,为建设绿色美丽长三角作出积极贡献。

6. 提升治理水平,促进区域公共事务合作共治

良好的公共治理是区域高质量发展的重要保障。要拓宽协同治理广度,加大协同治理力度,通过采用数字技术和实现信息共享推进跨地区公共服务更大程度整合。要增强协同治理稳定性,探索通过立法机制保障地区合作的规制性。优化供给体系,促进基本公共服务均等化。基本公共服务均等化是区域一体化发展中涉及面最广,与民众联系最密切的举措。要通过推进地区的教育、医疗合作,户籍改革等提高公共资源分配均衡性,缩小中心城市与周边地区、城市与农村间公共服务的差异。

二、安徽推进高质量一体化发展的路径

安徽在深度推进长三角更高质量一体化发展过程中,一方面在机遇方面有叠加效应,为安徽加快发展提供了可能;另一方面也有一些突出矛盾和问题,为安徽的高质量发展增添了一些不确定性。机遇是潜在的,挑战是现实的,安徽在深度推进长三角更高质量一体化发展过程中,只有坚定目标,抢抓机遇,扬长避短,真抓实

干,有效应对挑战,才能实现区域协调发展。安徽推进长三角高质量一体化发展,对标沪苏浙发达地区发展水平,针对自身条件和区域优势,探索适合自己的发展路径。

(一) 推进都市圈和城市群建设

城市是人口、科技、产业、交通、信息、消费等汇集的地方。现代城市是经济系统中人流、物流、能流、信息流、资金流的枢纽,在区域一体化进程中发挥着重要的作用。未来的区域竞争主要集中在城市,而且不局限于城市的单打独斗,而是城市群的竞争,尤其是发挥核心城市的带头作用和都市圈的同城化效应。城市群建设有利于内部资源配置的优化、区域统一市场的形成、规模效应的发挥。长三角高质量发展必须以城市群一体化为支撑,而都市圈是城市群组成部分和发展基础。都市圈会加速区域同城化发展,积极构建"一小时"通勤圈和优质生活圈。近年来,在长三角一体化的框架下,安徽要以合肥都市圈建设为龙头,推动城乡融合和产城融合,探索毗邻城市、城乡间的规划对接,强化区域融合发展。积极推动区域经济联动发展,安徽城镇化发展取得积极成效,合肥都市圈、皖北城镇群和皖江城市带竞相发展的格局基本形成。

城镇化是现代化的必由之路,是加快建设新阶段现代化美好安徽的必然选择。安徽城镇化水平持续提高,据人口抽样调查数据推算,2021 年城镇化增速居长三角第一位,城镇化率为 59.39%。当年上海城镇化率为 89.3%、江苏城镇化率为 73.94%、浙江城镇化率为 72.7%,由此可知,安徽城镇化率最低。安徽城镇化是一体化发展中的一个短板,或者说有很大的发展空间,需要尽快采取措施来消除差距。城镇化发展有利于产业的集聚,劳动密集产业可以在县域或乡镇发展,资本密集和技术密集产业需要在大中城市,甚至在都市圈集聚。安徽工业发展现阶段拥有不同类型的产业,在大中小城市都能找到适宜的地方发展。安徽承接产业转移以及举办新兴产业和战略性产业过程中,都市圈和中心城市的作用非常重要。比如,在落实国家发展改革委出台《沪苏浙城市结对合作帮扶皖北城市实施方案》时,由于双方过去交流合作较少,产业链跨区域合作基础薄弱,技术差距大,承接城市普遍反映产业转移需要过渡和中介。比如六安提出由于与上海产业规模和技术差距较大,在与上海对接的同时,更要加紧与合肥都市圈产业对接发展,提高本市产业承接水平。由此可知,安徽需要发挥都市圈与大中城市在长三角一体化中的中间转移作用。合肥都市圈是省委省政府决策部署的"一圈五区"发展格局的重要组成部分,承担着引领带动美好安徽建设、深度参与区域合作、融入长三角一体化发展的重要使命。都市圈核心城市合肥市近年来融入长三角一体化发展速度较快,但其 2021 年城镇化率为 84.04%,带动其他城市共同发展的动力不强,离同城化的目标还差得很远。皖江城市带城市发展同质化竞争激烈,缺乏中心城市带动。皖北的城镇化率远低于皖江城市带城市的城镇化率,同样缺乏中心城市,皖北城镇群建设是安徽未来城镇化的重点关注地区。

安徽优化现有城镇体系，高质量建设现代化合肥都市圈、推进皖北城镇群建设、推进皖江城市带建设、提升中心城市能级、强化县城的重要载体作用、促进小（城）镇特色化发展、促进以长三角一体化为重点的城镇开放发展。合肥都市圈建设成为东中部科技创新中心、全国重要的现代产业基地、内陆改革开放新高地、支撑全省发展的核心增长极和动力源。积极推动城乡融合发展，全面提升城市品质，高效能推进城市治理体系和治理能力现代化。都市圈和城市群建设要借鉴国外发展经验，对标长三角发达地区标准，学习苏浙小城镇县域经济发展模式，成为安徽在长三角一体化中突破发展的一个重要抓手。

（二）重视合作顶层规划及实施

明确合作规划引领，突破行政区限制。长三角高质量发展需要打破一亩三分地的观念和想法，要树立"跨区域"合作的新理念，实现共治效应。长三角一体化各类规划出台，有利于指导和引领各地推进一体化发展的行动。在实际执行过程中，规划制定主体不同，规划之间相互衔接难以保证。跨区域规划的执行缺乏刚性，常常依靠相互协商解决，由于级别相同又缺乏上级部门负责解决，出现问题就会出现久拖不决的情形。政府相关部门政策出台，在实施过程中也需要规划约束，否则政策实施难以取得预期效果。比如，国家发改委关于沪苏浙城市结对合作帮扶皖北城市政策，推进工作目前还停留在项目合作层面。究其原因，其中之一是缺少长期结对帮扶发展规划。按照《方案》和安徽省《推进落实沪苏浙城市结对合作帮扶皖北城市工作方案》的要求，结合当地社会经济发展实际情况，结对双方尽快签订合作协议。在合作协议的基础上，制定对口帮扶分阶段规划、分年度计划以及具体实施方案。

完善区域发展规划能够保证发展的稳定性和持续性，克服地方保护主义和无序竞争造成的资源配置浪费。安徽省行政区划相对苏浙两省来讲，新中国成立后变化大，因资源设市普遍规模小，和地级市政府管辖范围频繁变更，导致地级市在长三角最多。地级行政部门过多，不利于区域一体化发展。因为16个地级市在区域一体化过程中是合作者，但各市都有经济发展的任务，尤其是现在实施的GDP排名和安徽投资"赛马"激励机制，对于各地级市政府及负责人的压力巨大。这样政策激励各市政府大力招商引资，提高经济增长速度，同时也带来无序竞争，重复投资，加剧有限资源紧张和产业过度集中等问题。在空间规划布局方面，安徽把省会城市合肥定位为全省的中心城市，芜湖市为省域副中心城市，明确阜阳、蚌埠、安庆、黄山4个城市为区域性中心城市。这样城市分级发展规划在实际中没有得到很好的执行，16个城市都在争资源，甚至出现一些规模小的城市得到的资源较多。从空间上看，芜湖市面积较小难以支撑省域副中心城市建设，蚌埠面积小、安庆因枞阳划出导致体量不大、黄山因改名及区域调整深受影响，规划没有相应的配套措施支持。在高铁建设方面,安徽省内布局可以参考浙江的做法,浙江除杭州外,还有几个重要的节点城市,形成多中心高铁系统。所以,安徽在长三角一体化规划纲要和具体规划下,制定自己省域内的规划,出台相关落实措施。

安徽全面落实《长三角一体化发展规划"十四五"实施方案》《安徽省实施长江三角洲区域一体化发展规划纲要行动计划》,制定和完善相关规划,发挥规划的刚性作用,坚持上海龙头带动,携手苏浙扬皖所长,推进各项工作,使长三角一体化发展走深走实。完善区域合作组织架构,建立考核机制,设立考核指标,对落实情况进行综合考评,将跨省区域合作的软约束变成硬指标,督促四市落实规划确立的目标和任务。

(三)促进金融与科技联动发展

在安徽深度融入长三角一体化发展的进程中,我们应充分借鉴沪苏浙科技金融联动发展的有益经验,发挥安徽的比较优势,下好创新"先手棋",深入推进科技金融联动创新政策落实和机制探索,共建长三角科技创新共同体,加强科技金融全要素资源共享共建,打造长三角科技金融一体化生态圈,为长三角更高质量一体化发展贡献安徽力量。

长三角"三省一市"协作发展的基础是利益共享,通过顶层政策设计,构建长三角科技金融发展利益共享机制,通过"三省一市"优势互补、密切合作、协调共进,打破各个城市和各类机构的政策性、制度性障碍,形成有效的协作发展机制。安徽在创建科创金融试验区过程中,主动做好与长三角城市之间双边、多边协同发展,特别是建立和完善一体化发展的顶层设计协同体系,降低长三角科技金融合作壁垒,推动科技金融资源要素顺畅流动,提高资源配置效率,形成密切的协同性关联,此外,在顶层设计中要强调多元性、差异性和动态性协调。促进长三角区域科技金融融合发展与协同创新,从创新孵化、风险投资、科技信贷、科技担保、科技保险、征信以及政策和公共平台等视角,构建一站式、全周期、全方位金融服务的科技金融生态体系。面向长三角,为科创企业客户提供更有效的信贷支持。支持商业银行与风险投资机构实行外部的投贷联动,满足科创企业异地产业布局的资金需求,提升长三角科技金融的服务效率,构建面向长三角的投贷联动协作机制,促进长三角范围内的天使投资、VC、PE 与商业银行、融资租赁等金融机构的投贷联动,加快资金的流通效率。

加大对安徽科创类基金尤其是民营科创类基金的配套支持力度,推动产业投资基金领域合作,支持二手份额转让基金(S 基金)发展,促进股权投资和创业投资份额转让与退出,有效增强创业投资资本服务科技创新能力,加强投资基金与安徽高校、科研院所对接合作,通过市场化手段,利用现有科创类专业子基金支持科技成果转化。研究探索适当放宽政府投资基金单个投资项目投资限额,适度提高投资容错率,探索基于孵化企业数量等指标的正向考核激励机制,鼓励优化政府投资基金和国有创业投资资本退出机制安排,鼓励通过协议转让、上市、回购等市场化方式退出。强化科技金融风险联防联控,建立健全跨区域、跨部门的金融行政执法和司法协同处置机制,严厉打击非法金融活动。安徽应深化与上海各类金融要素交易市场的合作,积极引入科技金融要素资源。开展长三角区域性股权市场合作,推动开展制度和业务创新试点,参与设立长三角一体化发展投资基金。

(四)帮扶皖北欠发达地区发展

皖北地区发展关系到安徽省整体发展水平提高,以及长三角一体化发展目标的实现,2021年12月,国家发展改革委出台《沪苏浙城市结对合作帮扶皖北城市实施方案》(以下简称《方案》),为助力皖北振兴发展,实现"高质量发展、高品质生活"的共同富裕新目标指明方向。安徽省应抓住机遇,出台相关政策和资金支持,纳入全省高质量一体化发展全盘中谋划。

按照《方案》和安徽《推进落实沪苏浙城市结对合作帮扶皖北城市工作方案》的要求,结对双方结合实际情况签订合作协议,制定对口帮扶分阶段规划、分年度计划以及具体实施方案。优化专门机构及常态化联席工作机制,建立结对帮扶考核评价机制。

发挥政府和市场作用,提高要素配置效率。一是推动土地、产能等要素的配置。建议政府根据城市规划、土地利用规划与主体功能区规划,通过清理停产企业土地、推动新农村建设等,释放土地,回收产能,再统一配置,并在产能置换、土地置换及统一配置中给予皖北八市一定的政策倾斜。二是提高公共服务协同性。皖北城市公共服务水平的提高是优化人力资源配置的重要因素。三是政府制定人才引进制度,鼓励用工模式创新。四是激发市场主体活力。政府引导带动以提升市场主体在对口帮扶合作中的作用,促进用工、用地、用能等要素资源合理分配。五是加强金融联动发展,引导资本与项目对接。支持金融机构跨区域合作与交流,鼓励地方法人金融机构在政策允许下互设分支机构,发挥政府引导基金在"双招双引"、撬动社会资本方面的作用,搭建项目与资本对接平台。

地方政府根据上位规划总体要求出台相关政策措施,组织相关主体有序推进皖北现代物流业全面协调健康发展。完善物流枢纽网络,推动物流设施高效衔接。坚持从枢纽和主体入手,依托蚌埠、阜阳等国家物流枢纽承载城市,深化保税物流中心建设,构建便捷高效的物流网络,形成多式联运有机结合、流通多功能环节合理衔接、信息处理通畅快捷、现代物流园区功能互补的特色区域物流循环圈。联合培育新技术新业态新模式,提升区域物流运营效率。基于跨越物理边界的"虚拟"产业园和产业集群,加快物流数字化、智慧化发展。

促进外向型经济发展,重视营商环境优化。借鉴沪苏浙经验,实现区域协调、贸易平衡以及产业优势互补及创新,助力皖北培育对外贸易优势产业。立足跨境电商,打造新兴贸易业态。皖北八市借助沪苏浙先进的跨境电商平台,掌握国际市场行情,获取电子商务最新信息。搭建外贸综合服务平台,加快跨境电商、市场采购等新兴贸易业态发展速度。发挥蚌埠、阜阳地区中心城市的带动作用,加大两市口岸建设的力度,把口岸建设与外经贸信息网络、国际物流等有机结合起来,加大区域内部的外向型经济合作力度,与长三角等发达地区形成有效对接。要推进高水平对外开放,提升贸易投资合作质量和水平。

(五) 平衡生态保护及价值实现

夯实绿色发展生态基础,推进绿色美丽长三角建设。贯彻长江经济带"共抓大保护、不搞大开发"的战略要求,共筑绿色美丽长三角,推动实现绿色低碳循环发展,构建全国贯彻新发展理念的引领示范区。安徽在长三角的空间位置决定其在生态保护的特殊责任,同时丰富的生态资源的价值实现也是一个重要的课题。推动长三角一体化高质量发展,应秉持发展和保护协同并进原则,不能以破坏生态环境为代价促进高质量发展。

深入打好污染防治攻坚战。打好蓝天保卫战,开展环境空气质量生态补偿,强化污染物协同控制和区域联防联控,实施重污染天气消除攻坚行动。打好碧水保卫战,加大对长江、淮河、新安江等重点流域和重点区域水污染防治力度,推动水生态环境保护由污染防治为主向水资源、水生态、水环境等流域要素系统治理统筹推进转变。打好净土保卫战,做好土壤污染治理修复和风险防控,研究通过市场化方式建立省级市场污染防治基金,鼓励社会资本进入新污染治理领域。支持农村环境综合整治,提升农村污水、垃圾治理等环境基础设施建设水平,开展农村净水攻坚行动和省级农村黑臭水体治理试点。

提升生态系统多样性、稳定性、持续性。持续实施重要生态系统保护和修复,统筹推进山水林田湖草沙一体化保护和系统治理,加快省内森林、河流、湖泊、湿地等自然生态系统保护和修复工作,开展历史遗留废弃矿山生态修复。科学开展国土绿化提升行动,实施生态走廊建设、提升林草固碳增汇能力。实施生态多样性保护,创建黄山国家公园等。

积极稳妥推进碳达峰碳中和,健全生态产品价值实现机制。加强双碳的财政资金投入,提升生态系统碳汇能力,完善市场化投入机制。提升生态系统碳汇增量,健全生态系统碳汇监测核算体系,建立健全能够体现碳汇价值的生态保护补偿机制。积极参与全国碳排放权市场,探索建设区域碳排放交易中心,完善碳排放统计核算制度,逐步扩大市场交易规模。鼓励各市因地制宜发展生态产业,依托生态资源优势,让青山绿水焕发市场生机。对于具备生态资本比较优势的区域,绿色金融的开展要瞄准重点项目,同时要建立绿色信贷风险补偿机制。大力发展具有区域禀赋特色的绿色产业,通过多措并举、绿色运营实现生态富民。在我国双碳目标的约束下,鼓励企业加快绿色技术研发,积极推动全球绿色技术的合作,加快各经济体的绿色技术转让,在促进经济增长的同时实现生态保护。推动政府出台奖补及税收优惠等政策,鼓励企业开展绿色农产品的生产与标准化认证,推进区域绿色产业规模化发展。

最后,安徽要提升长三角"三省一市"的文化认同。加强长三角一体化高质量发展战略意义宣传以及政策宣讲,提高各类市场主体的区域协调发展意识。重视各个都市圈标识的树立和宣传,形成各自较强区分度的特色,增加市场竞争能力。安徽应当主动学习长三角先发地区优秀经验,共同提升营商环境,共同提升法制水平,共同维护知识产权保护体系。苏浙沪皖都有自己独特的人文气质,共同鼓励相关主题的文艺作品创新,支持民间文化交流活动,培养长三角区域文化认同感,提升长三角"三省一市"居民的获得感和幸福感。

三、安徽推进高质量一体化发展的重点突破领域

根据前面的研究分析,下面具体分析安徽在长三角一体化中重点突破领域的条件、可行性和具体的政策建议。

(一)发挥安徽区位资源优势

安徽作为长三角"西部门户"与"东部腹地",拥有丰富的区位资源。安徽省地理空间处在京津冀、长三角、粤港澳和成渝四大都市圈(城市群)之间,发达的水陆空高速交通运输网络,丰富的自然资源、人文资源和生态资源。安徽融入长三角一体化发展后,其乡村空间资源化、城市空间结构优化和区域定位提升等因素引起区位资源增值。同时,面临接受长三角产业辐射距离远、城市空间布局集聚度低、安徽土地能耗指标双重制约等不利因素约束。

安徽省利用"左右逢源""东西相连"的区位优势,开拓高质量发展的重要动力源,准确把握主攻方向,突破发展。一是发挥空间发展规划的规制作用,对标长三角核心城市上海市,连接城市群中心城市,定位为长三角发展的腹地、西向发展的大通道和内陆开放新高地。二是推进区域一体化大市场形成,实现要素的自由流动。三是推动基础设施互联互通,建设长三角与中西部、京津冀和粤港澳大湾区之间相互联通的交通枢纽。四是以安徽自贸试验区合肥片区建设为契机,发展开放经济,打造内陆开放合作新高地。五是利用独特的自然风光和深厚的文化底蕴,发展长三角旅游和健康养老产业,建设绿色旅游养老基地。安徽发挥区位优势,集聚配置各类要素资源,服务构建以国内大循环为主体,国内国际双循环相互促进的新发展格局。

(二)利用安徽人力资本优势

从人力资源总量、人力资源教育情况、人才流动情况以及就业人员对安徽省人力资本情况进行分析,我们可以发现:安徽既是人口大省又是人力资源大省;人口流动以人口流出为主,但出现回流现象;人口受教育程度提高;人口就业第一产业

偏高,第三产业就业人员数量最多;安徽人力资本水平上升快。安徽省在融入长三角一体化发展中具有明显的人口总量、人口质量和人力资本培育政策的优势。安徽人力资本的发展存在局限性:未来人口增长动力不足;跨省外出务工人员数量会再次反弹;老龄化问题突出,劳动年龄人口比重下降;创新型人才匮乏,培养环境有待进一步改善等。

基于以上对安徽省人力资本状况、优势以及劣势等方面的分析,我们认为加大安徽人力资本的培养力度,可以实现安徽打造长三角人力资本新热土的目标。安徽人力资本的培养路径主要包括:一是加大教育经费投入力度,改变传统教育方式,提高教育者综合能力水平,培养更多优秀的杰出人才。二是加大科研经费投入力度,通过加强考核手段助力科技型人才能力的培养。三是加大对高端创新人才的培养力度,提高全省科技创新能力。四是强化聚天下英才而用之的战略思想,引进国内外高层次人才,推进长三角"研发飞地"和"人才飞地"建设,打造创新人才集聚高地。

(三)开发安徽金融资本潜力

推进长三角金融一体化,让区域内金融资源得到有效配置,提升区域整体竞争力。金融发展梯度差异是促使区域金融一体化发展动因。长三角金融一体化的现实需要表现在:经济稳定增长为区域金融一体化纵深发展提供有利的经济环境,经济协同发展为加速推动区域金融一体化奠定经济基础,经济结构优化要求区域内的金融结构相匹配。目前,长三角区域金融整体发展态势较好,但发展水平区域间的差距较大。基于基尼系数视角对金融发展区域差异测度及分析发现,人力资本与科学技术是影响地区经济金融发展水平的重要因素。长三角金融一体化推进,在完善金融体系建设、创造良好金融发展环境、拓展金融发展空间和便利企业上市等方面给安徽带来发展机遇,但也存在一些挑战,主要集中在:省内金融发展水平差异大、中心城市带动能力不足、金融基础设施较为落后和农村金融发展较为薄弱等方面。

推动安徽融入长三角金融一体化发展路径:一是完善金融基础设施,保障金融市场稳健运行,完善支付体系建设,构建高效金融体系。二是搭建交流合作平台,协同推进金融业改革发展,提升协调合作能力,完善金融发展政策机制。三是大力建设金融平台和功能区,发挥金融核心区辐射作用。四是加快农村金融建设,提升安徽省农村金融机构发展水平。五是加强金融人才培养,同时引进高端人才,助推金融创新力度。

(四)优化配置科技创新资源

安徽在融入长三角一体化科技创新体系,推动跨区域科技创新资源开放共享、重大科技基础设施建设、科技联合攻关、共建长三角技术转移体系等方面加强了与沪苏浙协同配合，取得较好成绩。安徽在共建科技创新平台，共享创新资源，开展重大科技攻关，建设长三角科技创新共同体，以及国家创新平台等方面凸显出区域一体化科技创新的优势。安徽科技创新一体化过程也存在一些问题，主要表现在：科技创新要素投入不足，与沪苏浙相比差距较大；创新主体协调性不强，科技创新能力有待释放；促进科技创新政策不完善，创新氛围有待改善；缺乏高层次创新人才，引进高端人才困难；区域创新合作与联动不够，推进重点聚焦不够等方面。

安徽要发挥优势，始终把科教创新作为实现"融合"和高质量的基石工程，着力推进长三角科技创新策源地建设。一是构建多元主体联动的协同创新体系，提高创新主体的创新能力，加强顶层设计，健全科技创新协调联动机制。二是加强创新人才队伍建设，加大创新人才培养力度，增加研发投入，提升市场主体的科创供给能力。三是建设长三角科技创新共同体，加强区域科技合作。四是全面实施和完善各项科技创新政策，营造良好制度环境。五是加快建设区域一体化创新服务平台，提升创新技术水平。

（五）培育优势产业集聚地

长三角一体化发展政策演进过程中，在宏观层面上经历了长三角区域的扩大、长三角城市群的规划到长三角一体化的发展规划；微观层面上，安徽推动长三角高质量协同发展政策主要涉及金融层面、产业层面、人才层面、创新层面和生态层面。长三角经济规模大和经济发展速度较快，产业重点发展方向分别是集成电路、生物医药、智能制造、新材料和新能源汽车。长三角产业一体化实证分析得出：长三角地区的一体化不均衡，"三省一市"之间存在差异，一体化水平较低，可能是由长三角地区的产业同质化所导致。安徽战略性新兴产业发展为长三角产业一体化打下良好基础，但也面临产业同质化风险严重、区域产业链脱节、区域性政策体系、要素市场一体化和区域协同机制不完善等方面的困境。

安徽融入长三角优势产业集聚地的路径：一是打造世界级产业集群，优化产业的布局，加快产业链创新链深度融合。二是打造产业一体化载体，努力地营造一个政策无差异的良好的外部环境。三是加强基础设施联通，形成一体化的交通运输体系，规范产业园区发展。四是发挥产业梯度辐射效应，积极促进产业转移，加快产业承接速度，动态平衡好产业转移和承接的工作。五是促进高端产业突破，提升在全球产业链中的竞争地位，提高参与国际竞争的优势和能力，打造对外开放平台。

（六）打造数字经济新优势

长三角已成为全国数字经济发展的前沿阵地。安徽全面建设数字江淮，强化数字经济治理，做大做强数字经济，取得较好的成果。电子信息产业发展势头强劲，数字产业集群初步形成，软件服务业后劲十足。产业数字化转型提挡加速，自动化和智能化水平大幅提升。安徽组织建设一批 5G 网络、数据信息库、人工智能等数字化工程。实施政策支持、督查激励、宣传推广、交流合作等保障措施。安徽打造长三角数字经济发展高地具有产业优势、技术优势和人力资源优势。由于与长三角发达地区差距较大，安徽在核心技术突破、产业数字化、数据共享等方面还存在不少制约瓶颈。

安徽融入数字经济长三角突破发展路径：一是引导数字经济区域特色发展，落实数字长三角建设规划，结合各地资源优势，优化数字经济布局。二是重视数字经济技术创新合作，鼓励产学研密切合作，合力打造长三角数字创新共同体。三是推进数字经济与实体经济深度融合，实施"数字技术＋先进制造"以及"大数据＋产业集群"等战略。四是促进数字经济发展手段创新，创新信息化管理模式，优化数字经济发展环境。五是完善数字经济发展体制机制，构建在公共服务、市场机制、技术、监管等多方面的数据共享流动机制。六是加快数字经济领域复合型人才供给，为数字长三角建设提供人才支撑。

第三章　安徽凸显长三角区位资源新优势

　　安徽省作为长三角"西部门户"与"东部腹地",拥有丰富的区位资源。为推进长三角高质量一体化的进程,安徽省提出要"扬皖所长,主动作为",充分利用在区位、科技、产业、生态、能源等方面独特优势,发挥比较优势,强化分工合作,为打造全国发展强劲活跃增长极做出自己的贡献。安徽自古以来在区位上与沪苏浙地区有密切联系,上海、江苏和安徽在明朝同属"南直隶",而在清朝初期同归"江南省"管辖,同样新安江文化和徽商发展历史拉近安徽与浙江之间的经济文化联系。安徽处于华东腹地,虽地处内陆,但是具有临江近海的地理区位,长江、淮河流经于此,将其自然划分为三个部分,即皖北、皖中和皖南地区。安徽省属于长三角的一个省,同时又是中部六省之一,其东部与江苏、浙江毗邻,西部与湖北、河南毗邻,南北方向分别与江西和山东相连。安徽省拥有承东启西、连接南北的区位优势,在西部大开发和中部崛起战略中均发挥独特的作用,同时在实施长三角一体化战略中是一项重要的"加分项"。将区位资源转化为安徽主动参与长三角一体化发展的推动力,是安徽从"积极融入"到"主体推动"长三角经济高质量发展的关键一环。安徽应如何利用自身独有的区位资源,主动推进长三角经济更高质量地发展,需要系统评价安徽省的区位资源优势。在经济区、城市群、经济带和都市圈等不同比例尺的维度下,比较研究安徽省自然资源、劳动力资源、基础设施、技术资源等区域资源禀赋优势及特点。探析安徽省优化区位空间布局的机遇与挑战,分析安徽在"主动作为"阶段能够利用的内外部因素,明确其重要影响。从安徽自身的区位资源出发,打造支撑长三角经济更高质量一体化发展的具体路径。

第一节　安徽区位资源优势明显

　　在2019年发布的《规划纲要》中,国家将安徽省全域纳入长三角,从而形成了沪苏浙皖一体化发展阵营。安徽省以其独特的区位资源、空间结构、城镇化现状,在长三角一体化经济区中的区位优势日渐凸显,日益成为长三角再度腾飞的重要推动力。安徽的煤、电、盐、炭;钢、铁、铜;水泥、塑料建材;粮、棉、油、肉等资源及产品,在华东甚至全国都具有较大优势。按照2020年"七普"统计数据,安徽的总人口有6100多万人,是一个人口大省。从人口聚集角度来看,在合肥市周边500千米范围内有超六亿人口汇聚。安徽经济发展迅速,2021年GDP超过4.2万亿元,人均GDP在全国排名大幅提升。全省16个地级城市中,除蚌埠市外增长都较快,作为省会城市合肥市迈进全国GDP"万亿俱乐部",2022年位列全国第二十一名。随着我国交通基础设施建设,尤其是高铁和江海河运一体化发展,安徽省从交通不便的省份变成交通发达的省份。随着国家区域经济协调发展战略实施,安徽省在产业集聚、科技创新和人力资本等方面呈现出明显的区位优势。因此,分析安徽省在长三角一体化高质量发展中所特有的区位资源优势,并据此制定科学的规划和政策具有重要的现实意义。区位优势内涵不断丰富,其外延从传统意义上的地理、资源、交通运输等方面扩大至信息通信、集聚效应等领域。

一、地理空间处在四大都市圈之间

安徽省内拥长江水道,外承沿海地区经济辐射,占据着得天独厚的地理位置。安徽虽地处中部,但与东部地区及长三角相连,省内江海河道发达,使其与其他毗邻省市地理接触面积大且联系密切。安徽省作为长三角的西部省份,东西位于长三角都市圈与成渝都市圈之间,南北位于京津冀都市圈与粤港澳大湾区之间。若以这四大经济区域的中心城市北京、上海、广州和成都连线会构成一个菱形图形且这四个城市为顶点,在这个菱形内划两条中心线,即南北向北京至广州,东西向上海至成都,那么合肥位于这两条线的交汇处。也可以简洁地表述,安徽省位于长三角、成渝、京津冀和粤港澳大湾区之间,经济合作往来密切,这种与全国最具活力的四大经济区紧密联系的地理位置独一无二。除此之外,安徽在地理空间方面,作为长江下游省份和中部六省的一员,还享受长江经济带和中部崛起战略的益处。安徽省为完成长三角一体化规划任务,不断健全与长三角交通通信、产业发展、市场体系等方面的对接机制,致使沪苏浙的资本外溢和产业转移的效果在安徽已经显现。2021年,安徽省吸引外资1.62万亿元,来自沪苏浙二省一市的就占一半以上,比上年增长14.9%。同时来自沿海和粤港澳大湾区的投资也在不断增加。除了投资之外,安徽省利用便利的地理位置优势,从农业大省变成制造业大省,成为长三角区域向西发展和南北扩散的腹地。上海作为长三角龙头,也是国家对外开放的高地,安徽省利用邻近上海的区位优势,积极打造内陆对外开放的新高地。

就安徽省自身地理特征来说,地形为南北长(570千米)、东西窄(450千米)长方形的形状,面积14.01万平方千米。西南高,多为山麓地带;东北低,多为平原地貌。长江和淮河从西向东流经省内,将安徽省分为三大自然区域,分别是淮北平原、江淮丘陵和皖南山区。淮河以北,地势平坦开阔,是华北平原的重要组成部分;江淮之间多为山地丘陵,西部为山脉,东部多为丘陵;长江两岸为长江中下游冲积平原,土壤肥沃,地势平坦;皖南地区以山峰和丘陵地貌为主,安徽省三大名山黄山、九华山和天柱山集中在此,黄山莲花峰海拔1860米,为全省海拔最高处。河湖分布稠密,河流有长江、淮河、新安江等两千余条,湖泊有巢湖(全国五大淡水湖之一)等大大小小的湖泊110多个。气候环境上,全省主要为湿润性季风气候,气温上,淮河以南为亚热带,主要城市有合肥、六安、滁州、安庆四市,淮河以北为温带,主要城市有宿州、淮北、蚌埠、阜阳、淮南、亳州六市。长江以南主要城市有芜湖、马鞍山、铜陵、池州、宣城和黄山市。独特的气候和温度特征造就了安徽省气候温和、日照充足、季风明显、四季分明的气候特征。在长三角区域内,安徽省的辖境面积最大,地形地貌差异大。安徽省辖境面积14.01万平方千米位居第一,江苏与浙江面积差不多,分别为10.72万平方千米和10.55万平方千米,上海市面积最小,为6340.5平方千米。江苏地形以平原为主,其陆地平原面积以86.89%占比居全国各省之首,同时地势也是全国最低的省,海拔最高地在连云港云台山玉女峰,也仅为海拔625米。浙江地势由西南向东北倾斜,地形复杂,俗有"七山一水两分田"之称,山地面积占74.6%,也是全国岛屿最多的省份。上海是长江三角洲冲积平原的一部分,以平原和水网为主,地形单一,海拔最高点是位于金山区杭州湾的大金山岛,也仅为103.70米。

安徽与沪苏浙具有自然天成的流域关联。长江、淮河和新安江三大水系,将安徽与长三角其他省市紧密连接在一起。长江自西向东横贯安徽中南部地区,流经安徽省总长达416千米,因此,长江干流在此有"八百里皖江"之称,流域面积为66000平方千米,占安徽省全域面积近一半。相比苏浙沪三地,长江在安徽省流经面积占首位。发达的水系造就了安徽庞大的水上运输系统,省内220余条航道(线)为省内物流联通长三角其他两省一市提供了重要保障。长期来看,以长江、淮河和新安江为纽带,连接合肥都市圈、南京都市圈、杭州都市圈和上海大都市圈协调发展,长三角城市群将在世界级超大城市群中占有重要位置。除了经济功能,水系上的相连,将有助于长三角地区在生态屏障、优质水源地、生物多样性等生态保护领域展现强大的区域合作动能。

二、水陆空交通运输网络构建提速

拥有承东启西、连南接北枢纽功能的安徽省,目前大力推进交通强省建设。安徽省交通运输由于受到南北狭长地形,以及长江、淮河和新安江的自然阻隔,新中国成立后多次实施的国家区域战略中没有选中导致国家在安徽的投资少,交通建设方面处于落后位置。随着高铁、高速公路和航空等高速运输技术发展,独特的地理特征为安徽省构建发达的水陆空高速交通运输网络提供了物理空间支持。

普通铁路建设时代,安徽一直处于全国落后状态。铁路干线有陇海线和津浦、京九线,是贯穿安徽省内的重要东西线和南北线,但都是经过安徽边沿地区,没有延伸到省域中心地带。合宁高速铁路开工建设拉开安徽省高速铁路发展的序幕。

2008年4月设计时速达到250千米的合宁铁路开通运营,合肥、滁州成为全省第一批加入可乘高速动车的城市。截至2012年,随着合武客专、京沪高铁、合蚌客专等相继建成通车,六安、宿州、蚌埠、淮南等城市加入高铁行列。2015年合福、宁安高铁开通,标志着马鞍山、芜湖、铜陵、池州、安庆等皖江城市整体,以及宣城、黄山两市共进高铁时代。党的十八大召开之前,安徽还是国家铁路网的"洼地",10年间安徽高铁实现了大跨越,从2012年只有6个省辖市通高铁,到2019年12月商合杭高铁全线开通,16个省辖市全部实现动车通达,实现了从赶超到领先地位。截至2021年11月,每个地级市全部通动车的省份全国只有6个。在高铁时代,黄山市作为一个处于皖南山区交通不便的城市成功转变为区域铁路枢纽城市;大别山区的六安市,随着多条规划高铁开建,也将成为一个高铁运输发达的地级市。截至2021年底,安徽铁路运营里程逾0.54万千米,铁路网密度379.8千米/万平方千米,位居全国前10位。高铁建设发展迅速,从名不见经传到高铁里程数全国第一。国家高速铁路网规划的"八纵八横"主通道有"两纵三横"经过安徽,安徽已开通了通达全国4个直辖市、23个省会城市、110多个地级市的直达高铁动车,在全国高铁网中的枢纽地位得以确立。目前,昌景黄、池黄、宣绩、合新、巢马、淮宿蚌、沿江高铁合宁段等一大批铁路项目加快建设,阜淮、六庆、宁淮(安徽段)铁路先行工程已开工,计划年内全面建设。"十四五"期间,还准备规划建设一批高速铁路、城际铁路和普通铁路扩能项目。在长三角区域,安徽省高铁建设已经走在前面,需要加强与长三角各地政府联系,通过不断加密高铁网来完善长三角区域一体化路网布局,提高路网质量和能力,带动沿线地区经济社会发展。省会合肥实现到长三角主要城市铁路客运公交化运行、2小时快速通达,另外南京-马鞍山一天也有32趟高铁。同时,力争安徽更多城市与长三角城市之间实现铁路客运公交化运行目标,为长三角一体化提供交通便利。

"十三五"时期,安徽交通运输实现跨越式发展,全省交通总投资为4240亿元。截至2019年底,全省公路总里程达21.8万千米,居全国第八位,长三角第一位,路网密度为155.8千米/百平方千米,居全国第六位,长三角第三位。高速公路方面:"十三五"期间,累计开工37条高速公路,约2228千米。已建成12条高速公路,合计631千米。引江济淮航运工程加速实施,合裕线、芜申运河等高等级航道建设基本完成,推进了港口更高质量更可持续发展,千吨级、5000吨级及以上泊位数占比分别由"十二五"末的39.1%、11%增加至52%、17.8%,提前超额完成规划目标。加速推进长三角交通一体化建设方面:深化东向对接,持续打通"断头路""断头航道",省际互联互通水平大幅提升。"十四五"期间,安徽省高速公路建设将以贯通、加密、扩容为重点,新建高速公路2660千米,改扩建高速公路637千米,全面建设畅通高效的高速公路网。安徽大力推进"高速上安徽"建设,这是缩小沪苏浙之间在高速公路建设和运营上的差距,客观地说,目前安徽省高速公路网建设及等级标准还有很大提升空间。"高速上安徽"建设有利于与长三角高速公路联通,发挥物流网络的规模效益。自2020年9月30日起沪苏浙皖"三省一市"电子驾驶证、行驶证将正式实施互认。安徽全省由220多条航道(线)组成的水上大通道,在安徽境内的416千米长江干流被称之为"八百里皖江",这些航道(线)直接与长江航线相联通,保障了70%以上的省际水运物流量畅通地流向长三角其他地区。航空领域方面,安徽在长三角区域相对落后,通过观测长三角地区主要机场在下午时段的进港航班数量,合肥新桥机场进入航班数量过少,与上海、南京、杭州机场的进港航班数量几乎不在一个层级上。安徽地理位置也有利于航空发展,因此,航空事业发展需要加大投入。长三角交通基础设施的互联互通成为长三角协调发展的一个亮点,下一步在交通网络规划和建设上要提高协调层级和效率。

三、自然资源丰富且利用空间大

安徽具有丰富的自然资源和人文资源。矿产资源充足,已发现及探明的矿产资源200余种;农业资源优势突出,有利农业开发和农产品深加工相融合;除此之外,安徽省的旅游资源也不可小觑。

安徽省矿产资源种类多,蕴藏量大,丰富的金属和非金属矿产资源使其在全国具有重要地位。其中,开发规模较大的要数煤、铁、铜、水泥石灰岩、硫铁矿等资源,建成了国家级的原材料工业基地,涵盖能源、建材、冶金、有色金属、化工5个产业,在全国能源供应中起到举足轻重的作用[1]。矿产资源分布集中,已探明储量矿产主要是分布在淮南、淮北的煤炭和沿江地区的铁、铜、硫、明矾石及其伴生矿产。优势矿产种类多,储量大,开展利用前景好。伴生矿床多,综合利用价值高。能源矿产种类繁多有煤炭、石煤、泥炭、温泉等,其中煤炭优势突出,已经探明储量约230亿千克,位列华东各省之首,居全国第六位。金属矿产主要为铁矿和铜矿,铁矿探明储量26亿千克,全省均有分布,但主要集中在马鞍山、繁昌、庐江等地。非金属矿产主要为硫铁矿、明矾石、石灰石等。随着我国经济的不断发展和长三角地区经济增长的不断加速度,能源、原材料的需求将大幅增加,在此背景下,安徽的原材料工业和资源优势将进一步得到展现。

土地资源丰富、类型多样,有利于生产和生活。安徽省地跨暖温带与亚热带之间,属于南北长,东西窄的地域版块,同时,由于距离东部沿海较近,受东南季风影响明显,这直接导致了由南到北不同纬度地区的土地利用情况,即土地资源受多地带性和地域差异的共同作用以及光、热、水的共同影响而形成了多样的类型,加之开发历史和社会经济条件的不同,形成了不同的土地利用方式,耕地、园地、林地、牧草地等都有分布。全省日照充足,雨量适中,雨热同季的气候特点为农林牧渔的发展提供了得天独厚的自然条件。土地的自然生产力由北向南逐渐增加,经济产量最低约为6313千克/(公顷·年),最高可达17194千克/(公顷·年),远远高于

---

[1] 赵璐.安徽承接产业转移模式分析[J].现代商贸工业,2009(22):68-69.

现有农田的实际产量；粮食作物以及用材林、经济林木等发展潜力很大。安徽省地形种类多样，山脉、丘陵、平原错落分布。淮河以北多为平原，长江沿岸分布着平原及湖泊洼地，大别山、九华山、黄山等山脉多分布在江淮及皖南地区。安徽地形及占总面积比例详见表3.1。

表3.1 安徽地形及占总面积比例

类型	面积（万平方千米）	占总面积
平原	6.92	49.6%
丘陵岗地	3.77	27%
山地	2.14	15.3%
湖泊洼地	1.13	8.1%

平原和山区的土地组合类型不同，平原地区土地类型及组合规律变化突出，这主要归因于平原的沉积物类型、成土时间及水文地质状况的差别，如淮北北部黄泛平原和沿江洲地尤其明显；在山区，随海拔高度的上升，山地气候和植被均有变化，加之利用上的差别，土地垂直分布的特点显著；丘陵岗地中、小地形变化大，且利用方式的差别，形成的土地类型组合更为多种多样。

土地资源为安徽承接沪苏浙的产业转移提供充足的空间。长三角区域内，上海和浙江相对来说开发利用土地资源相对紧张，安徽和江苏土地空间资源相对宽裕一些。从各省山地占比分析，安徽省皖北和江淮之间有大片可利用开发土地；江苏山地面积1606.98平方千米，仅占土地面积的1.56%，苏北拥有大量土地资源；浙江山地占比达到74.6%，可开发建设用地有限。按照2021年各省GDP总量与土地面积计算土地开发强度，无疑上海和浙江要高。

安徽多样的地貌地形为多种经济作物的种植创造了优质的环境。粮食、棉花、油料、茶叶、水果、药材和畜产品产量均居全国前十位，是全国重要的无公害农产品和绿色食品生产基地，农业产业化前景广阔。另外，在发展经济作物上优势明显，培育了茶叶、烟草、中药材和蔬菜、水果等特色农业和高效农业。尤其需要指出的是茶叶产业，作为全国重要的产茶省份，安徽的茶叶产业具有产量大、品种繁多、历史悠久和品质优良等特征。黄山毛峰、祁门红茶、太平猴魁、六安瓜片等名茶深受消费者喜爱。优越的自然生态环境为多种动植物创造了良好的生长条件，全省有12%的用地为林业用地，2020年人工造林面积60万亩。动植物多样性丰富，其中，草本植物2100余种。安徽省是长三角区域重要的矿产、能源和农产品的重要基地。沪苏浙发达的八市对接支持皖北八市，其中一些农业一体化项目较快落地。长三角"三省一市"的市场监督局制定《长三角预制菜生产许可审查方案》，正在广泛征求意见。

四、生态资源助力旅游一体化发展

安徽省生态资源丰富，是长三角的生态保护屏障。森林覆盖率超过30%、各类林业经营主体达3万家。动植物种类繁多，生存环境得到改善。全省已建成国家级自然保护区8个，省级自然保护区30个。动物种类繁多，约500种，包括以扬子鳄、白鳍豚在内的国家重点保护动物54种。半湖池杉半湖水，一片飞鸟一片云。长三角水系源头大多来自安徽，长江、淮河和新安江水系水资源丰富，近年来实施生态环境大保护流出安徽段的水质不断提高。安徽省不仅有丰富的生态环境资源，还有深厚的人文景观，这为旅游业发展提供资源。现代旅游业业务范围不断扩大，除传统的自然景观和人文景点的旅游外，一些新的康养项目大受欢迎，尤其在沪苏浙的大城市普遍存在老龄化现象，需要在旅游业供给侧发力，做出及时的回应。

安徽旅游资源更是得天独厚，名山秀水众多，有耳熟能详的黄山、佛教圣地九华山、道教名山齐云山及天柱山、琅琊山、太平湖、巢湖等，其中，黄山在国际上最为有影响力。因长江和淮河分割安徽全境，将全省划分为淮北（亦称皖北）、江淮（亦称皖中）和江南（亦称皖南）三大自然地理区域。淮河以北为平原地貌，地势平坦开阔。中部地区以江淮为界西高（多山）东低（多丘陵）；长江两岸和巢湖周围地势低平，河湖交错，平畴沃野，属于著名的长江中下游平原。皖南地区多山地和丘陵，奇峰峻岭较多。独特的地理特征赋予安徽省丰富的自然旅游资源，加之其历史文化背景，使其人文资源独居魅力。数据显示，安徽省有省级以上景点260余处，使其成为全国有名的旅游胜地。

长三角一体化发展对安徽省旅游业的发展带来重大机遇。安徽省旅游资源的整合发展，不仅会改变安徽省在长三角旅游经济发展中相对落后的局面，而且有利于把拥有世界第六大城市群的长三角打造成世界一流的国际旅游品牌。近几年，在长三角旅游业创新发展中，安徽省旅游资源在长三角一体化发展中的优势日益凸显。

首先，安徽省得天独厚的自然人文旅游资源，在我国乃至世界都有着重要地位。如世界文化和自然遗产、历史文化名城、革命圣地、风景名胜、自然保护区、森林公园、道场寺庙等一应俱全，国家重点保护的文物和众多的国家级重点保护动植物资源遍布全省。除了旅游资源种类丰富外，安徽省旅游产品特色鲜明且集中分布，这对其融入长三角两省一市整合开发，发挥其规模优势具有重要作用。

其次，安徽省旅游资源的文化特色独具魅力。自然生态风光与宗教文化、徽州文化融为一体，以黄山自然风光、九华山佛教圣地、徽州宏村等为主要代表；楚汉、三国为代表的历史古文化和江淮民俗文化和以色、香、味著称的徽菜美食文化相得益彰；以黄梅戏、庐剧、徽剧为代表的戏曲文化；红军、新四军、淮海战役的红色文化；等等，这些在长三角旅游资源中形成了较强的互补性，具备良好的旅游整合开发基础,适宜错位发展,以实现相互提升。

最后,安徽省的区位和交通优势助推旅游业成为安徽省发展崛起的支柱产业,其规模效应和比较优势正蓄势待发。旅游业经营相关数据显示,2019年,全省共接待境内外游客约8.24亿人次,实现旅游总收入8510亿元,占安徽省当年GDP比重达到22.9%。2021年,安徽省文旅行业努力克服疫情影响,全年接待国内游客人次和国内旅游收入分别恢复至2019年的70.9%和67.3%,高于全国平均水平。在与长三角旅游产业合作上,安徽省在旅游资源开发、旅游市场开拓方面不断发力。安徽省在国家"八纵八横"的交通布局中成为横贯东西南北的重要交通动脉,多条高速公路和高速铁路从境内穿过,东至沪杭、南抵深港、西通巴蜀、北达中原,都已实现或即将实现快速通道连接。在林长制改革方面,安徽省率先垂范与江苏省合作,共建池杉湖湿地公园,来安县和南京市六合区共同努力,实现了共同开发建设、共同管理保护、共同分享红利的发展局面,这一皖苏合作共赢的典型示范为深入推进长三角一体化发展和生态可持续发展提供了重要借鉴。2021年无锡长三角地区主要领导人座谈会提出,要探索在交通出行、旅游观光、文化体验等方面实现同城待遇。沪苏浙皖共绘旅游一体化发展新图景,携手把绿水青山护得更美、把金山银山做得更大。[①]

第二节　安徽区位资源配置机遇与挑战

一、安徽区位资源增值的机遇

(一)乡村空间资源化

农业农村现代化是中国式现代化的重要组成部分,深刻认识新征程上全面推进乡村振兴的重大意义。经济发展的目的主要是满足人们对美好生活的需要,包括物质生活水平的改善和人们的精神需求。乡村相对于城市的喧嚣、拥挤,具有舒适的自然环境、缓慢生活节奏等多方面优势。因此,越来越多的城市居民前往乡村休闲,释放压力和补充精力;在这种需求背景下,乡村旅游作为一种崭新的农村经济发展模式走上了历史舞台,诸如旅游业和生态产业等成了农村经济发展的新方向。在乡村旅游的发展过程中,一方面,其促进了农村经济发展,另一方面,也会带来原有的空间形态、产业结构和功能的转变。

乡村空间资源化作为乡村建设的一种新思路,它是通过将乡村的自然生态、聚落生活和经济生产等与发展乡村旅游相结合,形成乡村建设与乡村旅游协调发展

---

① 长三角区域一体化共绘旅游一体化发展新图景[N].安徽日报,2021-06-11.

的局势,构建有机、多元化的乡村空间体系。乡村空间资源化的对象是那些具备发展乡村旅游条件和地域特色资源的,可适当开发旅游等多种产业以带动经济发展的乡村。乡村旅游作为乡村建设的方式之一,但并非作为乡村经济发展的主导模式,乡村的建设与发展始终是要围绕和归属于村民利益。安徽省境内平原、台地、丘陵、山地等类型齐全,形成不同类型的旅游资源。皖南地区的"八山一水一分田"的自然环境,决定了地少人多的格局,但同时带来丰富的旅游资源。乡村空间资源化的目标是通过对乡村空间资源的合理配置,平衡当前乡村旅游与乡村建设的矛盾,从而带动乡村经济发展,促进结构转型,最终达到可持续发展目标。地域间的差异造就了不同的乡村空间资源和乡土文化资源,利用这种差异使之形成具有独特自然生态、聚落生活和经济生产资源特色相融合的新型乡村建设模式。

1. 特色产业与乡村聚落相互促进

首先,通过保护村中有历史文化价值的植物,提高乡土植物的可识别性来突出乡村的特色。例如,黄山西递村落景区的油菜花田,每逢春夏满眼金黄,这无疑是乡村规划中的一个重要资源,可围绕此资源开发旅游项目,使其成为乡村的重要吸引力。其次,在乡村建设中要注重生产性空间的营建,在工业化及旅游业的冲击下保留乡村中原有特色产业。例如,合肥大圩镇的生态农业园区,在乡村建设中发展并扩大特色产业并加强联系。在大圩"燕域田园",设置众多科技馆,如:鱼菜共生农业科技馆,这种集生态、品质、智能、创意等体验于一体的农业智慧体验田园,引领了新型生态循环农业和农业转型升级。再次,由于各地自然生态和聚落生活资源的不同,聚落机理、院落空间、单体或群体建筑色彩、形式以及节点空间也各具特色,设计应尊重当地聚落特色。大圩镇便是特色聚落的绝妙例子,能意识到乡土文化和旅游开发价值,并将其保留下来进行旅游开发。大圩镇在守好"葡萄"这一主阵地的基础上,利用其天然的生态条件发展衍生产业。东大圩区是国家AAAA级景区,利用其天然大氧吧和天然运动场优势,举办大圩马拉松赛,扩大大圩镇的知名度。

2. 人工环境与自然环境有机共生

现代化社会的发展不仅令人们对自然资源的掠夺加剧,过多的城市元素注入也导致乡村自然风貌受到严重威胁,因此需要做好自然生态环境的保护与可持续发展,使人工环境与自然生态环境和谐相处。黄山市徽州在进行美丽乡村建设的同时注重当地古建筑的保护,充分尊重和保护本地的自然地理和基础设施建设,不搞"一刀切"、不"开膛破肚",尽量实行"微创手术"。同时,坚持古建筑风貌的统一性,在修缮古村落建筑时,注重自身文化特色的保留,保证了古建筑具有"修旧如旧"的特点。除此之外,为留存古色古香的格调,古村落的水泥路还原为石板路。在村落修建中因地制宜,扬各地之所长,打造特色乡村,根据各地的资源禀赋特点,将乡村分为产业带动型、古村落保护型、优质生态型等不同类型。黄山市徽州区呈坎镇,充分发挥资源优势,注重对古建筑的保护和徽文化的传承,为美好乡村建设与徽文化保护利用探索出长远发展的新路径。

3. 乡村经济生产模式转变与提升

在开发乡村旅游的同时，合理地发展与更新乡村本土经济生产资源，引入现代化的技术设施与管理方式，在尊重原始乡村产业的基础上进行乡村产业的更新与提升，在保护自然生态资源的前提下延伸产业链、丰富产业多样性。例如，安徽金寨响洪甸的大业茗丰茶博园，位于金寨县东南部库区一线地，拥有连片茶园近5000亩，水域面积7000亩，打造主导产业茶叶特色明显，这里过去是旧的点状式茶园，从2007年开始定位为打造休闲式茶谷公园，已全部改造成连片的阶梯式标准化茶园。大业茗丰茶博园既提高了茶农的收入又保留了水库建成前的历史遗迹，同时成为面冲村一条靓丽的风景线。目前茶博园已经成为六安瓜片的示范基地，不仅因为金寨红色文化底蕴深厚，更是弘扬红色精神的教育基地，从而形成了独特的人文景观和自然景观，成为安徽省重点扶持的乡村旅游示范区。

（二）城市空间结构优化

在经济全球化和数字化的时代背景下，城市在经济社会方面的发展正受到广泛且深刻的影响，网络化的城市体系正在形成、大都市圈的地位和作用正在得到强化、城市功能发生了新的分化和整合。安徽在深度融入长三角一体化发展，协同沪苏浙共同发展的同时，更要注重自身城市体系空间结构的优化，壮大实力，提高城市化率，激发城镇化潜力。

1. 安徽城市群城市能级分析

城市群空间优化，是以城市群现状空间发展研究为基础，通过分析其空间发展的优势和劣势，为城市未来发展提出趋势性和结构性的建议，是城镇体系研究的重要内容之一。分析城市能级的提升，对城市综合功能完善和城市空间重构具有重要意义，具体内容包括：提升城市经济实力，完善城市基础设施，增强城市创新能力，优化城市发展环境等方面的内容。除此之外，提升城市能级对优化其所属城市群的资源配置和空间拓展能力，提升区域经济的整体实力也具有重要意义。安徽全省已被纳入长三角一体化发展规划中，要想实现自身及长三角的高质量发展，必须找准自身城市发展定位，重点发力，才能实现突破。在找寻城市发展定位时，这里通过使用熵值法确定指标权重值来对城市进行分级。在指标选取上，本研究构建了城市能级的3级指标体系，包括3个一级指标、10个二级指标和33个单项指标，2112个原始数据并用熵值法计算出各指标的权重（表3.2）。考虑到安徽自2016年起合肥、芜湖、铜陵、安庆等城市正式加入长三角，至2019年全面加入长三角一体化发展规划，因此选取了安徽省16个地级市2016—2019年相关指标数据进行分析。

表 3.2 安徽江淮城市群城市能级评价的指标体系及权重

目标层	一级指标	二级指标	单项指标	指标权重(2016)	指标权重(2017)	指标权重(2018)	指标权重(2019)
城市能级	经济能级	经济水平	年末户籍人口	1.44%	1.54%	1.47%	1.57%
			地区生产总值	2.35%	2.51%	2.42%	2.60%
			规模企业工业增加值	3.29%	2.97%	2.24%	1.89%
			社会消费品零售总额	2.07%	2.18%	2.17%	2.56%
		经济活力	年货运总量	2.29%	2.34%	2.21%	1.90%
			年客运总量	1.12%	1.23%	1.24%	1.32%
			货物周转量	4.27%	4.49%	4.25%	3.37%
			旅客周转量	1.50%	1.65%	1.63%	1.72%
		经济开放度	外商实际投资	3.63%	3.80%	3.55%	3.57%
			出口总额	7.31%	7.72%	8.01%	9.07%
			进口总额	9.41%	9.74%	10.38%	11.46%
			进出口总额	7.16%	7.51%	8.16%	9.10%
		经济基础	外商直接投资当年实际使用外资金额	3.63%	3.80%	3.55%	3.57%
			房地产开发完成投资	3.30%	3.39%	2.86%	2.72%
			人民币住户存款余额	1.23%	1.28%	1.26%	1.39%
			各市地方财政收入	2.48%	2.74%	2.59%	2.69%
			固定资产投资占GDP比重	0.43%	0.70%	0.69%	0.59%
	潜力能级	科研经费	研究与试验发展经费	6.84%	6.96%	8.67%	6.50%
			人均科研经费支出	4.46%	4.49%	5.10%	4.07%
			科研经费占GDP比重	1.56%	1.46%	2.01%	1.45%
			财政支出	1.21%	1.40%	1.35%	1.47%
			科研经费占财政支出比重	2.97%	2.92%	2.12%	1.33%
		科技人才	研究与试验发展人员	5.45%	5.52%	5.27%	5.61%
			每十万人口拥有大专及以上	0.81%	0.93%	0.59%	0.72%
	支撑能级	交通基础	公路通车里程	0.91%	0.99%	1.00%	1.14%
			公共汽车运营数	2.48%	2.70%	2.55%	2.70%
		信息化程度	年邮电业务总额	2.07%	2.14%	2.20%	2.29%
			宽带接入用户	1.52%	1.60%	1.49%	1.59%
			移动电话用户数	1.52%	1.62%	1.56%	1.64%
			固定电话用户数	1.63%	1.80%	1.76%	1.83%
		能源利用	单位GDP工业用电量	0.42%	0.43%	0.38%	0.40%
		环境基础	城市绿化面积	1.76%	1.77%	1.80%	1.81%
			工业固体废物综合处理率	7.49%	3.67%	3.48%	4.38%

数据来源:《安徽统计年鉴》。

观察表3.2城市能级指标权重结果可以发现:首先,总体上经济能级指标权重最大,其中表现最为强劲的是经济开放程度逐年增加,尤其是进出口方面增长势头明显,进出口总额从2016年的7.16%增长到2019年的9.1%,增长了近2%,其中2018年增长近1%;其次,在潜力能级上,科研经费和科技人才的权重都较高,且科技人才呈逐年增加的趋势,但是科研经费的投入不高,且有下降的势头;最后,在支撑能级上,交通基础较好,尤其是公共汽车运营数指标比重表现较好且逐年增加,信息化程度和环境基础也呈现逐年向好的态势,能源利用情况则表现较弱。

安徽各城市能级指数见表3.3所列。

表3.3 安徽各城市能级指数

城市 年份	城市能级			
	2016	2017	2018	2019
合肥市	0.9576	0.9677	0.9769	0.9881
淮北市	0.1630	0.1732	0.1839	0.1925
亳州市	0.1624	0.1718	0.1812	0.1906
宿州市	0.1629	0.1732	0.1826	0.1928
蚌埠市	0.4576	0.4674	0.4777	0.4883
阜阳市	0.1647	0.3739	0.3828	0.3927
淮南市	0.1694	0.2782	0.2886	0.2964
滁州市	0.1583	0.2678	0.2775	0.2887
六安市	0.2628	0.2729	0.2828	0.2934
马鞍山市	0.3613	0.3715	0.3825	0.3911
芜湖市	0.5591	0.5691	0.5700	0.5805
宣城市	0.1611	0.1618	0.1714	0.1811
铜陵市	0.2617	0.2719	0.2819	0.2916
池州市	0.1557	0.1667	0.2776	0.2871
安庆市	0.2685	0.2789	0.2889	0.2999
黄山市	0.1638	0.2740	0.2837	0.2953

城市能级的评价,通过将实际观测值进行同趋化和无量纲化处理,并根据指标权重构建城市能级评价模型,计算城市能级指数。

城市能级指数计算模型:

$$E_i = \sum_{j=1}^{n} w_j y_{ij} \tag{3.1}$$

式中,E_i为城市能级指数,w_j为每个城市能级评价指标所占权重;y_{ij}为第i个单项指标的标准值。运用上述城市能级评价模型式(3.1),分别计算出城市经济能级、潜力能级和支撑能级，累加后分别得到各城市能级指数，从而得到2016—2019年的城市能级指数。

由表3.3可得，安徽各个城市能级差异较为明显，最高的合肥市与最低的池州市能级指数差异从2016年的0.7965拉大到2019年的0.8170，且有进一步拉大的趋势。通过上表可以看出，2016—2019年，各城市间能级差异明显，具体可以分为以下四个能级区域：

第一层级：城市能级最高的是合肥，在经济能级、潜力能级、支撑能级等方面均具有较大的优势，2019年城市能级指数为0.9881，在安徽城市群中处于城市群的"核心"地位，领先于安徽的其他城市。

第二层级：中等偏上城市能级，有芜湖和蚌埠。芜湖是皖江地区实力最强的中心城市，地理位置优越，受南京等长三角核心城市辐射影响大，发展空间较大，城市能级仅在合肥之后，是皖南地区核心城市。蚌埠是安徽乃至全国重要的交通枢纽城市，京沪高铁七大中心枢纽站之一，交通便利，同时也是安徽省重要的综合性工业基地，这些为其城市能级的提高提供了重要的推动作用。

第三层级：城市能级处于中等偏下的有2016年的六安、马鞍山、铜陵、安庆4个城市，到2019年又增加了阜阳、淮南、滁州、黄山、池州5个城市，共9个第三层级城市，说明安徽城市群整体的城市能级进一步提高，同时也体现城市群内部竞争激烈。

第四层级：一般及较弱的城市能级，2016年为淮北、亳州、宿州、池州4个城市，到2018年池州市已晋升为第三层级，四级城市仅剩3个，这突出体现了城市群的空间极化。淮北属于资源型城市且环境污染也比较严重，产业结构单一，近年来面临转型的需求，因此城市能级降低；而亳州以中药产业为主且城市面积较小，工业发展水平较低，处在由商丘、淮北、阜阳、周口4个城市组成的四边形的近中心位置，区域经济发展带动作用并不突出，宿州区域由于城市定位及周边缺乏核心城市有效辐射等原因，表现出城市能级有一定的下降。

安徽省的城市能级指数、层次和发展状况体现出了明显的结构不合理问题，较低能级的三四级城市较多尤其是三级城市，16个城市中由2016年的4个发展到2019年的9个，有进一步增加的趋势。这体现了安徽城市群具有明显的空间极化现象，中心城市实力不足以带动周边城市实现层级跨越，这对安徽省整体城市功能的整合和集群效应的发挥都有一定的负面影响。

2. 安徽城市空间结构调整

安徽省城市化率低，中心城市数量少和规模小，限制了聚集效益和规模效益的发挥；城镇布局分散导致区域城市化水平不均衡。安徽省政府已经注意到城市空间结构问题，在省"十四五"规划中明确规定地级城市分层发展，合肥朝着国家中心城市发展，芜湖建设省域副中心城市，安庆、阜阳、蚌埠和黄山市为区域中心城市。空间结构是城市体系健康长远发展的根本保证，其优化对促进人口、物流、信息流在城市间的流通、资源的优化配置、提高生产要素利用的效率,加快城市化进程具有重要意义。要做好城市体系空间结构优化需要坚持以下三点原则:一是分类指导,协调发展。根据安徽省南北各地区在自然地理、经济社会等方面的差异性,因地制宜指导皖中、皖北、皖东、皖南、皖西的不同分区发展,形成多种考核标准下各具特色、竞相发展的局面。遵循城乡统筹发展的总思路,融合城镇化发展与社会主义新农村建设,形成城市带动乡村发展,乡村支撑城市发展的新局面,形成以城乡协调发展为导向,坚持城镇化与乡村振兴相结合,形成城市与乡村一体化发展的新局面。二是环境友好,生态宜居。城市经济发展与自然生态环境和谐共生,安徽省城市体系空间结构优化要以自然资源和环境的承载力为基础,以环境友好、生态宜居为准则,大力实施生态强省战略。发挥自然环境优势,完善城镇功能,合理确定城镇规模布局,改善城乡土地配置,努力建设成资源节约型、环境友好型城镇。三是点轴结合,梯度发展。安徽省城市体系的发展仍然处于低水平的集聚状态,发展的重点应当是不断提高中心城市的带动作用,培育区域内经济增长极,通过集聚经济和中心城市的辐射影响,带动周边城市的经济发展。加强中心城市间的交通网络建设和基础设施建设,形成区域增长极之间完善的交通网络,并形成产业发展轴线。通过点轴发展结合,实现从中心城市向外梯度发展,最终实现经济的整体发展。

(三)区域定位大幅提升

安徽全省16个地级城市全部加入了长三角城市群,标志着安徽省全域进入到长三角一体化发展的快车道。安徽省在地理上与长三角天然相连,将安徽省全域纳入长三角,对其全面承接长三角产业转移、发展长三角经济腹地、利用政策红利推动区域全面发展具有重要意义。

1. 国家战略规划安徽定位长三角主体

长三角区域一体化发展上升为国家战略之后,《规划纲要》规定安徽省作为整体加入长三角成为正式的一员,与沪苏浙之间关系定位为"合伙人"角色。长三角一体化战略是面向全球公平竞争,以"一体化"和"高质量发展"为核心,提升沪苏浙皖整体的现代化水平,形成引领国际科技发展的强大经济实体,对外高水平开放,对内带动长江经济带快速发展。国家赋予长三角新的历史使命,安徽不再是"旁听生""插班生",而是"正式生",作为省会城市合肥市提出争当"优等生",所以安徽要以主人翁的姿态投入长三角一体化建设中去。现在,安徽省再提融入长三角一体化的口号已过时,因为其本来已经是长三角的成员,不能还停留在融入的高度,强调与沪苏浙的差距而来缩小距离,而应该利用自己优势和特色尽快在某些领域率先突破,做出安徽特有的贡献。长三角高质量一体化的目标实现,仅有《规划纲要》还远远不够,安徽省与其他省市一起制定更加具体的单项规划,才有利于任务落实和执行。在推进过程中涉及主体繁多,长三角一体化需要建立和完善体制机制,成立相关组织,制定各种地方法规和政策,安徽省在这些方面积极参与,提出自己的主张,发挥主人翁作用。

2. 安徽加快建设国家级综合性交通枢纽

在《长江三角洲城市群发展规划》中,明确提出合肥、南京和杭州三个省会城市是长三角的副中心,合肥市从区域性综合交通枢纽变成了全国性综合交通枢纽。此外,《现代综合交通枢纽体系"十四五"发展规划》中,明确将安徽省合肥、蚌埠、芜湖三市列入全国性综合交通枢纽城市建设名单,这三地的交通发展将在"十四五"期间重点推进,并迎来新发展。

合肥高铁网由"米字型"发展为"时钟型"格局。在建设合肥都市圈、深度融入长三角以及服务国家战略的驱动下,合肥着力构筑多层次、高品质、有机衔接、四网融合的现代轨道交通运输体系,推动铁路网由"米字型"向"时钟型"变迁,预计铁路网总里程将达到1062千米,密度将达到928千米/万平方千米。芜湖高速公路网发展为"双环放射状"。建成的"双环放射状"高速公路网,将实现高速公路通车总里程390千米,快速路达100千米;普通国道基本达到一级路,普通省道二级及以上公路比例将达80%以上;农村公路通达深度和服务水平显著提升,基本消除等外路。除此之外,在高铁和港口运输的加持下,芜湖与长三角地区的交通联系将加强。蚌埠高质量对接合肥都市圈、南京都市圈。蚌埠借助加密扩容高速公路,加速融入长三角一体化大局。加快构建交通运输体系,致力形成"四纵三横两联一环"的高速公路网,推进G3、G36国道主干线服务升级,实现与南京都市圈、合肥都市圈高质量对接。安徽还提出要建设4个省级区域性中心城市,皖西北区域性中心城市阜阳、皖东北区域中心城市蚌埠、皖西南区域中心城市安庆、皖东南区域中心城市黄山市。

3. 打造高水平对外开放新高地

习近平总书记2020年视察安徽时指出"要发挥好改革的突破和先导作用,依靠改革破除发展瓶颈、汇聚发展优势、增强发展动力。"改革开放是发展进步的必由之路,安徽正努力在构建以国内大循环为主体、国内国际双循环相互促进的新发展格局中实现更大作为。建设自由贸易试验区是新形势下推进改革开放的重大举措。安徽自贸试验区自2020年9月24日挂牌以来坚持"大胆试、大胆闯、自主改",扎实推进"9+3+N"专项行动计划,用足用活用好国家赋予的制度创新空间,不断激发自贸政策外溢,多领域持续释放改革红利。改革开放试验田标杆示范引领作用加快彰显,对外开放活力持续释放,高质量发展引擎作用日益突出。根据安徽省政府新闻发布的数据显示,自贸区以不到全省千分之一的面积,贡献了全省约26%的进出口额、10%的实际利用外资、4%的新设企业、7%的税收收入。

安徽自贸区实验区在3个自贸片区以外的13个省辖市设立联动创新区,通过全省"自贸试验区+联动创新区"协同发展,自贸区的创新发展红利可以带给联动创新区,而联动创新区的创新活动可以上升为自贸区制度创新,这样二者相互促进带来的结果是安徽省创新高地建设从合芜蚌三个城市扩散到全省所有的城市。除加强省内合作外,安徽省与沪苏浙组建了长三角自贸试验区联盟,在自贸区建设方面借鉴沪苏浙的创新制度和具体措施,同时与长三角自贸试验区共同进行制度创新。深化与沿海港口合作,芜湖港与洋山港"联动接卸,视同一港"的监管模式已推广至全省各港口。创新片区产业合作机制,组建长三角G60科创走廊产业技术创新联盟,探索政策标准共制、创新资源共享;创新跨地区政策通用互认,深化"双创券"通用通兑试点。三个自贸片区正与沪苏浙自贸片区积极开展全方位合作。

4. "皖美"绽放长三角腹地魅力

安徽加入长三角一体化后,以其"区位相邻,文化相近"的独特优势为"核心区"的跨越式发展创造了广袤的腹地,提升了长三角发展空间。一体化的融合发展能够让区域间进行优势互补,利用经济腹地区域的市场、人才以及土地、矿产等资源,为核心区的发展提供便利和支持。信息和资源的共享,也能够让腹地区域顺畅地接收核心区的经济辐射,加快其走上经济发展的快车道。

在深度融入并推进长三角更高质量一体化发展中,安徽不断彰显其发展优势和潜能,具体表现在以下方面:一是科技创新可以实现更好的作为。丰富的科教资源不容小觑,省会合肥科研院所众多,有中国科大、中科院和合肥工大等,还是仅次于北京,为全国第二大国家大科学装置最密集的城市,这也使安徽深入融入长三角的关键底色。二是产业发展可以开拓更广的空间。安徽产业发展体系完备,传统家电、水泥产业优势明显,不断兴起的智能家电、新型建材、平板显示、新能源汽车、智能语音、工业机器人等产业影响力遍布全国乃至全球。高新技术产业和装备制造业领域,安徽具有较稳固的发展基础和发展空间,这对承接长三角产业转移和进一步发展装备制造业、共建世界级产业集群创造了绝佳环境。三是发展现代农业,为长三角提供绿色农产品。安徽皖北及江淮地区有丰富的农业用地,气候适宜和产品种类繁多,可以成为上海市等大中城市的"菜篮子""果园子"。典型案例有,安徽省肥西县的土鸡养殖产业,重点培育以生态养殖为主的"步步鸡",这种鸡在山间散养并且每只鸡脚上有一个专属的二维码脚环,消费者可以通过扫码追踪每只鸡的吃、喝、运动等动态,实现了养殖全流程的透明化。四是发挥资源禀赋打造长三角区域养老后花园。随着旅游业、养老产业的迅速发展,加之安徽具有得天独厚的旅游资源及临近原长三角区域的区位优势,可以突出优势,发挥资源禀赋,规划打造长三角养老"安徽后花园"。皖南的石台县仙寓镇,是闻名全国的长寿村、抗癌村、瘦身村。丰富的高新技术资源和互联互通的应用环境,为养老服务领域的创新创业提供了广阔平台,科大讯飞等一批高新技术企业正在积极投身安徽智慧养老产业发展。

二、安徽区位资源提升的挑战

(一)安徽全面接受长三角辐射难

安徽离长三角中心区域较远。安徽省虽然全域纳入长三角,但是,处于长三角的地理空间边缘,且全省面积较大,想要全域接受长三角核心区的辐射难度较大,尤其是皖北地区几乎受不到苏浙沪的辐射。从地理上,距离长三角核心区域较近的皖东5个城市分别是:合肥、芜湖、马鞍山、铜陵、滁州,这也是经济发展较好的5个城市。但是即使是这样,合滁芜马铜与长三角核心区的经济差距依然巨大。目前苏南5市人均GDP在17万元以上,江北的扬州、泰州、南通3市人均GDP也逾14万元,而相邻的安徽省内较为发达的合滁芜马铜人均GDP仅仅超过9万元。经济发展差距比较明显,主要源于安徽与长三角其他省市的经济联系强度不高,交通联系不便,在长三角高铁圈体系下,安徽省对其他地区的交通可达性较差。以到长三角核心城市上海市为例,安徽省亳州市、宿州、六安、安庆、黄山、宣城等城市乘高铁动车到达上海市最快时间分别为3小时51分钟、2小时36分钟、2小时54分钟、3小时36分钟、2小时23分钟、2小时3分钟,最慢时间为4小时30分钟、3小时11分钟、4小时54分钟、4小时12分钟、3小时10分钟、3小时14分钟,按照城市圈1小时的标准都远远超过,若乘其他交通工具还要花费更多时间。其他长三角中心城市到安徽城市的时间更没有上海市的方便,距离远不利于双方联系合作。沪苏浙产业转移到安徽区域位置优势没有显示出来。统计数据还不能很好地评估长三角一体化发展战略实施对沪苏浙转移产业到安徽到底有多大影响。

安徽交通软硬件存在不足影响相互联系。交通运输的软硬件上,安徽与长三角其他区域相比仍存在较大差距和不足。据安徽省交通运输厅统计显示,在高速公路密度、一级公路总里程上安徽均落后于苏浙沪;水路运输上差距也不小,主要体现在内河航道通航里程上;航空运输上,民用机场较少,旅客吞吐量不足,与长三角其他区域差异明显,货邮吞吐量上所占份额也较小。交通运输上的"硬件"短板主要受制于经济发展水平,而交通运输上的"软件"提升则需要关注交通管理、技术运用等方式。以杭州市萧山区为例,多条道路属于地铁施工路段,在建地铁站占据部分路面,晚高峰时期多条道路车流量大,但交通却保持堵而不乱,车辆依次排队,这得益于杭州市在优化交通布局上使用了多种管理方法和技术,如在路口设置"电子警察""潮汐车道""直行待行区"等,极大提升了道路通行效率。除了交通管理能力的提升外,先进的智慧交通技术应用也是提升城市通行效率的关键。

(二)安徽城市空间布局集聚度低

安徽省行政区划过多造成地级城市实力不强。安徽省在长三角地区的地级行政区划最多总共16个地级市,分别比江苏省、浙江省多3个和5个。较多的行政区划为安徽深度融入长三角地区带来了挑战：第一，行政机构过多由于各地市的利益所在，容易造成行政壁垒及沟而不通的问题，不利于政策实施，加大管理交流成本；第二，省内横向行政壁垒较强，由于地方保护主义和跨地区协调机制的不健全，区域内人、财、物、资金等各种生产要素流动不畅。这也导致了区域内统一市场难以建立，不利于各地区因地制宜发展自己经济。第三，较小的行政区划不利于顶层设计，很难从国内和国际更高的视野统筹全省发展，并准确定位安徽在长三角发展中的角色。第四，地级市规模小、实力弱导致对外合作没有实力，对内不能带动城乡一体化发展。安徽省有淮北、淮南、铜陵和马鞍山4个资源型城市，还有池州、黄山、亳州三市所在地是在改革开放后从县城发展而来的地级市，体量小且人口少。从苏浙皖共有40个地级市GDP排名中，在后面的几乎是安徽省的城市。因此，想要更好融入长三角，安徽需要突破自身体制机制不畅的问题，将整个地理版块进行全盘规划，准确锁定区域发展的不平衡问题，加快实施省内一体化，更好地助力长三角一体化发展。

　　城市空间拓展大势所趋挤压安徽省城市发展空间。随着长三角城市群区域经济快速发展以及各城市经济合作不断增加，各城市之间存在显著的空间关联性和空间依赖性，邻近城市空间拓展在一定程度上也会影响到城市空间拓展。长三角地区城市空间拓展是必然趋势，有其发展的内在和外在要求。长三角面临优势产业升级、传统产业转移的问题，这亟须一个接收产业转移和升级的低成本经济腹地，需要土地资源丰富、劳动力资源低廉、市场广阔、交通条件好等等。区域发展的联动效应以周边城市为突破，向外开拓市场，扩大长三角中心城市的辐射范围，提升城市服务功能。合肥都市圈的滁州、芜湖、蚌埠和马鞍山自愿加入南京都市圈来寻找发展机会，这对于同是省会城市的合肥市必然造成竞争压力。

（三）安徽土地能耗指标双重制约

　　高质量发展普遍受困于土地和能耗指标的情况下，长三角正面临着土地少、能耗指标、环境容量指标不足的处境。发达地区面对因土地基本呈现饱和状态，能耗指标、环境容量指标短缺的情况，而无法新上大型项目，可以提高"亩产"水平，淘汰落后产能引进优质资产进行兼并重组，还可以将部分产业转移出去缓解压力。安徽省还有像皖北这样欠发达地区，工业化底子薄、基础差、起步晚，同样受到土地和能耗指标的极大限制。我们在调研中发现，许多项目双方合作意愿强，未来发展前景好，最后因为没有土地指标而功亏一篑。皖北地区土地资源丰富，到处是大面积农田，但建设用地指标稀缺。皖北地区承接沪苏浙转移来的产业，需要提供建设土地，没有土地指标不可能承接各类项目。发达地区可以"腾笼换鸟"，而皖北地区现阶段只能提供"笼子"。除了土地指标外，还有只减不增的能耗指标的刚性约束，发达地区转移产业到皖北地区，但其能耗指标不带来而是留在当地使用，这加剧落后地区能耗指标的压力。近年来，皖东地区的滁州市因靠近长三角，大力引进智能家电及电子信息、新能源业、健康食品等产业的项目且落地非常成功,按照安徽省投资"赛马"激励机制能够获得土地指标奖励。这种招商引资激励措施具有积极正面的引导作用,有利于省内发展好的地区拥有更多引进项目所需的土地资源。处在欠发达地区又加上投资"赛马"成绩不理想的城市,在土地指标方面受到多重挤压。当然,能耗指标和环境容量指标也存在这样的问题。

安徽省是长三角区域的能源大省,煤炭消费总量大,能源消费结构中煤炭占比高,以煤为主的能源结构支撑了全省经济的快速发展,但是,经济发展不能一味以消耗能源为代价,一味地注重经济快速发展而忽视能源消耗问题,这些最终会给经济发展带来反作用,还会带来环境污染等突出问题。2021年,全省原煤生产量为11274万吨,占一次能源产量比重为83.3%,比2012年降低14.8个百分点;一次电力及其他能源占比为16.4%,相较2012年提高14.5个百分点。从发电装机容量上看,全省燃煤机组装机容量为5274.1万千瓦,占发电装机总容量的62.3%,比2012年降低26个百分点。虽然煤炭产量和煤炭生产使用比例均有所下降,但是整体能源供给结构仍有较大调整空间。2021年,全省能源消费总量比2012年增长50%,年均增长4.1%,这期间全省GDP年均增长8.1%,能源消费总量的年均增速比GDP的年均增速低4个百分点,以较低的能耗支撑了全省经济的较快增长。但是相较于苏浙沪这一期间1.77%、3.7%、3%的能耗增长,安徽省仍是长三角能源消耗大省,能源消耗强度控制和能源消耗总量控制有待加强。清洁能源消费有待提高。截至2021年煤炭占比为67.7%,天然气占比为4.8%,一次电力及其他能源占比为9.7%。全省能源消费结构亟待向低碳清洁化转变。

(四)人力资源双重压力

近年来安徽人力资源数量稳定增长,质量不断提高,人才结构逐步完善,但从安徽经济发展的需求来看,还存在人力资源质量不高、人才结构不合理、人才流失量大等问题。安徽虽是人力资源大省,但是由于中高端人才就业岗位不足、发达地区虹吸效应缺乏,导致安徽省人才流失严重,是全国主要的人口流出大省。

关注安徽人力资源现状及发展趋势对经济社会的发展十分必要。安徽省目前的人力资源状况中存在许多问题,突出表现为:人力资源丰富,但人力资本不雄厚;安徽有丰富的人才资源,但人才流失也很严重;人力资源城乡分布不均衡,大部分适龄劳动力人口分布在农村;人力资源产业分布不均衡,安徽省的劳动力在产业间的分布主要集中在第三产业。加入长三角后,安徽面临复杂严峻的形势,其中,最严峻的问题,就是留不住人。安徽的人才优势,在长三角沪苏浙的巨大吸引力面前,就变成了一个"孵化器"——人才孵化成功,就输送出去了。

近几年,随着安徽省经济的快速发展,就业环境、工资待遇等有所改善,人口流向省外的速度在降低,但是仍没有改变人口流出大省的整体境况。另外,大量的安徽高考考生考入位于苏浙沪的大学,部分人在苏浙沪定居。因此,安徽想要更高质量融入长三角发展,留住人才是关键一环。然而,人口流动的影响并没有绝对的价值判断,但却能体现区域间流通的顺畅程度,因此,安徽应该充分利用长三角一体化发展战略机遇,享受长三角发达地区人才外溢的益处,利用自身的区位优势、科教优势,不唯地域、不求所有、不拘一格地引育人才,为安徽加入长三角高质量一体化发展提供强有力的智力支撑。

第三节 安徽发挥区位优势服务长三角一体化路径

推动长三角地区一体化发展,既是发展长江经济带的国家战略需要,又是安徽省实现自身高质量发展的现实需要。国家"十三五"规化将长三角发展上升为国家战略,在国家推进"先发优势"创新战略中发挥示范作用,"十四五"时期是贯彻国家战略,安徽省利用"左右逢源""东西相连"区位优势,开拓高质量发展的重要动力源,准确把握主攻方向,提升对一体化发展的支撑能力。

一、发挥空间发展规划规制作用

科学规划是区域发展的基础。编制一体化发展规划要重点围绕交通、能源、信息、科技、环保等专项规划,要与战略规划、总体规划有机衔接,特别是土地利用规划、城市总体规划之间的对接,不能各自从自己利益角度制定规划。突破行政壁垒,实现体制机制创新,做到"先规划后建设、先地下后地上",使生产要素自由流动,获得较大的资源节约效益。长三角一体化空间规划应委托第三方机构完成,在条件成熟情况下沪苏浙皖可以成立一个独立的民间性质的规划组织,研究和提出规划设计方案建议稿。长三角区域制定整体规划应强调整体性、前瞻性、适时性三个特征。长三角规划类型可以有多样性,从内容上分为单项规划、综合规划;从时间上可分为长期规划、中期规划和短期规划。规划制定后需要一套执行机构和机制,所以长三角的经济合作体系需要进一步细化,在决策、协调、执行上实现多层次、多元化分解,详细的一体化合作制度。

安徽省在空间规划上要充分发挥区位优势,对标长三角核心城市上海市,连接城市群中心城市,打通与苏浙省际通道,定位为长三角发展的腹地和西向发展的大通道。在长三角空间一体化基础上,安徽省在规划空间布局时,还要考虑与中部省份共同协调发展以及南北联系畅通,构建国家综合交通枢纽。安徽省建设皖江城市带承接产业转移示范区、皖北承接产业转移集聚区等产业转移时,也要与空间规划衔接起来。安徽省在执行空间规划时,要强调规划的法定性和严肃性。在长三角一体化建设规划中,安徽省明确阜阳、安庆、蚌埠和黄山为区域中心城市,现在来看对于区域中心城市还没有什么实质性的支持政策和投资,规划也没有得到很好的执行。安徽省支持长三角一体化的政策和投资仍存在全面开花没有重点,尤其在一些较小城市过度投资,反而在规划中的区域中心城市没有体现。比如,规划中明确安庆市为区域中心城市,但铁路和高速公路向南过长江的问题迟迟难以解决。

二、推进区域一体化大市场形成

在长三角高质量一体化发展过程中,需要不断克服和清除体制机制的约束,来实现要素的自由流动。因此,需要因地制宜,谋求在资金、科技、产业和市场上的深度融合。

首先,探索跨区域资金运用方式。利用长三角地区的多种政策性基金发挥政府种子基金的"资本杠杆"作用,探索出市场化手段,从具体的项目出发,如跨地区基础设施、公共服务、生态环保等领域,考虑一体化的协同和联合。

其次,推进一体化科技协同创新。构建以沪宁杭合为核心基地的长三角科技创新圈,推进G60科创走廊、聚焦"四个一"创新平台以及大科学中心建设,促进合肥滨湖科学城与上海张江科学城共谋协同创新,联合开展专项攻关;打造科创产业协作的大平台,深入推进上海张江和合肥综合性国家科学中心"两心共创",积极推进与武汉光谷等重大平台开放合作,规划建设"科大硅谷",汇聚长三角和中部地区创新资源,联合布局大科学装置集群和国际科技合作网络。

再次,注重产业集群间的一体化分工和整合,如上海的国际金融优势,浙江的互联网和数字产业优势,江苏地区的先进制造业优势,以及安徽的科技创新优势之间的一体化分工和协同发展。同时,主动寻求分工合作机会,培育和发展苏浙沪的"链式功能",推动资源共享,更好地实现产业升级。另外除了依托"G60科创走廊",还可以积极建设"G40健康生态走廊"。利用这些城市的旅游和医疗大产业,更好地带动苏中、苏北和皖北地区的发展。产业的梯度转移及辐射需要有较为明显的发展差距。因此,安徽应当紧跟长三角头雁,主动吸引技术外溢。针对创新陷阱,应当提前规划,鼓励智造而非"制造"型企业入驻,提高聚集质量。同时,提高生产性服务业聚集的水平。利用绿色产业发展契机,利用绿水青山的自然资源,吸引高能效低能耗的产业入驻。

最后,打造跨区连片的大市场,对接服务上海国际消费中心城市建设,联合打造多层次消费中心城市矩阵,协力构筑一批重点商圈,最后,健全一体化市场融合机制。推动安徽更高质量融入长三角发展,区域一体化大市场建设必不可少,要构建规则透明、竞争有序、资源共享的市场机制。同时,政府也需要打造优良的营商环境,包括放开市场准入、行政审批等方面。

三、推动基础设施互联互通

安徽以建设长三角开放性交通枢纽为目标,推动长三角与中西部、京津冀和粤港澳大湾区的联通交流。具体措施包括以下几个方面:第一,"轨道上的安徽"一体化。近年来建成运营商合杭、安九高铁,正在建设合新高铁、昌景黄高铁、池黄高铁、阜淮铁路、淮宿蚌城际、巢马城际、沿江高铁安徽段等，马上开工的六安至安庆铁路。第二，打造设施互联的大枢纽，共建长三角世界级港口群、机场群，强化芜湖、马鞍山江海联运枢纽，合肥江淮联运中心等与沿江、沿淮上下游港口合作，加快推进合肥区域航空枢纽，国际航空货运集散中心和芜湖全球航空货运枢纽港建设。第三，共建长三角世界级机场群。打造"空中长三角"，提升合肥区域航空枢纽功能，推进规划新建机场和原有机场改扩建工作。增加合肥新桥机场国内外航线，优化省内其他支线机场航线网络。同时，加强安徽民航机场集团与上海机场集团等战略合作，共同打造服务一流、客货兼备的世界级机场群。安徽民航机场之间加强联系，扩大客源服务范围，在县域设立站点开展接送乘客服务。通用机场建设带来安徽支线航班增加，为短途旅客提供出行方便。第四，高速公路和高等级公路建设。安徽省正在加密高速公路，强化与长三角地区公路的快速联系，2021年安徽省全力推进20个在建高速公路工程建设，建成固蚌高速、芜黄高速、池祁高速池州至石台段，全面实现"县县通高速"。加快打通省际公路断头路，使长三角公路运输更加方便通畅。第五，安徽将加快构建连接省内外的区域综合运输通道，优化提升联结涉区市的综合运输通道功能，加强大别山革命老区对外联通通道建设。加强安徽省内重点旅游景区之间快速连接，规划建设串联齐云山、黄山、九华山、天柱山和大别山的"五山"联动快速铁路，并在逐步实现。长三角区域提供公共交通一卡通、旅游惠民"一卡通"等便民服务。过去安徽到沪苏浙，除了身份证外身上还要携带当地的地铁卡、公交卡等。未来一卡多用，合肥的地铁卡可以在沪苏浙扫码便捷通行，共同步入同城时代，支持主要城市间开通城市公共交通线路，共建普惠便利民生网。

四、打造内陆开放合作新高地

安徽省会城市合肥是合肥都市圈的核心城市，合肥都市圈是安徽省经济发展较快区域，引领全省经济发展。合肥市正在建设长三角世界级城市群副中心，打造内陆开放合作新高地，必须以安徽自贸试验区合肥片区建设为契机，主动对接上海自贸区制度创新，加快构建国际化的营商环境和制度体系，打造符合国际标准、国际惯例、国际规则的发展环境。2021年以来，安徽自贸试验区合肥片区（以下简称"合肥自贸区"）全力推进开放创新，更大程度上助力自贸区的高质量建设。截至2021年底，合肥自贸区新设市场主体近1万家，实有企业3.8万余家；营业收入高达5348亿元，同比增长25%；直接利用外资高达8.7亿美元。2022年第一季度，合肥自贸区签约入驻亿元以上项目63个，协议引资额为1153.8亿元；新设市场主体3096家、同比增长1.3倍；利用外资4800万美元、同比增长5倍；进出口贸易额达到308亿元，同比增长40.7%。合肥自贸区各项目标任务超额完成序时进度，领先全省其他地区。合肥市坚持更高层次的"引进来"与加快"走出去"步伐并举，着力引进新型业态、先进经营模式、知识品牌和高层次人才，着力引进企业总部、研发中心、营销中心和各类功能性机构。加强与"一路一带"的衔接互动,加密、延伸"合新欧"国际货运班列,高水平建设出口加工区、综合保税区、空港示范区、合肥港等开放平台。

五、建设绿色旅游养老基地

安徽省区域优势之一表现在独特的自然风光和深厚的文化底蕴,为发展长三角旅游和健康养老产业奠定坚实基础。推动生态环境联防联治,牢固树立新发展理念,坚持绿水青山就是金山银山,共同推进、完善长三角跨区域环境污染联防联治机制,加强与沪苏浙生态环境保护方面的共治管理,健全统一的碳排放标准、固废排放等监管体系。同时,设立长三角区域生态环境违法"黑名单"制度,落实联合惩戒措施,健全完善新安江流域生产补偿机制和利益共享机制等。并且积极实施好"林长制"和"河长制",打造生态文明建设的安徽样板。

打造绿色共保的大花园,共同推进长江大保护,加快建设美丽长江(安徽)经济带,深入实施沿江1千米、5千米、15千米岸线的分级管控措施,开展重点水域联合执法,筑牢长江"十年禁渔"防线,让野生江豚逐嬉长江。高质量建设全国林长制改革示范区,全省森林覆盖率超过30%,林长制改革经验推向全国实施。依托皖南、皖西良好生态优势和文化旅游资源,加快建设浙皖闽赣国家生态旅游协作区域,共建一批世界级旅游目的地和健康养老基地。共同推进碳达峰和碳中和,加强绿色低碳重大科技联合攻关,完善绿色低碳政策和市场体系。

国家统筹推进长三角一体化发展、中部地区高质量发展、长江经济带发展的重大战略,有利于安徽发挥区位优势,集聚配置各类要素资源,服务构建以国内大循环为主体,国内国际双循环相互促进的新发展格局。

第四章　安徽开拓长三角人力资本新热土

知识经济时代,人力资本逐渐代替物质资本和货币资本,成为促进区域经济发展的第一要素。安徽省要融入长三角更高质量一体化发展中,必须从人力资源战略的角度出发,结合省人力资本供求状况与优势,最大限度地发挥人才效应,促使安徽省更好更快地融入长三角高质量一体化发展进程中。相应地,安徽省也必须根据自身战略定位和目标,结合本省人力资本发展的状况,不断地提高区域人力资本水平,为助力长三角高质量一体化发展打造一片人力资本新热土。

2019年,长三角区域新发展规划纲要将长江三角洲范围覆盖到上海、江苏、浙江及安徽"三省一市"全部区域。上海、江苏、浙江作为长三角地区经济发展的先行区,GDP水平及经济发展总量均位居前列,基础设施建设等也较为完善,在几十年的经济社会发展中,上海、江苏等地实现了低端产业的转移及高端产业的转型升级,顺利进入到经济高质量发展阶段,因此在推动长三角全域实现高质量一体化发展中具有重要作用。而安徽省以其优越的地理位置、肥沃的土地、丰富的自然资源、廉价的劳动力以及辐射中原和内陆地区、紧靠长三角的区位优势和发达的交通,成为协助长三角由劳动密集成本导向向资源密集技术导向转型,承接长三角产业转移和资本转移的最重要、效益最高的地区。尤其在人力资本推动方面,安徽省牢牢把握自身优势,在各项发展规划中把人才集聚与提升人力资本水平放在首要位置,统筹推进各类人才队伍,尤其是高层次人才队伍建设,努力打造人才强省。与此同时,安徽省各级政府也在不断制定和完善人才服务保障体系与人才评价机制,努力建成全国高聚集、高素质、高效益的三高人才地区。由此可见,人力资本对促进安徽省乃至整个长三角更高质量一体化发展均具有重要作用。

下面将从人力资源总量、人力资源教育情况、人才流动情况以及就业人员在产业间的分布情况等方面对安徽省人力资本情况进行分析,从而找出长三角高质量一体化发展中安徽省人力资本的优势、不足以及发展路径,促使安徽省为长三角高质量一体化发展开拓一片人力资本新热土。

第一节 安徽人力资本现状

一、安徽人口概况

(一) 安徽人口总量情况

安徽省是人口大省,同时也是人力资源大省。第七次全国人口普查数据显示安徽省常住人口数量约6365.9万人,位居全国第八。表4.1为2011—2019年安徽省人口发展概况,从表中可以看出2011—2019年安徽省人口自然增长率呈现出先上升后下降的发展趋势,2017年人口自然增长率最高为8.17‰,2019年下降到5.99‰,相较于2011年还低0.33‰,但是从常住人口总量来看,2011—2019年,安徽省年末常住人口总量从5968万人增加到6366万人。此外,随着经济水平的不断发展及收入水平的增加,安徽省越来越多的人口由农村转向城市,加快了安徽省城市化进程。2011—2019年安徽省城市人口数量从2674万人增加到3459万人,2019年城市化水平达到了53.49%。人口数量的不断增长为安徽省人力资源的发展提供了有力的支撑。

表4.1 2011—2019年安徽人口发展概况

年份	年末常住人口(万人)	人口自然增长率	城镇人口数量(万人)	城镇人口比重
2011	5968	6.32‰	2674	44.80563%
2012	5988	6.86‰	2784	46.49299%
2013	6030	6.82‰	2886	47.8607%
2014	6083	6.97‰	2990	49.15338%
2015	6144	6.98‰	3103	50.50456%
2016	6196	7.06‰	3221	51.98515%
2017	6255	8.17‰	3346	53.49321%
2018	6324	6.45‰	3459	54.69639%
2019	6366	5.99‰	3553	55.81213%

数据来源:安徽省统计局全国第七次人口普查数据。

(二) 安徽人口流动情况

随着我国城镇化进程的不断推进,大规模人口向城市流动和迁移成为这一时期经济社会发展的主要特征之一。从以往安徽省人口流动情况来看,常常以人口流出为主要特点,但近年随着安徽省经济社会的发展以及省会城市的带动作用,安徽省常住人口呈现出逐年递增的趋势,并开始步入外出人口回流的新时期。图4.1为2011—2016年安徽省人口流动变化情况,从图中可以看出,2011年安徽省流动人口数量、人口流向省外数量以及人口省内流动数量均呈现出明显地递减趋势,2011年安徽省人口流动数量为1870.97万人,2016年下降到1375.40万人,下降比率达到了26.49%,且跨省流动人口下降的幅度明显大于省内流动人口下降的幅度。这在一定程度上说明安徽省人口开始出现回流现象,但需要说明的是人口流动下降并不是完全由于人口回流所造成的。[①] 2017年安徽省人口变动抽样调查数据显示,安徽省外出人口回流8.5万人。此外,长三角区域一体化上升为国家战略,随着苏浙沪一些产业产能转移到安徽,进一步促使以前在苏浙沪就业的人口开始回流至安徽。

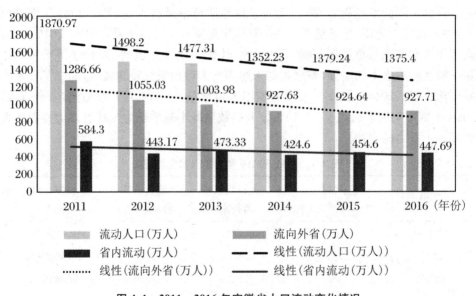

图4.1 2011—2016年安徽省人口流动变化情况

二、安徽人力资本受教育情况

(一)安徽教育发展水平

教育水平是体现一个地区人力资本质量的重要指标,安徽作为历史文化的发源地,不仅涌现出了一批又一批的历史人物:古有老子、庄子等学派名人,近有李鸿章、胡适等知名学者,与此同时也培育出了道教、建安、桐城派、北宋理学、徽文化等

---

① 杨成凤,柏广言,韩会然.流动人口的城市定居意愿及影响因素:以安徽省为例[J].世界地理研究,2020(6).

不同文化流派,文化底蕴深厚且源远流长。

如今的安徽拥有中国科学技术大学、合肥工业大学、安徽大学等著名大学在内的共108所普通高校,截至2021年,安徽省共有21个研究生培养单位。从各阶段受教育情况来看,2021年安徽省研究生招生人数3.7万人,在校生数9.9万人,毕业生数2.1万人,2021年毕业生人数相较于2020年增加0.31万人,增加比率为17.32%。普通高中679所,两年时间内增加了12所。普通高中在校生人数116.3万人,毕业生人数36万人,相较于2020年增长2.47%。除此以外,安徽省初中阶段及小学以下在校生人数及毕业人数也较为可观(表4.2)。从历年安徽专任教师人数来看,2005—2021年,安徽省各级专任教师人数呈现出逐年上升的趋势。普通高等学校专任教师人数由2005年的3.24万人增加到2021年7.02万人,同比上年增长7%。其他级别专业教师人数也均有明显的增加(4.3)。

在科研人才培养方面,2004年国家授予合肥科技创新型试点市,成为全国首个国家级科技创新型示范市。安徽省2021年国民经济和社会发展统计公报显示,2021年安徽省建成省级以上科研平台多达3000多家,国家级综合平台216家,其中,从事研发活动人员27.9万人,专业技术人才总量为451.4万人,高层次人才占比10.52%。2021年,安徽省共有12个国家级重点实验室及国家研究中心,171个省级实验室,251家省级及以上工程技术研究中心。从而为科研人员发展提供了强有力的平台支撑。①

表4.2 2021年安徽省各阶段受教育情况

(单位:万人)

指标	招生数	在校生数	毕业生数	
	2021年	2021年	2020年	2021年
研究生	3.7	9.9	1.79	2.1
普通本科	47.3	150.5	16.80	32.7
中等职业教育	29.8	75.2	16.19	26.3
普通高中	39.1	116.3	35.13	36.0
初中阶段	76.2	229.9	70.75	70.1
小学	76.7	468.7	74.01	75.7

数据来源:2021年安徽省国民经济和社会发展统计公报。

① 数据来源:2021年安徽省经济与社会发展统计公报。

表 4.3　历年安徽省专任教师人数

(单位:万人)

年份	2005	2010	2015	2020	2021
普通高等学校	3.24	4.93	5.81	6.56	7.02
中等职业学校	2.34	2.17	2.72	2.76	3.12
普通中等专业学校	0.61	0.77	1.11	2.59	—
职业中学	1.73	1.4	1.61	0.17	—
普通中学	19.7	23.01	22.72	24.76	25.65
高中	5.11	6.69	7.63	8.21	8.63
初中	14.59	16.32	15.09	16.55	17.02
小学	25.95	24.57	23.83	26.04	26.9
幼儿园	1.65	2.96	6.66	11.21	13.05
特殊教育	0.1	0.12	0.14	0.2	0.22

数据来源:2022 年《安徽省统计年鉴》。

(二)安徽教育投入力度

2021 年安徽省各类学校教育经费投入高达 1897.99 亿元,其中国家财政性教育经费为 1540.73 亿元,一般公共预算教育经费支出为 1315.4 亿元,增长幅度比财政支出增长幅度高 2.7 个百分点,占财政支出的比重为 17.3%,占比进一步提高。民办学校举办者投入为 9.25 亿元、捐赠收入 0.19 亿元、事业收入 306.6 亿元,其他收入 40.62 亿元,这几项收入相较于 2021 年均有不同幅度的提升。2021 年,高等教育经费收入为 374.63 亿元,占比为 19.74%。高中阶段教育经费投入 372.03 亿元,占比为 19.60%,仅次于高等教育经费投入(表 4.4、图 4.2)。

表 4.4　2021 年安徽省教育各类学校教育经费投入

(单位:万元)

指标	合计	国家财政性教育经费	一般公共预算教育经费	民办学校举办者投入	捐赠收入	事业收入	其他收入
合计	18979913	15407270	13154212	92546	7879	3066001	406218
高等教育	3746340	2365867	1968296	20726	2900	1118443	238405
普通高等学校	3706988	2352137	1956366	20726	2900	1093415	237810
本科学校	2485287	1500037	1195908	19300	2372	773322	190256
专科学校	134071	108904	100879		2	23973	1192

续表

指标	合计	国家财政性教育经费	一般公共预算教育经费	民办学校举办者投入	捐赠收入	事业收入	其他收入
职业学校	1087630	743196	659579	1426	526	296120	46362
成人高等学校	39353	13730	11930	—	—	25028	595
高中阶段教育	3720281	2978401	2207035	26291	2231	657310	56049
中等职业学校	1368432	1197200	761093	7157	76	133084	30916
中等专业学校	1205600	1050375	699686	6525	76	125027	23596
职业高中	48944	43470	33587	32	—	—	—

数据来源：2022年《安徽省统计年鉴》。

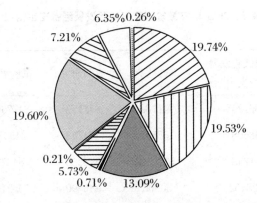

图4.2　2021年安徽省各类学校教育经费投入占比情况

从安徽省科研经费投入情况来看，2021年安徽省研究与试验发展经费支出1006.12亿元，其中基础性研究经费74.11亿元，应用研究84.22亿元，占比为8.37%，实验发展研究经费847.80亿元，劳务费支出307.47亿元。从各部门实验与研发经费支出情况来看，科研机构经费为56.87亿元，占比为5.65%，高等学校经费为95.1248亿元，占比为9.45%，企事业单位经费为854.13亿元，占比高达84.99%（表4.5）。

三、安徽人口就业情况

根据安徽省统计局的统计资料显示，1952年安徽省就业人员总数为1533.7万人，占全省人口总数的55.7%，到改革开放初期，安徽省就业人员数量上升到

1873.4万人,由于全省总人口增长幅度较大,导致这一时期就业人员数量占总人口的比重下降到39.7%。截至2018年,安徽省就业人员总数达到了4385.3万人,占全省总人口数量的比重大幅度上升到69.3%。就业人数的大幅增长,为全省经济持续快速发展提供了有力的保障。此外,随着就业人员数量的增加,安徽省劳动力就业结构也在不断优化,1952年,安徽省第一、二、三产业就业人员的比例为95.2∶2.8∶2.0,农业产业就业人员数量占比较高,就业结构失衡严重。之后,随着经济的发展以及产业结构的优化升级,全国第一、二、三产业就业人口比重发生了很大的变化。在这样一个宏观发展的背景下,到1978年,安徽省三次产业就业人员占比转变为81.7∶10.3∶8.0,就业人员开始由第一产业向二、三产业转移。2005年,安徽省二、三产业就业人员数量首次超过第一产业,随着产业结构的不断调整以及就业结构的进一步优化,截至2018年,安徽省三次产业就业人口比例为30.9∶28.8∶40.3,第三产业就业人员数量稳居第一。

表4.5 2021年安徽省研究与试验发展经费支出情况

(单位:万元)

分类	研究与试验发展经费支出	基础研究	应用研究	试验发展	劳务费
总计	10061245	741132	842153	8477960	3074668
科研机构	568688	153551	171743	243395	148009
高等学校	951248	510015	356555	84677	321069
企业	8228452	30606	245690	7952156	2477941
事业单位	312856	46960	68265	197731	127650

数据来源:2022年《安徽省统计年鉴》。

根据2006—2017年《中国统计年鉴》,从安徽省就业人员学历构成的变化情况来看,2006—2017年,安徽省就业人口质量和受教育水平在逐渐提升。其中小学学历以下就业人员比例在逐渐降低,初中及以上学历就业人员比例在逐渐增加。尤其是大专及以上学历在2009年以后增幅较为明显,各学历就业人员比例变化情况如表4.6和图4.3所示。

表4.6 2006—2017年安徽省就业人员学历构成(单位:%)

年份	未上过学	小学	初中	高中	大学专科	大学本科	研究生
2006	13.6	31.1	44.4	7.2	2.6	1.1	0.05
2007	14.3	30.1	44.9	7.3	2.6	0.8	0.02
2008	11.3	30.2	46.6	7.9	2.9	1.1	0.07

续表

年份	未上过学	小学	初中	高中	大学专科	大学本科	研究生
2009	10.5	28.1	49.3	8.2	2.7	1.1	0.09
2010	8.2	26.7	48.1	9.6	4.7	2.6	0.22
2011	4.7	25.6	50.6	10.4	5.5	2.9	0.3
2012	3.8	23.2	52.5	10.8	5.7	3.7	0.33
2013	5.7	22.8	50.0	11.4	6.1	3.7	0.31
2014	4.9	20.7	51.7	11.1	6.8	4.4	0.40
2015	7.4	20.6	49.1	9.6	7.3	5.6	0.4
2016	7.1	20.3	49.2	9.6	7.7	5.6	0.5
2017	7.1	20.0	50.2	10.0	7.0	5.2	0.4

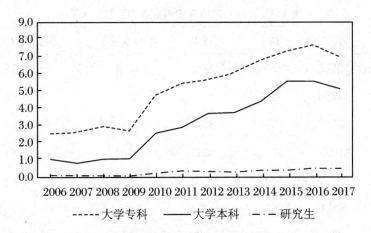

图 4.3 2006—2017 年安徽省大专及以上学历就业人员构成

四、安徽人力资本水平情况

目前关于人力资本水平的测度方法主要有教育法、收入和成本法三类,从已有的研究成果来看,教育法大多采用的是"平均教育年限""入学率"等指标来衡量人力资本水平,教育年限一直被认为是人力资本水平的代名词,其不仅反映了教育主体人力资本的投入,还在一定程度上影响受教育者的收入水平。此外教育成果数据比较容易获得,其计算过程也较为简单,因此使用教育法衡量人力资本水平的学者较多。为便于分析问题,本书采用人均受教育年限法对当前安徽人力资本水平现状加以分析。

采用教育法衡量人力资本水平的过程中,平均受教育年限是将劳动者的学历水平进行分类,然后对不同学历水平赋予不同的权重,赋权以后将不同学历水平的受教育年限进行加权平均。具体计算公式为

$$人均受教育年限 = \sum w_i k_i / 10000$$

其中,w_i 为不同学历水平的权重,这里为不同学历水平按学制累计的受教育年限,即 k_i 为人口普查中每十万人中受到第 i 种教育的人口个数。根据上式可得到 2001—2020 年安徽省人均受教育年限如表 4.7 所示。从表中可以看出,2001—2010 年,安徽人均受教育水平在逐渐提升。根据第七次人口普查数据显示,安徽省每 10 万人中拥有大学文化程度的人数由 6733 上升到 13280,上升幅度高达 97.23%;拥有高中文化程度的人数由 10840 上升为 13294,上升幅度为 22.64%;拥有初中文化程度的人数由 38604 下降为 33724,下降幅度为 14.41%;拥有小学文化程度的人数由 27763 下降为 26875,下降幅度相对较小。人均受教育年限也由 2010 年的 7.52 增加到 2020 年的 8.37。

表 4.7 2001—2020 年安徽省人均受教育水平

年份	小学	初中	高中	本科及以上	人均受教育年限(年)
2001	35175	34009	8637	3392	6.75
2002	34239	35117	8062	3184	6.69
2003	33748	35790	8273	3740	6.83
2004	31695	37103	8813	3550	6.87
2005	31353	34098	8581	3580	6.55
2006	29704	36731	8883	3828	6.76
2007	32625	39678	10371	4505	7.49
2008	32186	40695	10655	4577	7.60
2009	32227	41896	10412	4827	7.73
2010	27763	38604	10840	6733	7.52
2020	26875	33742	13294	13280	8.37

第二节 安徽人力资本优势

创新是第一动力、人才是第一资源,在众多的区域创新影响因素中,人力资本是无法忽视的重要投入要素之一[①]。20世纪80年代末,由Lucas(1988)和Romer(1990)等学者开创的内生经济增长理论认为:人力资本可以促进知识溢出与技术进步,是经济增长的内生动力。[②③] 以此为开端,很多学者开始进行人力资本对经济增长影响的实证研究,多数研究表明人力资本存量对经济增长具有正向的促进作用(Barro,1991;Ruach,1993;Benhabib& Spiegel,1994)。[④⑤⑥] 当前,人力资本对区域创新的影响具有两种明显的效应:一方面,作为知识载体的人力资本的流动是创新溢出的主要途径,人力资本的流动所带来的技术扩散和外部性将带动其他区域人力资本水平的提升,有助于缩小技术落后地区和技术先进地区的创新水平;另一方面,人力资本在一个区域的集聚,可以进一步吸引技术、资金等创新要素向该区域集中,进而导致其他区域人力资本等创新要素的流失,甚至产生"虹吸"效应,使得技术落后地区长期处于技术"锁定"和低端模仿阶段,技术差距也随之扩大(汪彦、华钢、曾刚,2018)。[⑦] 由此可见,人力资本对长三角地区创新水平和经济发展水平具有重要的推动作用,从而对长三角实现更高质量一体化发展具有重要意义。

一、安徽人力资本总量优势

安徽省作为长江三角洲区域的重要成员,其不管是从人力资本数量还是从人力资本质量上来说都对长三角创新能力和经济发展水平产生了重要影响,从而为长三角实现更高质量一体化发展提供了重要的人力支撑。如表4.8所示,2010—2019年安徽省户籍人口数量呈现出连续上升的趋势。2010年,安徽省户籍人口数

---

① 刘晨旭,何茜茜,乔银,等.安徽省人力资本对技术创新的影响:基于空间计量的实证研究[J].当代经济,2020(10).

② Lucas R E. On the mechanics of economic development[J]. Journal of Monetary Economics,1988(22).

③ Romer P M. Human capital and growth:Theory and Evidence[J]. Carnegie-Rochester Conference Series on Publicpolicy. North-Holland,1990(32).

④ Barro R J. Economic growth in a cross section of countries[J]. Quarterly Journal of Economics,1991(106).

⑤ Rauch J E. Productivity gains from geographic concentration of human capital:evidence from the cities[J]. Journal of Urban Economics,1993(34).

⑥ Benhabib J,Spiegel M M. The role of human capitalin economic development:evidence from aggregate crosscountry data[J]. Journal of Monetary Economics,1994(34).

⑦ 汪彦,华钢,曾刚.人力资本对长三角城市群区域创新影响的实证研究[J].南京社会科学,2018(5).

量 6826.63 万人,2019 年增加到 7119.37 万人,年均增长率为 1.52%。从常住人口总数来看,2010—2021 年,安徽省常住人口总数呈现出先上升后下降的趋势,2019 年达到峰值 6365.9 万人,比 2010 年增加 409.2 万人,年均增长率为 1.94%。此外,在全省常住人口中,城镇人口比重也呈现出逐年上升的趋势,2010 年,安徽省常住人口中的城镇人口比重为 43.2%,2021 年增加至 59.39%。2021 年,上海市常住人口数量为 2489.4 万人,浙江省常住人口数量 6540 万人,江苏省常住人口数量为 8505.4 万人,相比较而言,安徽省常住人口总数在长三角地区中排名相对靠后。第六次全国人口普查数据显示,2000 年至 2009 年,安徽省人口流失数量高达 962.3 万人,在全国跨省流动人口中占比 11.2%,位居全国第一位。第七次人口普查数据显示,安徽省外出流动人口总量进一步增加至 1152 万人,在全省常住人口总数的 18.9%。在这超过 1000 万的流出人口中,绝大部分人口都流入到了上海、江苏、浙江等地。与第六次人口普查相比,安徽省流入上海、江苏、浙江等地的人口数量增加至 114 万人,增长了 11%(图 4.4)。

表 4.8　2010—2021 年安徽省人口变化情况

年份	户籍人口总数(万人)	常住人口总数(万人)	常住人口城镇化率
2010	6826.63	5956.7	43.2%
2011	6875.87	5968	44.8%
2012	6901.97	5988	46.5%
2013	6928.53	6029.8	47.9%
2014	6935.83	6082.9	49.2%
2015	6949.11	6143.6	50.5%
2016	7026.98	6195.5	51.99%
2017	7059.15	6254.8	53.49%
2018	7082.89	6323.6	54.69%
2019	7119.37	6365.9	55.81%
2020	—	6105	58.33%
2021	—	6113	59.39%

数据来源:2010—2022 年《安徽省统计年鉴》,下同。

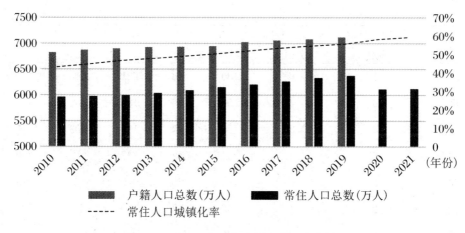

图 4.4　2010—2021 年安徽省人口变化情况

二、安徽人力资本质量优势

从人力资本质量来看,安徽共有普通高校 118 所。在这 118 所高校中,中国科学技术大学入选世界一流大学建设(A 类)名单,国内"双一流"高校建设,国家 985 工程,全校拥有 8 个一级学科国家重点学科,4 个二级学科国家重点学科、2 个国家级重点培育学科,18 个省级重点一级学科。合肥工业大学,国家"双一流"建设高校,"211 工程"重点建设高校,中国教育部直属全国重点大学,拥有 20 个国家级一流本科专业建设点。安徽大学,国家"双一流"建设高校,目前拥有 2 个国家级重点学科,25 个省级重点学科。截至 2021 年底,全省共有各类专业技术人员 451.4 万人,高层次人才 47.5 万人,占比 10.52%。安徽拥有院士 31 人,其中两院院士 1 人,备案建设省院士工作站 209 家,柔性引进院士 235 人次;有研究生培养单位 21 个,在校研究生 63464 人。相比较而言,在中国各省六类高尖端人才排行榜前十中,安徽省位居第 8,其中,中国科学院院士 5 名,在各省中排名第五。中国工程院院士 4 名,在各省中排名第四,具体如表 4.9 所示。相比上海、江苏、浙江等地,安徽省拥有高层次人才的数量排名相对靠后,仍需进一步加大对高层次人才的培养与引进力度。

表 4.9　2013—2017 年中国各省份六类高层次人才数量

(单位:人)

省份	中国科学院院士	中国工程院院士	长江特聘	杰青	青年千人	优青	总计
北京	60	56	222	355	546	619	1858
上海	12	9	93	143	395	257	909
江苏	6	6	69	79	228	194	582

续表

省份	中国科学院院士	中国工程院院士	长江特聘	杰青	青年千人	优青	总计
广东	1	6	30	48	221	113	419
湖北	6	4	56	56	184	107	413
浙江	4	3	26	40	159	109	341
安徽	5	4	5	42	112	91	259
陕西	3	2	54	30	83	71	243
四川	2	1	38	23	109	51	224
天津	0	0	25	28	67	61	181

数据来源：根据网络公开资料整理。

三、安徽人力资本培育政策

随着人力资本重要性的逐步显现，近几年，安徽省更加重视创新型人才的培养及其对经济发展的推动作用。2014年，《安徽省人民政府关于实施创新驱动发展战略进一步加快创新型省份建设的意见》（皖发〔2014〕4号）要求进一步加快创新型省份建设，积极实施重点人才工程，努力推进重点人才政策创新，加大人才引进力度，力争为安徽经济转型发展提供强有力的人才支撑。2013年继江苏之后，安徽成为全国第二个获批"国家创新型省份"试点建设省份，2017年合肥市成为中国第三个综合性国家科学中心。2021年，安徽省区域创新能力排名由2011年的第十五位跃升到第八位，连续十多年在全国居于第一方阵。这意味着创新将成为未来安徽经济发展的第一动力，而创新型企业则是推进创新型试点省份建设、综合性国家科学中心建设的关键支撑。之后，随着一系列人才发展战略的实施以及安徽省竞争力的增强，人才开始不断向安徽省流入。作为省会城市的合肥对人才吸引力度更加明显。当前，安徽省人才流动已经发生了明显的变化，白皮书根据2018年安徽省人才流入数据分析显示，在合肥市求职者范围内，除去合肥市户籍人口外，上海、南京、北京来合肥求职人数位居前三，仅上海来肥人员占比达5.73%。从人才回流的具体数据抽样来看，从上海回流的大部分为皖籍人才，工作年限相对较长，成熟型人才占比较多。虽然安徽省人才流入依然以省内其他城市人才为主，但是从北京、上海、南京、江苏、浙江等一线城市回流的人才比例在不断加大。从总体来看，合肥市近几年突飞猛进的发展使之对人才的吸引力显著提升。

人才从上海、江苏、浙江等地回流并不意味着安徽省人力资本促进长三角高质量一体化发展的人力资本优势的消失，而是说明了安徽省整体的经济活力与潜力在不断提升，同时也说明政府出台一系列人才引进政策产生了一定效果。随着安徽省各区域人才新政的不断落实,人才回流趋势将更加明显。此外,为推动长三角更高质量一体化发展,2018年3月25日,上海、江苏、浙江、安徽在上海联合举办"长三角地区人才交流洽谈会暨2018届高校毕业生择业招聘会",并共同签署了《"三省一市"人才服务战略合作框架协议》。长三角各地区将合力"打通"长三角地区人才公共服务的"断头路",努力促进长三角各区域内人才的合理流动,在关于人才培养、流动等方面的政策、措施方面进行深入的交流借鉴。之后,长三角地区人才流动及社会保障的跨区域服务得到了明显的改进和提升。2009年,长三角人社合作专题组确立,进一步推进了长三角区域的人才交流与合作。2018年,上海作为轮值方,带领江苏、浙江、安徽三省确立了15项新的合作事项,将通过推进人才互认共享、社会保障互联互通、劳动关系等,共同促进长三角地区人力资源的有效流动和优化配置,提升公共服务便利化水平。在合作共享方面,针对外籍人员可就近办理工作许可证,通过建立信息共享机制,轻松实现与其他地区进行信息交流互通。此外,通过建立"长三角就业信息"服务平台,联合举办招聘会等方式促进长三角地区就业岗位共享与人才共享。整个"十三五"期间,安徽省坚持人才优先的原则,加大对各类人才尤其是高质量创新人才的培养力度。2020年第三季度末,我省技能人才总量达568.3万人,其中高技能人才157.2万人,较"十二五"末分别增长39.4%、41.2%。由此可见,安徽省人才的流出与流入,不仅加强了长三角各省市之间的交流与联系,同时也加速推动了长三角各区域人才互动共享的步伐,从而对推动长三角更高质量一体化发展产生重要影响。

综合以上分析可知,安徽省在融入长三角更高质量一体化发展中不仅具有明显的人口总量优势,而且在人口质量水平上也是名列前茅。

第三节 安徽人力资本发展的局限性

安徽省人力资本的发展在凸显其优势的同时,也存在一些明显的局限性,主要表现在以下几个方面。

一、未来人口增长动力不足

目前国家在开放"二胎"政策的同时,进一步启动"三胎"生育政策,并给予三胎家庭一定的补贴和支持。但是,从目前政策实施的效果来看并不理想。2011—2020年,安徽省生育率呈现出明显的先上升后下降的趋势。如图4.5所示,2011—2018年,由于"二胎"政策的实施导致安徽省幼儿出生比率一路攀升,在2018年达到顶峰。此外,在2017年二孩出生家庭首次超过一孩,占比超过50%。2018年以后,受育龄妇女减少和生育意愿下降的影响,安徽省幼儿生育率出现明显的下降趋势。根据《2021年安徽省卫生健康事业发展统计公报》公开数据显示,

2021年,安徽省出生人口性别比为111.07%,男女比例进一步失衡,再加上生活压力的影响以及育儿成本的提升,未来一段时间,安徽省总体的生育意愿及育龄妇女的数量将进一步降低,这便意味着安徽省"人口红利"将不再存在。所以,在安徽省人口增长动力存在明显不足的情况下,如何继续发挥安徽省人口总量优势还有待进一步研讨。

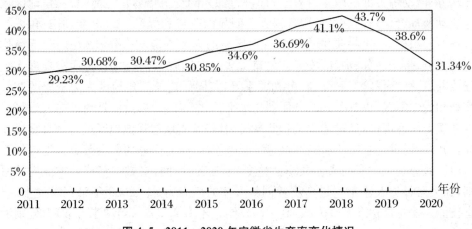

图4.5 2011—2020年安徽省生育率变化情况

二、跨省外出务工人员数量可能再次反弹

近几年,安徽省经济水平得到了一定的发展,劳动人口也出现回流现象。2020年安徽省外流人口净值达997万人,2021年上升到1000多万人次,人口回流现象再次反弹。新外出人员流向较多的仍为上海、江苏等发达省市。安徽省经济总量虽然处于中等水平,但是人口基数较大,阜阳市人口数已突破1000万,省会城市合肥市人口也达到九百多万,2021年上海市生产总值为4.32万亿元,人均生产总值为17.36万元,江苏省生产总值为11.64万亿元,人均生产总值为13.73万元,浙江省生产总值为7.35万亿元,人均生产总值为11.3万元,安徽省生产总值为4.3万亿元,人均生产总值为7.03万元。由此可见,安徽省经济总量与上海、江苏、浙江等地区差距明显,而人均GDP差异更大。

从地理位置来看,安徽省毗邻江苏、浙江、上海等经济发达省市,这些地区经济发展水平及收入水平远超出安徽各地区。收入的差异是引发安徽省人口外流的主要原因,调查数据显示,2020年上海人均城镇就业人员平均工资为124056元,浙江省、江苏省分别为108645元和103621元,而安徽省仅有85854元,均低于上海、江苏、浙江三个省市。此外,根据安徽省统计局以往发布的《安徽企业用工调查报告》显示,招工是当前大部分企业所面临的一个难题,而企业工资过低是其招工困难的主要原因。过高的消费水平以及过低的工资报酬使得安徽省有可能会再一次面临跨省外出务工人员数量增加的情况。

三、老龄化问题突出,劳动年龄人口比重下降

如图4.6所示,2011—2021年,安徽省65岁及以上年龄人口占比逐年上升,2011年65岁及以上年龄人口占比为11.41%,2020年上升到15.01%,2021年为15.44%,这也意味着从2020年开始,安徽省已正式进入到中度老龄化社会。从老年抚养比变化情况来看,2011—2021年,安徽省老年抚养比也呈上升趋势,2021年老年抚养比为23.43%,在全国31个省份中排名第九位。中度老龄化以及老年抚养比的不断攀升表明我省养老负担进一步加重,不仅会影响年轻人生育意愿的下降,同时还会阻碍整个地区经济社会的发展。

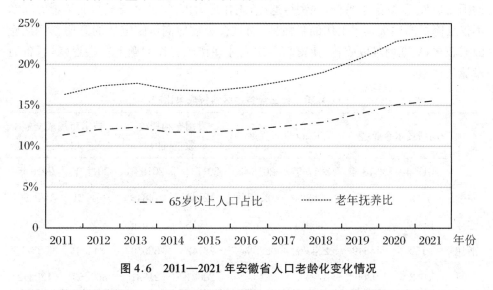

图4.6　2011—2021年安徽省人口老龄化变化情况

四、创新型人才匮乏,培养环境有待进一步改善

从上文可以看出,安徽省六类高层次人才数量在各省份中的排名虽然处于中上等,但是相较于北京、上海、江苏、浙江、广东等这些省份,差距仍然较大,尤其是高端创新人才匮乏问题比较突出,从而造成重大科研成果数量相对较少。如表4.10所示,2017—2018年,安徽省高新技术企业数量、R&D投入强度、发明专利数量以及市场技术成交额均低于上海、江苏、浙江三个地区。2018年,浙江省高新技术企业数量为安徽省的2.7倍,上海市R&D投入强度接近安徽省的2倍,江苏省专利授权数量超出安徽省的3倍之多,上海市市场技术成交额为安徽省的4倍。这一系列成果的落后,最终原因则归结为安徽省创新人才的匮乏。

此外,安徽省高层次人才培养在政策供给、资本投入方面相对不足,待遇福利不尽如人意,从而造成高层次人才整体培养环境较差。首先,高层次人才培养作为人力资本建设的重要一面,政府在其中扮演着重要的角色,而政府对人才培养的贡

献性主要体现在政策供给上。当前安徽省有关人才培养政策缺少具体实施的办法,大部分都聚焦在鼓励和倡导上。而且针对已经出台的人才培养政策,相关部门人员缺乏具体实施操作性和积极性,企业在后续人才培养上也缺乏相应的政策和配套措施,所谓的人才培养都只是一纸文书。其次,高层次人才培养需要资本的投入和科研项目的锻炼。从当前安徽省资本投入情况来看,相对较低。2018年安徽省研发费用占GDP的比重为2.16%,而上海、江苏、浙江等地分别达到了4.16%、2.6%和2.5%,与长三角其他地区差别较大,而作为高层次人才孵化器的高校和科研机构研发费用总支出还不到生产总值的20%,比上海和江苏两地低了近一半,研发费用投入不足导致很难留住高层次人才,这也是造成安徽省人才流失的关键因素。最后,薪酬水平低,福利待遇差,工作压力大,房价高及子女上学难等问题不仅会降低高层次人才工作的积极性,而且会影响他们留皖定居的意愿。不适应因素较多,短期内难以改善,使得高层次人才在留皖工作问题上产生迟疑,后备力量流失严重。

表4.10　长三角各地区科技成果比较

地区	高新技术企业(家)		R&D投入强度		发明专利授权数量(件)		技术市场成交额(亿元)	
	2017年	2018年	2017年	2018年	2017年	2018年	2017年	2018年
安徽	4310	5403	2.09%	2.1%	12440	14846	251.21	322.58
江苏	19912	—	2.63%	2.6%	41518	42019	872.92	322.58
浙江	9152	14649	2.45%	2.5%	28742	32550	344.4	629.1
上海	7642	9206	3.93%	4%	20681	21331	867.53	1303.2

数据来源:国家统计局网站,"—"代表数据缺失。

第四节　安徽打造长三角人力资本新热土的路径选择

基于以上对安徽省人力资本状况、人力资本优势以及人力资本发展的局限等方面的分析,提出应当从以下几个方面加大对安徽省人力资本的培养力度,从而进一步体现出安徽省人力资本优势,推动安徽省更好地融入到长三角更高质量一体化发展之中。

一、加大教育经费投入力度,改变传统教育方式

培养更多优秀的杰出人才是安徽省经济发展的基本要求,也是推动安徽省更

好地融入长三角高质量一体化发展的基本路径。要实现这一路径,政府首先要加大对教育经费的投入力度,增加政府教育经费的财政支出,为基础教育提供有力的保障,为广大青少年提供优质的教育环境和教学资源,从而培养出更多高水平、高素质的劳动力。2019年,安徽省教育经费总投入为1637.58亿元,而江苏省、浙江省2019年教育经费总投入均超过了2400亿元,高出46.56%。此外,在全国教育经费排名中,安徽省排名倒数第三,在教育经费投入如此靠后的情况下,安徽省政府及相关部门不仅没有增加教育经费的预算,反而在2020年进一步缩减了教育经费的投入(图4.7)。教育经费的投入是人力资本培育和积累的基础,也会支撑地区发展的长远性投资,因此,安徽省政府及相关部门应加大对基础性教育投入的重视程度,始终坚持教育优先发展的战略性决策,提高安徽省教育经费,尤其是高等教育及科研经费的投入,为人力资本培养提供坚实的物质基础保障。

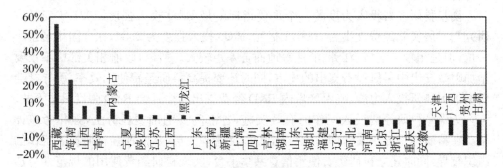

图 4.7　31 省份 2020 年教育经费投入增长率

此外,想要培养出更优秀的人才,就要摒弃传统的教学方式,创新教学方法和教学观念,以改革创新驱动教学教育发展。为此,一方面要加快传统教育机制体制改革,形成更具活力、更加有效的现代化教育机制体系。摒弃传统教育以知识灌输为主要目的的教学方式,创新教育教学方式,灵活教学方法,提高学生学习的积极性与主观能动性,提高学生的创新思维与基础理论知识的运用能力,从而培养真正符合社会实践需要的高素质人才。另一方面丰富和完善现有教学课程体系,除去原有的基础理论课程学习之外,应从小学教育开始,加设多样化的选修课程,让每位学生根据个人兴趣进行选择性学习,这样不仅能为学生提供更多的机会发展特长,同时对于孩子的创造性能力培养也具有重要意义。在高等教育方面应完善课程设置,增强学生学习自主权;加强课程建设与改革,建立支持和奖励机制,激励教师及时将最新科学成果、企业先进技术等转化为教学内容,多角度提升课程教学质量。

二、加大科研经费投入，通过加强考核手段助力科技型人才能力的培养

如果说教育经费投入是培养基础人才的保障，那么科研经费投入则是基础人才向高层次人才进阶的重要手段。高层次人才，尤其是创新型高层次人才是创造重大社会价值的中流砥柱，没有一定强度的科研经费投入作为支撑就难以为高层次人才培养提供锻炼的机会和环境。没有一定科研经费的投入，企业就难以建立研发机构、开展研发活动，也难以建立各类科创中心、技术研究中心等科创平台培育各类高技术人才。没有一定强度研发投入，高校各横向和纵向课题的研究就难以进行，没有科研经费就没办法培养科研人才，一些有能力有抱负的科研工作者也难以施展自己的才华。

衡量科研经费投入力度的一个重要指标就是R&D投入强度，2021年安徽省研究与发展实验经费支出为1006.1亿元，R&D投入强度为2.34，在全国排名第十一位，但是相较于上海、江苏、浙江等地而言差距较大。所以，政府相关部门不仅要增加财政支出中科研经费支出的比重，同时还要提高科研经费使用效率，引导社会资本加大科研投入力度，确保区域内R&D经费支出与全社会R&D强度只增不减。

为保障科研经费投入工作的有效实施，各部门要明确责任分工，强化考核评估。在科研经费的相关管理岗位，设定专业性管理人员，从而加强科研投入工作的组织领导，同时建立科研经费使用信息共享平台，实现科研经费使用的规范性与透明性。在考核评估上，把"两个只增不减"指标纳入政府科研经费投入效率考核的重要指标之一，对政府部门相关管理人员划清责任，做到重点工作落实到位，责任到人。企业R&D投入强度纳入到企业各类科研机构水平考核的重要指标，推动各行业R&D经费支出、R&D强度持续提升。

三、加大对高端创新人才的培养力度，提高全省科技创新能力

在推动经济社会发展的众多因素中，创新是第一动力，人才是首要资源，在众多人才建设中，高素质人才建设显得尤为重要。一支结构合理、规模庞大的高素质科技人才是推动科技创新发展，实现区域经济高质量发展的关键。当前，从六类高层次人才的区域分布情况来看，安徽省拥有六类高层次人才的总量与上海、江苏、浙江相比还比较靠后，因此政府在对人力资本的培养和建设过程中，要加强对高端创新人才的培养力度。突出高层次科创人才在科技创新中的主导地位，要加快建立和完善高层才人才培养机制，加大对高层次人才的引进力度。对此，一方面要发挥政府的主导地位，加强对高层次人才培养和引进的经费投入，鼓励和倡导社会资本的科研投入力度，从而为打造高层次人才聚集地提供扎实的物质基础保障。另一方面，要发挥市场的竞争与探索功能，建立完善的人才竞争机制，更好保护和激发创新人才团队的主动性和创造力，构建起以高端创新人才团队为核心，多层次人

才并用的创新生态共同体。

四、强化聚天下英才而用之战略思想,打造创新人才集聚高地

从以往安徽省人才流动的方向来看,大部分人才都流向了省外,更多地表现为"孔雀东南飞"。所以,安徽省要想集聚更多的高端人才,不仅要加大对高端人才的培养力度,同时还要将省外的人才吸引过来,将"我为他用"的人才发展现状转化为"他为我用"的人才发展目标。为此,一方面可提高对高端人才的福利报酬。事实证明物质奖励是吸引和留住科研人员的重要保障,因此可以通过提高对科研人员的工资报酬及物质奖励来吸引更多的科研人员流入本地区。此外,科研人员往往具有高度的责任心和工作意识,所以提供一个良好的工作环境也有利于留住并激发他们更加努力地工作。另一方面,安徽省可与沪苏浙一市二省积极探索创新引进人才方式,探索推进"研发飞地"和"人才飞地"建设。实施引进人才计划,建平台、立项目,把更多资源投入到"人"身上,加大科技人才的引进、培养、使用、激励力度。以股权或债权投资方式扶持一批科技人才团队在皖创新创业。积极实施省级引进境外人才项目,加大引进国外高端人才的力度,从而打造出真正的创新人才集聚高地。

本章从安徽省人力资本状况、人力资本优势、人力资本发展局限以及路径选择等方面对安徽省融入长三角高质量一体化发展的优势与不足进行了分析,整体来说,安徽省在人力资本总量和人力资本质量上均具有一定的优势,科教资源、创新资源丰富。但是安徽省并没有很好地发挥自身的人力资本优势,在人才培养方面没有建立起完善的人才培养机制和人才成长环境,从而导致安徽省高层次人才数量不多,科研成果不够丰硕。受经济形势及收入水平差距的影响,安徽省人才回流有进一步反弹的迹象。据此建议安徽省应当进一步加大教育经费、科研经费的投入力度,并从高层次人才培养和引进两方面入手,打造高层次人才聚集高地。此外应提高居民收入水平,为就业者创造一个舒适宜居的生活环境,从而为长三角高质量发展开拓一片人力资本新热土。

第五章　安徽增添长三角金融服务新动能

作为现代经济的核心,金融是推动经济发展、促进科技创新、提升国民福祉的重要力量,而金融竞争力则成为支撑国家竞争力的关键要素之一。中国社会科学院世界经济与政治研究所发布了《全球金融竞争力报告2021》,对世界主要经济体的全球金融竞争力进行了评估。其结果显示,美国位居竞争力榜首,发展中经济体只有中国大陆进入全球前10,在全球金融竞争力排名世界第八位,以0.1分之差位于法国之后。在5个一级指标中,金融业竞争力是中国大陆与世界领先水平差距最小的,比排名第一的美国低16.2分。长三角区域一体化是""三省一市""高质量发展的制度性合作,是增强区域竞争力的必然要求,加快打破行政壁垒,深入推进一体化发展,不断增强长三角城市群的承载能力和全球资源配置能力,对于引领我国参与全球竞争、打造高质量发展样本、建设现代化经济体系具有重要意义[①]。金融是经济的血脉,金融活则经济活,如何推动长三角区域金融高质量一体化,提高金融配置效率,发挥金融服务经济的功能是亟待共同解决的问题。

随着长三角区域经济的高质量发展,金融业也紧随发展并保持着良好发展势头,对经济的贡献程度不断提高。近年来,安徽省以加入长三角一体化发展为契机,围绕"建机制""扩融资""增渠道"和"防风险"等四个方面,着力加强长三角区域合作,不断加大金融对长三角区域一体化的支持力度[②]。2010—2020年,安徽省金融业增加值从369.17亿元增加到2142.53亿元,金融产业集聚效应显现,占全省生产总值的比重保持上升态势。长三角区域金融合作逐步加深,但仍然存在发展不平衡与行政分割等问题,金融合作协调有待提高。安徽省相比于沪苏浙发展基础较为薄弱,要把握发展比较优势,借助长三角金融一体化契机,扬长避短,发挥地区金融资源潜力,是加快安徽融入长三角的重要路径。现有研究关于长三角一体化发展的讨论较为热烈,但对金融一体化建设特别是金融一体化建设中安徽金融发展问题的研究还不够充分和深入。本章将紧密结合长三角一体化战略的实施背

---

① 黄征学.奋力共绘长三角高质量一体化发展"工笔画"：《长江三角洲区域一体化发展规划纲要》解读[J].旗帜,2020,13(1):75-76.
② 贺静.关于金融支持长三角高质量一体化的实践与思考[J].现代营销(经营版),2019(11):68-69.

景,在分析长三角金融发展情况的基础上,探讨安徽在长三角金融一体化进程中所面临的机遇和制约因素,借以提出加快融入长三角金融一体化发展的建议。

第一节 长三角金融一体化的动因及发展

学术界对金融一体化进行广泛而深刻的讨论,王军和付莎(2020)认为,金融一体化实质是指区域之间金融资本自由流动,金融活动彼此渗透、互相影响进而形成联动性整体,是金融深化在空间维度的体现[1]。王晓红(2010)认为,长三角金融一体化的根本目的是优化金融资源配置,促进资金跨区域融通[2]。孙丽霞和梁燕君(2011)认为,区域金融一体化是指区域内各地区间的金融活动相互渗透、相互影响而形成一个联动整体的发展态势,蕴涵着各地区金融资源差异符合资源流动和金融效率实现帕累托改进的资源优化配置的要求,体现了金融资源与相关产业经济在空间和时间上的互动发展[3]。关于研究金融一体化相关理论大都以金融资本自由流动、金融活动相互渗透等角度阐述,且研究领域较为深入。

本书所指的金融一体化即指金融活动相互渗透、相互融合,贯穿发展整体,以差异化发展促进经济融合,增强发展协同性,并不断开拓区域发展空间,最终实现金融一体化。高质量的长三角金融一体化既是长三角一体化的重要组成部分,更是服务长三角一体化高质量发展,促进金融、科技和产业有机融合的必然要求[4]。推进长三角金融一体化,让区域内金融资源得到有效配置,消除流动壁垒,实现金融要素自由流动,落实金融服务于实体经济发展,促进金融内涵式发展,强化各省市分工合作,促进长三角经济高质量发展,提升长三角整体竞争力。

一、长三角金融一体化的动因

金融发展初始差异包括区域内金融资源禀赋、配置效率和金融发展等,并以所产生的金融发展梯度差异为动因不断促使区域金融一体化发展。在金融地理学角度上,金融资源在区域空间分布中显现为非均等性和不连贯性,从而推动金融资源在区域内发生流动和联系,在金融发展梯度差异作用下,金融资源由低效率到高效率地区,在地区间产生金融资源流动,区域内由点及面而紧密连接进而形成一体化的空间格局,在差异中形成金融产业互补,最终形成区域金融一体化。

金融发展梯度差异内在调整着金融产业结构,促进各区域间协调发展,促使区域金融产业相关联,加强区域金融合作,在更大流动领域形成金融产业规模效应,

---

[1] 王军,付莎.金融一体化与城市群经济协调发展[J].财经科学,2020(10):80-92.
[2] 王晓红.推进长三角金融一体化的探讨[J].现代金融,2010(11):28-29.
[3] 孙丽霞,梁燕君.珠三角区域金融一体化发展探讨[J].南方金融,2011(5):81-83.
[4] 黄国平,方龙,徐玄.高质量发展下长三角金融一体化研究[J].宏观经济管理,2020(10):48-55,71.

进而深化区域内分工协作,区域间以金融合作为主要抓手,在合作中形成紧密联系,发挥各地区金融领域比较优势,产业互补,编织紧密金融合作网,增强区域内金融资本自由流动性,为金融发展较为落后地区提供多途径金融供给渠道,降低金融融资成本,带动金融发展,增加投资机会,激发经济发展活力,通过不断帕累托改进,最终实现帕累托最优,推动统一金融市场的形成,即在金融协同发展、金融监管等方面达成一致,突破区域内行政壁垒和限制因素,实现金融资源自由流动的一体化。

二、长三角金融一体化的现实需要

长三角区域一体化的实践探索逐渐由浅入深到深层次一体化改革阶段。从20世纪80年代开始,长三角区域为破解计划经济体制对经济的束缚,采取以特定行业为突破口进行横向经济合作,但在行政壁垒、发展水平差异、弱协调机制的限制下,长三角区域经济合作未能够达到预期效果。到2001年中国加入WTO,外商投资大幅增加,为更好地适应国际竞争,把握新的机遇,客观要求区域间合作更加紧密,长三角一体化进程也迈入新的台阶,区域间合作从以特定行业为主的纵向经济合作到跨行政区的横向经济联系,区域间制度化合作也逐渐定型,走向了经济一体化的高级阶段。

(一)经济稳定增长为区域金融一体化纵深发展提供有力经济环境

从经济总量上看,近几年长三角区域"三省一市"经济增速稳定上升,经济总量保持增长态势(图5.1)。2020年,长三角区域经济总量达到244713.8亿元,占全国GDP总量的24.25%,是经济发展的重要增长极,区域内整体经济发展速度快,经济高质量发展,经济腹地广,对拉动中西部地区发展具有极大的带动作用,深入推进长三角一体化对引领全国高质量经济发展具有关键作用,是构建国内大循环的重要支撑力量,而金融作为经济发展的核心要素就要发挥更加重要的作用,为构建双循环的新发展格局提供重要支撑力量,长三角经济的快速发展内在催生着金融快速发展,达到经济与金融有效匹配,实现相互促进作用,推动区域金融一体化纵深发展,积极探索区域协同发展新路径。长三角区域整体经济实力与社会发展水平的不断提升,为区域金融一体化与金融市场本身的发展提供了有利的经济环境。

(二)经济协同发展为加速推动区域金融一体化奠定经济基础

从区域内经济发展来看,长三角一体化发展战略成果显著,2021年长三角区域一季度经济增长势头强劲,一体化向纵深方向发展,是带动国内经济复苏的重要引擎。其中,上海经济发达,2015年至2020年人均可支配收入从49867元上升到72232元,国际化程度高,外资企业众多,科技发达,高新技术产品出口占比达40%

以上;江苏省 GDP 总量突破 10 万亿元,制造业强劲,科研创新实力强,GDP 增速保持稳定增长,综合实力进一步提升;浙江省民营经济发展活力不断显现,高新技术发展势头好,新业态蓬勃发展,战略性新兴产业增速较快,发展质量稳步提高;安徽省科技创新能力显著提升,科创能力攀升至全国第一方阵,GDP 总量从 22005.6 亿元上升至 38680.6 亿元,综合实力不断增强,现阶段全年生产总值和人均可支配收入与沪苏浙仍存在一定的差距,但是近年来安徽省经济保持稳健增长态势,由此反映出安徽省在长三角一体化的发展过程中仍具备较大的发展潜力和增长空间,经济发展后发优势明显。总体来看,区域经济协同性发展不断增强,一体化改革不断推进,经济发展活跃,总体上经济发展水平不断提高,经济差距逐渐缩小,人均可支配收入逐年增加(表 5.1)。因此长三角经济协同发展为金融一体化发展奠定经济基础,不断缩小经济发展差距,实现更高水平的一体化发展。

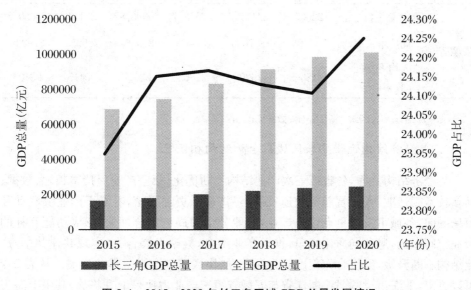

图 5.1　2015—2020 年长三角区域 GDP 总量发展情况

数据来源:上海市、江苏省、浙江省与安徽省统计局。

表 5.1　2015—2020 年长三角区域经济发展情况

省市		2015	2016	2017	2018	2019	2020
上海市	GDP 总量(亿元)	24964.99	27466.15	30133.86	32679.87	38155.32	38700.58
	同比增长率	6.90%	6.80%	6.90%	6.60%	6%	1.70%
	人均可支配收入(元)	49867	54305	58988	64183	69442	72232

续表

省市		2015	2016	2017	2018	2019	2020
江苏省	GDP总量(亿元)	70116.4	76086.2	85900.9	92595.4	99631.5	102719
	同比增长率	8.50%	7.80%	7.20%	6.70%	6.10%	3.70%
	人均可支配收入(元)	29539	32070	35024	38096	41400	43390
浙江省	GDP总量(亿元)	42886	46485	51768	56197	62352	64613
	同比增长率	8.00%	7.50%	7.80%	7.10%	6.80%	3.60%
	人均可支配收入(元)	35537	38529	42046	45840	49899	52397
安徽省	GDP总量(亿元)	22005.6	24117.9	27518.7	30006.82	37114	38680.6
	同比增长率	8.70%	8.70%	8.50%	8.02%	7.50%	3.90%
	人均可支配收入(元)	18363	19998	21863	23849	26415	28103

数据来源：上海市、江苏省、浙江省与安徽省统计局网。

（三）经济结构优化要求区域内金融结构相匹配

在经济结构方面，各省市三次产业结构不断优化，第三产业保持增长，大数据、高新技术制造业、人工智能等快速发展，经济联系更加紧密，着眼于产业链联动和市场导向，各城市发展重点优势产业，产业分工布局更加合理化，形成功能互补的产业空间布局，避免同质化竞争，推动产业融合，凝聚发展合力，实现共建共享，产业结构不断升级，经济合作程度更为深入，加快区域内金融一体化发展。从表5.2可以看出，上海市、江苏省、浙江省与安徽省第三产业占比呈上升趋势，其中上海市第一产业占比仅为0.3%，区域内产业结构转型不断升级，经济发展总体稳定向好，长三角区域内产业实现较好的互补关系，经济一体化程度进一步加深。总之，长三角区域内经济结构的内在调整客观要求着资金需求量的增多，由此金融深入发展也势在必行。

表5.2 2015—2020年长三角"三省一市"三次产业比重构成

省市	产业	2015	2016	2017	2018	2019	2020
上海市	第一产业	0.4%	0.4%	0.4%	0.3%	0.3%	0.3%
	第二产业	31.3%	28.7%	28.9%	28.8%	27%	26.6%
	第三产业	68.3%	70.9%	70.7%	70.9%	72.7%	73.1%

续表

省市	产业	2015	2016	2017	2018	2019	2020
江苏省	第一产业	5.6%	5.2%	4.7%	4.4%	4.3%	4.4%
	第二产业	46.8%	45.3%	45.6%	45.2%	44.4%	43.1%
	第三产业	47.6%	49.5%	49.7%	49.7%	51.3%	52.5%
浙江省	第一产业	4.1%	4%	3.7%	3.4%	3.4%	3.3%
	第二产业	47.4%	45.6%	44.4%	43.6%	42.6%	40.9%
	第三产业	48.6%	50.3%	51.9%	53%	54%	55.8%
安徽省	第一产业	11.1%	10.6%	9.6%	8.8%	7.9%	8.2%
	第二产业	49.8%	48.1%	47.5%	46.1%	41.3%	40.5%
	第三产业	39.1%	41.3%	42.9%	45.1%	50.8%	51.3%

数据来源：各省市统计年鉴。

三、长三角区域金融一体化发展情况

（一）长三角区域金融发展整体态势较好

长三角区域金融发展整体态势较好（表5.3），金融业总量增长较快，金融集聚效应显现，占GDP比重逐年增加，金融业在长三角区域的重要性逐渐上升，合肥、无锡等城市金融发展速度较快，对经济发展的带动作用增强。长三角区域金融业发展在我国占重要地位，上海市2021年金融市场交易额达2511.07万亿元，在上海证券市场上市证券有26989只，并且长三角区域内上市公司数逐年增加，上市公司总数达1200家以上并占全国上市公司三成以上，新增科创板企业相对全国其他地区较多，科创板企业进一步集聚，促进长三角科研产业发展，发展潜力进一步增强，经济发展进一步集中。保险业稳定发展，保费收入也保持较快增长态势，保险的保障功能不断提升，为服务实体经济提供坚强保障；金融信贷规模扩大，本外币存贷款余额总量较大，社会融资规模增长速度也较快，金融对实体经济的支撑力度进一步增强。长三角金融一体化发展也成为激发长三角经济高质量发展的重要推动力。

（二）长三角金融发展水平区域间差距较大

长三角区域金融发展水平总体上有着较大提升，但是在区域间仍有较大金融发展差异。下面从金融集聚程度为切入点，了解上海市、江苏省、浙江省和安徽省的金融集聚程度，反映区域间金融发展差异，进一步明确金融产业发展情况，故选取区位熵反映区域间金融集聚差异,基于此,进一步优化长三角区域金融产业发展布局。区位熵是用以测量产业集中率的重要指标,具体测量为某地区特定行业占该地区所有产业总产值比重,与全国范围内该行业产值与全国所有产业总产值比重之间的比率,通过比率分析不同地区之间产业差异,故以此衡量地区产业集聚水平,反映地区行业生产结构与竞争力。区位熵计算公式为

$$LQ_{ij} = (q_{ij}/q_j)/(q_i/q)$$

其中,q_{ij} 表示 j 地区 i 行业产值,q_j 表示 j 地区所有产业总产值,q_i 表示全国范围内 i 行业产值,q 为全国所有产业总产值。当计算公式中 $LQ_{ij}>1$ 时,则可以衡量出 j 地区产业具有较强竞争力;当 $LQ_{ij}<1$ 时,则反映出 j 地区产业存在不足之处。

表 5.3 2019—2020 年"三省一市"金融发展情况

年份	省市	金融业总量(亿元)	金融业总量/GDP	上市公司数量(家)	社会融资规模(亿元)	保费收入(亿元)	本外币各项存款余额(亿元)	本外币各项贷款余额(亿元)
2019年	上海市	6600.6	17.3%	303	8640.1	1720.01	132820.27	79843.01
	江苏省	7529.61	7.6%	428	24000	3750.2	157139.72	135139.67
	浙江省	5004.37	8.1%	458	22161.8	2627	131299	121751
	安徽省	2345.64	6.3%	105	7255.4	1348.7	54377.9	44289.3
2020年	上海市	7166.26	18.52%	343	10915.5	1864.99	155865.06	84643.04
	江苏省	8405.79	8.18%	482	34000	4015.1	178000	157000
	浙江省	5590.06	8.65%	517	32000	2867.7	152000	144000
	安徽省	2553.9	6.60%	126	9251.2	1403.5	60500	52100

数据来源:2019 年及 2020 年各省市区域金融运行报告。

本书选取 2004—2019 年长三角地区各省市金融业增加值与地区生产总值、同期全国金融业增加值与全国生产总值,进而得出金融集聚区位熵,反映出长三角区域各省市金融业集聚程度,结果见表 5.4。

表 5.4 金融产业集聚区位熵

年份	安徽	江苏	浙江	上海
2004	0.45	0.73	1.09	1.81
2005	0.54	0.68	1.26	1.76
2006	0.55	0.68	1.25	1.66

续表

年份	安徽	江苏	浙江	上海
2007	0.51	0.72	1.18	1.65
2008	0.58	0.73	1.33	1.68
2009	0.53	0.74	1.28	1.81
2010	0.48	0.81	1.29	1.72
2011	0.49	0.82	1.27	1.76
2012	0.51	0.86	1.20	1.73
2013	0.63	0.92	1.06	1.71
2014	0.64	0.95	0.97	1.83
2015	0.63	0.84	0.83	1.85
2016	0.68	0.89	0.85	1.95
2017	0.73	0.93	0.92	2.08
2018	0.82	0.95	1.01	2.12
2019	0.82	0.97	1.01	2.22

上海市作为长三角发展龙头，金融资源富集，多家外资金融机构在沪投资，国际金融中心建设也迈向新征程，金融改革深入推进，金融集聚水平一直处于增长趋势。近年来金融集聚区位熵大于2，金融集聚程度对比江苏省、浙江省和安徽省具有极大优势，在长三角区域内金融发展水平处于领先地位，在表5.5中也可以看出上海主要金融市场成交额呈现逐年增长的态势，金融市场稳步发展，积极推出多项重要金融产品，不断创新金融服务。

表5.5 2017—2019年上海市主要金融市场成交额

指标	2017年	2018年	2019年
上海证券交易所成交额	3063862.43	2646248.8	2834818.77
上海期货交易所成交额	899310.35	942800.6	1125219.99
中国金融期货交易所成交额	245921.99	261222.97	696210.17
银行间市场成交额	9977729.01	12628336.81	14543054.67
上海黄金交易所成交额	97608.46	106587.7	143775.38

数据来源：根据公开数据整理计算得到。

江苏省经济发展基础好，居民收入增长稳定，存贷款增速较快，民营经济发展活跃，创新动力强劲，先进制造业增长较快，外商及港澳台商企业投资不断增长，金融产业也不断发展以满足对经济的需求，金融集聚水平整体走势也趋于上升，金融产业逐渐走向集聚；浙江省不断激发市场主体活力，高新技术产业、战略性新兴产业和数字经济等发展迅速,创新创业持续发力,企业数增长较快,金融资源不断涌入,金融集聚区位熵大于1,金融产业具有较强的竞争优势,也较为集聚;安徽省经济基础较为薄弱,金融总量较小,民营经济有待发展,城镇化水平较低,省内各市经济发展差距较大,发展潜力也有待释放,影响经济进一步发展,金融机构数量也相对较少,金融产业相对于沪苏浙呈现落后态势,位居长三角区域末位,导致金融集聚程度较低,但安徽省金融集聚区位熵基本保持逐年增长势头,从2004年的0.45到2019年的0.82,说明金融业也处于发展阶段。因此,安徽省要着力发展金融产业,加强与上海、江苏和浙江的金融交流,以期带动省内经济发展,更好更快地融入长三角。

在银行业金融机构数量分布中(表5.6),长三角区域内银行业分布不均衡,上海金融发展处于领先地位,其中上海市外资银行数量达211家,远超苏浙皖外资银行总数之和,反映出上海市金融国际化程度高,金融资源集聚;江苏、浙江迅速发展,处于居中地位,股份制商业银行、城市商业银行总数多,其中浙江省城市商业银行达1891家,经济发展活跃,对经济发展的支持力度大;安徽金融水平差距较大,基础较为薄弱,外资银行仅为5家,股份制商业银行和城市商业银行也较少,经济发展潜力有待提升,要增强金融对经济的支撑力量,基于此,安徽省需加强区域银行业金融机构合作,完善金融体系建设,为经济发展提供持续动力,加快融入长三角区域金融一体化。

表5.6 2019年长三角区域银行业金融机构数量情况

银行业金融机构	上海市	江苏省	浙江省	安徽省
大型商业银行	1648	4992	3759	2449
国家开发银行和政策性银行	15	95	61	91
股份制商业银行	829	1182	1137	357
城市商业银行	465	987	1891	454
外资银行	211	78	29	5

数据来源:2019年各省市区域金融运行报告。

在证券业发展中(表5.7),总部设在上海的证券公司数、基金公司数和期货公司数均远超苏浙皖,在长三角证券业发展居龙头地位,证券国际化程度高,而安徽省证券业发展滞后,总部设在辖内的公司数较少,证券业有较大发展空间,证券市场活跃度也有待提高。在筹资方面,安徽省筹资规模稳步扩大,但相对于沪苏浙相比总量仍较小,要促进证券市场发展,以带动经济发展。总体来看,长三角区域间金融发展水平差异较大,其中安徽省金融发展较为滞后,远低于长三角发达省份。因此,安徽省既要利用好上海、江苏和浙江发达的金融水平带动自身发展这一外部条件,又要主动破解金融发展难题,营造良好的金融发展环境,加强区域金融合作,创新发展机制,从而提高区域金融集聚水平,带动经济发展,推进长三角区域金融一体化,更好地融入长三角一体化。

表 5.7　2019 年长三角区域证券业基本情况

项目	上海市	江苏省	浙江省	安徽省
总部设在辖内的证券公司数(家)	27	6	5	2
总部设在辖内的基金公司数(家)	57	0	3	0
总部设在辖内的期货公司数(家)	34	9	12	3
年末国内上市公司数(家)	308	428	458	105
当年国内股票(A 股)筹资(亿元)	391	520	1296	90
当年发行 H 股筹资(亿元)	9	116	—	0
当年国内债券筹资(亿元)	2726	2865		1534

数据来源:2019 年各省市区域金融运行报告。

第二节　金融发展区域差异测度及分析
——基于基尼系数视角

一、数据来源与研究方法

长三角地区具体划分为三省一市,分别是江苏省、浙江省、安徽省与上海市。其中江苏省包括了苏州、无锡、南京、扬州、盐城、南通等 13 个地级市;浙江省包括了杭州、金华、湖州、温州、嘉兴、丽水等 11 个地级市;安徽省包括了合肥、池州、铜陵、芜湖、淮南、黄山等 16 个地级市;上海市包括了徐汇、黄浦、嘉定、静安、杨浦、金山等 16 个地级区。

(一) 数据来源

本节数据来自 WIND 数据库和国家统计局,选取了年末户籍人口作为统计人口数,收集了 2000—2017 年长三角地区各县域相关数据,并结合金融机构年末贷款余额、GDP、人口基数等指标来衡量金融发展区域差异。另外,本书在计算各年份的基尼系数时,对有遗漏信息的数据进行了删减,被删减数据与整体相比很小,所以不会影响数据的完整性。

(二) 研究方法

本节主要利用岳昌君(2008)[①]中基尼系数的计算方法,通过以下公式计算长三角地区各县域金融发展水平的基尼系数:

$$G = 1 - \sum_{i=0}^{n-1}(X_{i+1} - X_i)(Y_i + Y_{i+1})$$

$$= \sum_{i=1}^{n-1} X_i Y_{i+1} - \sum_{i=1}^{n-1} X_{i+1} Y_i$$

其中,X_i 为累积人数比率,Y_i 为累积贷款比率。计算基尼系数的具体步骤如下:

(1) 将变量 Y_i 和 X_i 从小到大依次排序。
(2) 对 Y_i 和 X_i 分别求和。
(3) 求出 Y_i 与 X_i 的比值。
(4) 计算 Y_i 和 X_i 的累积比。
(5) 计算 $X_i Y_{i+1} - X_{i+1} Y_i$。
(6) 求得基尼系数。

二、计算结果分析

(一) 长三角地区金融发展基尼系数分析

根据基尼系数计算公式,本节对收集到的长三角地区各县域2000—2017年的相关指标进行计算,得出了长三角地区金融机构年末贷款基尼系数(表5.8)。

表5.8 长三角地区 2000—2017 年贷款基尼系数

年份	基尼系数	年份	基尼系数
2000	0.153	2009	0.185
2001	0.148	2010	0.190
2002	0.236	2011	0.185
2003	0.269	2012	0.185
2004	0.189	2013	0.189
2005	0.161	2014	0.193
2006	0.173	2015	0.185
2007	0.175	2016	0.181
2008	0.177	2017	0.183

表5.8和图5.2为2000—2017年长三角地区金融机构年末贷款基尼系数,从

[①] 岳昌君.我国教育发展的省际差距比较[J].华中师范大学学报(人文社会科学版),2008,47(1):122-126.

表中数据我们可以发现,长三角地区贷款基尼系数在 2000 年到 2003 年总体上呈现上升的趋势,并在 2003 年达到贷款基尼系数的一个最大值 0.269;2003 年至 2005 年贷款基尼系数小幅度下降,之后到 2010 年一直呈现上升的态势。而长三角地区贷款基尼系数在 2010 年至 2014 年出现了先下降后上升的趋势,从 2014 年之后大致上是一个下降趋势。通过比较表格中的数据,我们可以知道长三角地区贷款基尼系数大致上在 0.148 至 0.269 之间波动,且基本维持在 0.15 至 0.2 之间,从总体上看贷款基尼系数波动幅度不大。

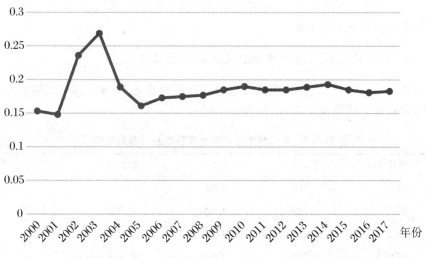

图 5.2　2000—2017 年长三角地区贷款基尼系数变化折线图

通过以上分析,我们可以通过计算基尼系数来反映长三角地区金融发展区域差异问题。计算结果显示,2000 年到 2003 年的贷款基尼系数呈现出上升趋势,说明了在这期间长三角地区的区域金融发展不平衡,存在严重的失衡问题。结合历史沿革和经济社会的发展情况来看,长三角地区的地理位置十分优越,沿江沿海的港口众多,水路交通都非常便利,土地面积广阔,农业发达,人口众多,我们知道 2000 年到 2003 年正处于 21 世纪的新发展时期,长三角地区充分运用自身的优势,在经济、社会事业和历史文化等方面都取得了突出成绩。随着改革开放的进一步深入和国际化程度的提高,长三角地区利用自身优势,经济发展迅速,市场占有率不断提高,规模不断扩大,第三产业尤其是国际贸易、金融等方面有了很大成就。但是由于产业结构不合理、区域资源不匹配等因素,加剧了长三角地区金融发展不平衡的问题。从 2003 年至 2017 年的数据中,我们可以发现 2003 年之后,长三角地区贷款基尼系数总体上是有所下降的,说明长三角地区金融发展水平不平衡的问题有所缓解,结合当时经济社会的发展状况来看,原因有多方面。2006 年提出了要不断深化金融体制改革,贯彻实行稳健的货币政策,不断推进国有银行的股份制改革,维护我国金融业的稳定。2013 年提出了"一带一路"倡议,用创新的合作模式,共建丝绸之路经济带,长三角地区作为丝绸文化的中心之一,利用自身的丝绸文化,加强与其他地区的贸易往来与合作,辐射带动区域金融的长远发展。2014年提出了经济新常态,强调要保持经济结构的平稳增长。通过不断优化产业结构,促进产品转型升级,节约社会资源,降低生产成本,保持适宜的经济增长速度,使得我国经济运行在一个合理的区间范围内。2015年提出了要推进供给侧结构性改革,不断扩大需求,使得产品的供给与需求之间达到一个平衡状态,改善供给体系的质量,从而为我国经济的稳定增长提供内生动力,加快推进经济发展方式的转型升级。以上这些不但促进长三角地区金融的发展和文化的繁荣,而且进一步缩小了地区的金融发展水平差距。

(二)长三角地区三省一市金融发展基尼系数分析

根据基尼系数计算公式,我们可以分别计算出江苏省、浙江省、安徽省和上海市金融机构年末贷款基尼系数,如表5.9所示。

表5.9 长三角地区三省一市贷款基尼系数比较

年份	江苏省	浙江省	安徽省	上海市
2000	0.156	0.030	0.095	
2001	0.157	0.030	0.095	
2002	0.288	0.033	0.103	
2003	0.330	0.029	0.109	
2004	0.160	0.009	0.110	
2005	0.163	0.029	0.160	
2006	0.188	0.044	0.194	
2007	0.184	0.043	0.199	
2008	0.177	0.039	0.233	
2009	0.169	0.033	0.253	0.035
2010	0.172	0.028	0.275	0.050
2011	0.171	0.028	0.277	0.061
2012	0.174	0.032	0.282	0.072
2013	0.242	0.029	0.259	0.104
2014	0.198	0.017	0.276	0.084
2015	0.197	0.005	0.243	0.082
2016	0.193	0.004	0.230	0.054
2017	0.191	0.015	0.208	0.078

注:因2000—2008年上海市贷款数据的缺失,对2000—2008年的贷款基尼系数没有进行计算。

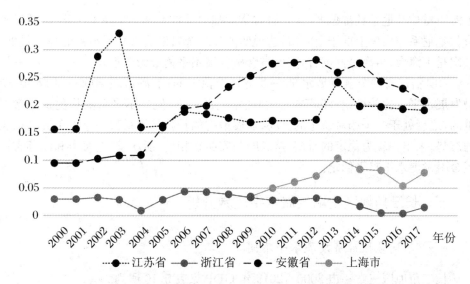

图 5.3 长三角地区三省一市贷款基尼系数比较折线图

由表 5.9 和图 5.3 我们可以发现,三省一市的贷款基尼系数是不相同的,这说明三省一市的金融发展水平是有差距的。根据图表中的数据,江苏省的贷款基尼系数整体上呈现出先上升后下降、再上升后下降的趋势,贷款基尼系数整体波动幅度较大,期间出现了两个较为明显的峰值:一个是 2003 年贷款基尼系数为 0.330,另一个是 2013 年贷款基尼系数为 0.242,且 2004 年之后,江苏省的贷款基尼系数基本维持在 0.15 至 0.2 之间的水平,后期波动幅度较小,基尼系数趋于稳定。浙江省的贷款基尼系数与其他两省相比较小,在 0 至 0.05 之间波动徘徊,趋于稳定的态势。安徽省的贷款基尼系数大致上呈现上升的趋势,基本在 0.1 至 0.3 之间,波动幅度较大。上海市的贷款基尼系数大致上是一个先上升后下降的趋势,在 0.05 至 0.1 之间波动,趋于相对稳定的区间。根据图 5.3,我们可以看出,在 2006 年之前,江苏省的贷款基尼系数高于安徽省,2006 年之后,安徽省的贷款基尼系数高于江苏省,而浙江省和上海市的贷款基尼系数一直低于其他两省。江苏省贷款基尼系数的最大值出现在 2003 年,为 0.330,且 2004 年之后,基尼系数基本维持在 0.15 至 0.2 之间的水平,后期波动幅度较小,基尼系数趋于稳定;浙江省贷款基尼系数最大值出现在 2006 年,为 0.044,基尼系数整体一直趋于稳定;安徽省贷款基尼系数的最大值出现在 2012 年,为 0.282,期间波动较大。上海市贷款基尼系数最大值出现在 2013 年,为 0.104,整体波动幅度比较小。因此,安徽省金融发展水平不平衡的问题最严重,其次是江苏省,接着是上海市,最后是浙江省。

通过以上分析,我们得出了下面三点结论:

(1) 三省一市虽然都同属于长三角地区,但三省一市的经济发展水平、地理位置、资源优势等方面都有不同,区域金融发展水平具有明显差距。

(2) 通过分析,我们可以看出江苏省和安徽省贷款基尼系数都偏高,浙江省和上海市贷款基尼系数都偏低,而安徽省贷款基尼系数大体上又高于江苏省,浙江省贷款基尼系数大体上低于上海市,这说明浙江省金融发展水平不平衡的程度最低,其次是上海市,再次是江苏省,安徽省金融发展不平衡最为严重。

(3) 浙江省的金融发展水平一直是趋于稳定的;上海市在2009—2017年,金融发展水平也比较稳定;江苏省在2004年之前,金融发展不平衡的状况是非常严重的,之后处于一个相对稳定的区间;而安徽省的贷款基尼系数一直处于波动增长的态势,未出现较为稳定的时期,这表明与安徽省相比,浙江省、上海市和江苏省区域金融发展水平趋于稳定。

三、长三角地区金融发展水平差异分析

(一)不同地区经济发展水平不同

长三角地区三省一市2000—2019年GDP见表5.10所列。

表5.10 长三角地区三省一市2000—2019年GDP

(单位:亿元)

年份	江苏省	浙江省	安徽省	上海市
2000	8553.7	6164.8	3125.3	4812.2
2001	9456.8	6927.7	3502.8	5257.7
2002	10606.9	8040.7	3827.7	5795.0
2003	12442.9	9753.4	4307.8	6804.0
2004	14823.1	11482.1	5129.1	8101.6
2005	18121.3	13028.3	5675.9	9197.1
2006	21240.8	15302.7	6500.3	10598.9
2007	25988.4	18640.0	7941.6	12878.7
2008	30945.5	21284.6	9517.7	14536.9
2009	34471.7	22833.7	10864.7	15742.4
2010	41383.9	27399.9	13249.8	17915.4
2011	48839.2	31854.8	16284.9	20009.7
2012	53701.9	34382.4	18341.7	21305.6
2013	59349.4	37334.6	20584.0	23204.1
2014	64830.5	40023.5	22519.7	25269.8
2015	71255.9	43507.7	23831.2	26887.0
2016	77350.9	47254.0	26307.7	29887.0
2017	85869.8	52403.1	29676.2	32925.0
2018	93207.6	58002.8	34010.9	36011.8
2019	98656.8	62462.0	36845.5	37987.6

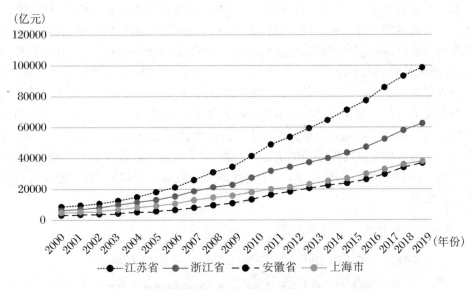

图 5.4 长三角地区三省一市 2000—2019 年 GDP 比较折线图

以上数据来自国家统计局网站,根据表 5.10 及图 5.4,我们可以看出长三角地区三省一市的 GDP 数值在 2000—2019 年一直处于增长的趋势,经济发展状况总体上是一个向上的趋势。从 GDP 总量来看,我们发现,苏浙沪皖的 GDP 数值存在差异,江苏省的 GDP 数值一直处于领先的水平,接着是浙江省,然后是上海市,最后是安徽省。从 GDP 的增长幅度来看,三省一市也是有明显差别的,江苏省的增长幅度是最大的,它从 2000 年的 8553.7 亿元增长到 2019 年的 98656.8 亿元,GDP 数值增长了 11.5 倍左右,可见江苏省的经济增长速度之快。浙江省 GDP 数值的增长幅度也是偏高的,由 2000 年的 6164.8 亿元增长到 2019 年 62462.0 亿元,GDP 数值增长了将近 10 倍,可见浙江省的经济发展是很有前景的。上海市 GDP 数值从 2000 年的 4812.2 亿元增长到 2019 年的 37987.6 亿元,GDP 数值增长了 8 倍左右,说明上海市的经济发展水平是稳步上升的态势。安徽省 GDP 数值由 2000 年的 3125.3 亿元增长到 2019 年的 36845.5 亿元,GDP 数值增长了 12 倍左右,在三省一市中增长是最快的,但安徽省的 GDP 数值是最低的,可见安徽省的经济发展水平是低于苏浙沪地区的。长三角地区作为全国创新发展的排头兵,聚集了大批具有科研实力的企业、院校和人才,依托南京、杭州、合肥、上海等中心城市,吸引外资企业纷纷投资建厂。2013 年我国提出了"一带一路"倡议,其目的就是在古代丝绸之路的基础上,充分运用它深厚的文化底蕴,积极地与周边地区开展经济贸易上的交流往来,形成文化与经济互相融合的局面。长三角地区充分利用"一带一路"的辐射带动作用,将一些新兴产业和产品向其转移,促进产业结构的优化升级,发展对外贸易,从而带动整个长三角地区 GDP 数值的快速上升。

对于一个地区来说,GDP 数值越高,则该地区经济发展水平就越高,区域金融发展水平也会偏高,会影响该地区的人口数量、交通状况和社会事业等诸多方面。在长三角地区的三省一市中,江苏省、浙江省、上海市的 GDP 数值都偏高,基础设施更为完善,科研实力更强,作为临海省份,水路交通都十分便捷,对外开放程度很高,金融区域发展水平也偏高。尤其是上海市,它作为我国国际化的金融大都市,金融发展程度非常高,有着不同类型的金融单位,包括证券交易所、黄金交易所以及期货交易所等。而安徽省相比而言,GDP 数值偏低,科研实力还较弱一些,因此区域金融发展水平也偏低。通过对以上数据的分析,我们得出以下结论:经济发展水平是影响区域金融发展差距的决定性因素,一个地区的经济发展水平越高,则该地区的金融发展程度越高;反之,一个地区的经济发展水平越低,则该地区的金融发展程度越低。

(二)不同地区人口基数不同

长三角地区三省一市 2000—2019 年人口数见表 5.11 所列。

表 5.11　长三角地区三省一市 2000—2019 年人口数

(单位:万人)

年份	江苏省	浙江省	安徽省	上海市
2000	7327	4680	6093	1609
2001	7359	4729	6128	1668
2002	7406	4776	6144	1713
2003	7458	4857	6163	1766
2004	7523	4925	6228	1835
2005	7588	4991	6120	1890
2006	7656	5072	6110	1964
2007	7723	5155	6118	2064
2008	7762	5212	6135	2141
2009	7810	5276	6131	2210
2010	7869	5447	5957	2303
2011	7899	5463	5968	2347
2012	7920	5477	5988	2380
2013	7939	5498	6030	2415
2014	7960	5508	6083	2426
2015	7976	5539	6144	2415
2016	7999	5590	6196	2420
2017	8029	5657	6255	2418
2018	8051	5737	6324	2424
2019	8070	5850	6366	2428

长三角地区主要处于亚热带季风气候,气候环境舒适宜人,河川纵横,农业发

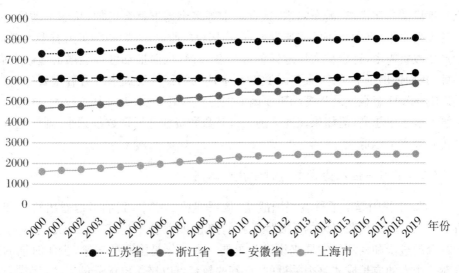

图 5.5　长三角地区三省一市 2000—2019 年人口比较折线图

达,人口稠密,城市众多。截至 2019 年底,长三角地区的人口总量达到了 2.27 亿人,在我国 14 亿左右的人口中,它的人口占比达到了 16% 左右,可见它的人口基数是非常大的。通过图表中的数据,我们可以发现苏浙沪皖 2000 年到 2019 年人口数大体上呈现上升的趋势,增速较快的是浙江省,接着是上海市,然后是江苏省,三省一市中安徽省人口增速最慢(图 5.5)。我们还发现江苏省的人口数量始终大于安徽省,安徽省的人口数量始终大于浙江省,而浙江省的人口数量始终大于上海市。通过观察"三省一市"的人口数量,我们可以知道江苏省、浙江省和上海市的人口数量基本处于增长的趋势,而安徽省的人口数量则在 2004 年和 2008 年之后都出现了明显下降的趋势,通过分析我们发现,人口数量的减少可能是由于该年份安徽省人口死亡率高于人口出生率,或者城市化进程导致人口向其他城市迁徙。在 2010 年之后,安徽省人口总数比较稳定,人口基数小于江苏省,大于浙江省和上海市。江苏省、浙江省和上海市的人口总数大体上是增加的,且江苏省人口数量不断创新高,2017 年人口超过 8000 万人,在 2019 年浙江省人口数量达到了它目前的最大值,为 5850 万人,但与浙江省和上海市比较而言,江苏省和安徽省的人口基数略高,其中江苏省的人口基数最高。

结合之前对长三角地区三省一市贷款基尼系数的计算,我们可以发现江苏省人口基数最高,但江苏省的贷款基尼系数偏高;而浙江省的人口基数偏低,其贷款基尼系数最低;安徽省的人口基数偏高,其贷款基尼系数最高;上海市的人口基数偏低,其贷款基尼系数也偏低。这也大致表明人口基数的大小与贷款基尼系数的大小在一定程度上是有关系的。对于一个地区经济发展来说,人口基数并不起着决定性的作用,但它作为重要因素之一,在很大程度上会对该地区的经济发展产生很大影响。不同地区在地理位置、经济发展状况、自然资源、文化生活、交通状况等方面会有所不同,其人口数量就会有很大差别。如果一个地区的人口基数很大,那么该地区的住房需求、购车需求、饮食需求等多个需求就会增加,从而带动这个地区的消费水平,推动经济的飞速发展,提高居民的收入,人们的购买力就会增加,就会产生投资需求,这会扩大该地区的存贷款规模,从而推动区域金融的蓬勃发展。因此,我们得出以下结论:人口基数对一个地区的经济发展水平有着重要的作用,是影响该地区金融发展程度的重要因素之一。一般来说,人口基数越大,该地区的经济发展水平越高,但如果该地区的人口基数和贷款基尼系数都偏小,则该地区的经济发展水平偏低。

(三)不同地区人力资本与科学技术不同

1995年我国提出了科教兴国战略,从"科教"二字中,我们可以看出科技和教育对于一个国家繁荣兴盛的重要性。我们知道,科学技术是第一生产力,它对于一个社会的进步和经济的发展来说尤为重要。青少年是国家的未来,少年时期的教育对一个人的成长成才是很关键的,良好的教育可以培养出优秀的人才,提供人才储备,为国家的社会主义现代化建设添砖加瓦。2002年提出了人才强国战略,核心是人才兴国。从人才强国战略中我们可以知道,对人才的重视和培养是提升一个国家国际竞争力的重要因素,进一步落实人才激励机制,鼓励各种专业人才积极创业就业,为国家建设积累大量的后备人员。在当今激烈的国际竞争中,关键还是在于人才的竞争,可见高水平的人才对于一个国家的经济发展来说是有其重要作用的。21世纪以来,随着互联网和信息技术的发展,各地区关于人才的竞争越来越激烈,高水平的人才队伍是发展经济的强大后援。在当今社会的发展中,人力资源是重要的资源之一,具有其他资源不可比拟的优势,加强人才储备,重视知识型人才与创新型人才,对一个社会的经济发展来说是非常重要的。近几年来,越来越多的地区重视人才和科技对经济发展的推动作用,纷纷采取相关政策措施吸引外来人才,如降低落户门槛、发放购房补贴、加大经费投入等,目的就是未来吸引这些人才来创业就业,从而推动经济社会的蓬勃发展。

根据《2020长三角区域创新机构发展研究报告》显示,长三角地区三省一市在科研创新方面是有差异的。从战略规划导向上看,上海市更偏向于国际一流导向,充分发挥着一个地区的龙头作用,积极鼓励设置各种分支机构;江苏省更加注重跨区域资源统筹配置和整合优化,加快建设各类国家科技创新中心;浙江省更突出数字经济和民营经济的优势,加强对大院名所人才的引进;安徽省更注重特色领域优势,加强科学中心的建设与合作,进行联合攻关。此外,从高等院校的数量来看,上海市普通高校有64所,其中包括双一流大学如复旦大学、上海交通大学、华东师范大学、上海财经大学、同济大学、华东理工大学等;江苏省普通高校有142所,其中包括双一流大学如东南大学、南京大学,多个211大学如南京理工大学、南京航空航天大学、河海大学等;浙江省普通高校有109所,其中包括双一流大学如浙江大学,多个高等院校如浙江工商大学、浙江理工大学、浙江财经大学等;安徽省普通高校有112所,其中包括双一流大学如中国科技大学,两个211大学如安徽大学与合肥工业大学。从高等院校及双一流大学的数量中,我们发现上海市处于领先水平,江苏省明显超过浙江省和安徽省,这在一定程度上反映了教育水平的差异。经过以上分析,我们发现上海市、江苏省、浙江省的科学技术和教育事业优于安徽省,经济发展水平也优于安徽省,其中上海市的人力资本与科学技术水平在三省一市中最高,这主要是因为上海市作为长三角地区的一个重要区域,是我国的经济、金融、贸易中心,地理位置优越,地形以冲积平原为主,水路交通便利,矿产资源和生物资源丰富,多个高等院校为科技创新提供了大量的高端人才,提高了上海市的市场竞争力,从而提升了上海市的经济发展水平。

综上所述,我们得出了以下结论:一个地区只有拥有了丰富的人力资本与科学技术,才能够在激烈的社会竞争中利用自身优势占有一席之地,处于领先水平,助推经济社会的快速发展。人力资源充沛的地区金融发展水平会高于人力资源比较匮乏的地区,科学技术先进的地区金融发展水平也会高于科学技术比较落后的地区,所以人力资本与科学技术是影响地区金融发展水平重要因素。

第三节 长三角金融一体化中安徽发展机遇与制约因素

一、长三角金融一体化中安徽发展机遇

(一)金融一体化推进完善安徽省金融体系建设

在长三角区域金融一体化深入推进的大背景下,安徽省会受到沪苏浙金融辐射作用,尤其是上海作为金融中心,将对长三角金融发展起引领作用,促进金融资源在长三角范围内流动,推进资本市场发展,将极大地带动安徽省金融产业加速发展,推进金融机构进一步成长,构建高效多样的金融体系,提高金融开放水平,发挥金融支持实体经济的重要作用。安徽省以经济发达省市为标杆,以金融供给侧结构性改革为主线,提升金融服务水平,适应实体经济发展需求,并提高直接融资比例,实现金融与产业相融合,承接沪苏浙高新技术产业转移,并根据当地资源条件和产业基础,实现差异化发展,助推产业结构转型升级和经济高质量发展。

(二)金融一体化为安徽省创造良好金融发展环境

推进上海国际金融中心建设,建设长三角高水平金融开放平台,这些为安徽省金融发展提高了良好外部条件,安徽省以长三角自由贸易试验区联盟为平台,大力发展安徽自贸试验区,学习借鉴上海、江苏和浙江发展经验,加强区域内金融交流联系,助推安徽省金融业改革创新,创新体制机制,着力营造良好的金融发展环境,

促进各类金融机构发展壮大,为金融后台服务基地等集聚区建设提供支撑力量,更好地吸引金融人才,发展现代金融业,提高金融集聚水平,更好地为企业提供优质的金融服务。

(三)金融一体化进一步拓展安徽省金融发展空间

长三角金融一体化促使金融要素在区域内自由流动,带动不同层次城市协调发展,整体推进,增强发展动力,基于此安徽省将可以以融入长三角为契机,借助发达地区核心城市金融辐射,带动金融效率提升,金融资源得以有效配置,如南京都市圈涵盖与南京临近的安徽省的城市,如芜湖市、马鞍山市等城市,杭州都市圈则涵盖黄山、宣城等城市。在都市圈布局上,合肥都市圈要与之协同发展,共同推动经济发展,以金融资源合理流动推进产业分工合作,缓解融资难题,加强跨省联动,优化安徽省内部产业结构,加快承接产业转移,形成增长新动力,推动加快实施"一圈五区"的区域经济发展战略,以点带面,激发整体经济活力,拓展安徽金融发展空间,推动各市金融高质量发展。

(四)金融一体化便利安徽省企业上市

长三角地区金融要素市场一体化是促进安徽省企业成功上市和新三板挂牌的"助推器",使其具有很大的发展潜力和上升空间。江苏省、浙江省和上海市金融资源丰富,拥有众多金融机构和金融中介机构,区域金融活动活跃,聚集大量投资资本,它们发挥着重要的投资融资作用。从表5.12可以看出,安徽省整体上市公司数量与上海市、浙江省、江苏省差距较大,浙江省以518家上市公司居为首位,江苏省482为居次位,上海市339家上市公司,安徽省126家则较为滞后。在金融一体化中,安徽省与苏浙沪经济往来密切,在向东融入长三角战略上会受到经济发达地区金融资源的辐射,为企业融资提供便利条件,进一步降低企业融资成本,从而增强企业发展活力,推进经济发展,缩小区域间发展差距,提升安徽省整体发展水平。

表 5.12 截至 2020 年末"三省一市"上市公司数量对比

	上海市	江苏省	浙江省	安徽省
上市公司数量	339	482	518	126

数据来源:2020年各省市统计公报。

二、安徽融入长三角金融一体化制约因素

安徽与沪苏浙地理临近,交通便利、文化相通、产业互补,具有先天的优势条件,利用金融在经济发展中的先导作用,有助于促进区域内金融资本的自由流动和高效使用,缓解资金供求紧张的局面,推动金融资本和产业资本的融合生长,实现

经济与金融的联动发展。金融一体化加快金融要素在区域内自由流动,以"金融搭台,经济唱戏"为突破点,以长三角为平台,汇聚优质资源,协同创新发展,与沪苏浙共同建设长三角,补足短板,增强发展硬实力,发挥安徽力量,实现长三角飞跃式发展,但随着金融一体化的深入发展,安徽在融入长三角金融一体化进程中还存在制约因素。

(一)安徽省内发展水平差异大

在金融发展上,安徽省不断推进金融产业建设,整体金融发展态势良好,保持着追赶势头,但省内金融发展水平差异也较大,为了解各市实际金融发展情况,故继续选取区位熵来衡量各市金融集聚程度,基于此有针对性地提出相关金融发展措施,提升安徽省整体金融发展水平。首先,选取2019年安徽省内各市金融业增加值与地区生产总值,同期全省金融业增加值和全省生产总值,得出各市金融集聚区位熵,并以2019年为例,对安徽省金融集聚情况进行分析,结果见表5.13。

安徽省内各市金融集聚水平差异较大,发展不均衡,省会合肥市金融集聚较其他地市高,金融集聚区位熵为1.46,其金融产业基础较好,池州市、黄山市、宣城市等金融集聚较低,金融产业发展水平也较为落后。

表5.13 安徽省各市金融集聚区位熵

地区	合肥市	淮北市	亳州市	宿州市	蚌埠市	阜阳市	淮南市	滁州市
区位熵	1.46	0.91	1.13	0.90	0.83	1.13	1.08	0.71
地区	六安市	马鞍山市	芜湖市	宣城市	铜陵市	池州市	安庆市	黄山市
区位熵	1.06	0.63	0.77	0.86	0.81	0.69	0.80	0.92

在经济协调发展上,2020年安徽省人均可支配收入28103元,总人口7119万人,皖南与皖北人口总量差异较大(表5.14),皖北各市人口密度大,但经济发展却较为滞后,皖南、沿江片区等地所占人口比重小,人口密度低,而经济较为发达,省内各城市发展水平参差不齐,且内部经济发展差距较大,主要以中小城市为主要构成,城市能级普遍较低,人口布局与经济发展布局不协调,整体经济格局呈现错位分布态势。

因此,对于安徽省总体上金融资源的利用效率上差异波动较大,主要集中在省会合肥及周边城市,而过度集中不利于整体提升安徽省金融业水平,且各市经济发展差距大,基于此,安徽省要着力缩小发展差距才能更好融入长三角。

表5.14 安徽省第七次全国人口普查各地区常住人口

地区	合肥市	淮北市	亳州市	宿州市	蚌埠市	阜阳市	淮南市	滁州市
常住人口数(人)	9369881	1970265	4996844	5324476	3296408	8200264	3033528	3987054
比重	15.35%	3.23%	8.19%	8.72%	5.40%	13.44%	4.97%	6.53%
地区	六安市	马鞍山市	芜湖市	宣城市	铜陵市	池州市	安庆市	黄山市
常住人口数(人)	4393699	2159930	3644420	2500063	1311726	1342764	4165284	1330565
比重	7.20%	3.54%	5.97%	4.10%	2.15%	2.20%	6.83%	2.18%

数据来源:安徽省统计局网站。

(二)中心城市带动能力不足

合肥市科创能力不断增强,经济保持高质量发展,2020年合肥市GDP总量首次突破万亿元,但在GDP总量和人均可支配收入上与长三角主要城市相比仍有不小差距(图5.6),对比苏州、杭州的人均可支配收入,合肥约占70%,合肥市作为长三角城市群副中心,在经济发展上还有较大的追赶空间,城市能级相比较小,仍需不断增强对长三角区域经济的支撑作用,且对周边各市带动能力还较弱,经济首位度有待提升,省会金融资源的辐射能力较低,对推进安徽省整体发展的引领作用相对较小,因此,要不断增强省会城市辐射作用,推进合肥建成区域金融中心,增强经济发展活力,积极融入长三角一体化,为长三角金融一体化提供经济支撑点。

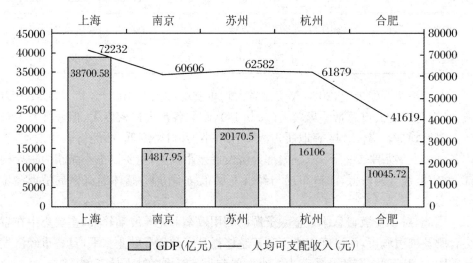

图5.6 2020年长三角主要城市GDP及人均可支配收入对比

数据来源:上海市、江苏省、浙江省与安徽省统计局网站

(三) 金融基础设施较为落后

金融基础设施是金融体系运行的基础保障,安徽省金融基础设施建设相对较为滞后,相关配套设施不完善,缺乏合作机制,在长三角金融一体化中受金融发达地区辐射差,未能发挥金融对经济发展的引领带动作用,与长三角金融发展整体水平不相适应,金融基础设施建设未能起到推动金融发展的作用。首先,金融服务实体经济发展的能力有待提升,在优化资源配置、调动市场流动性和连接金融机构功能性等方面有待提高,对比沪苏浙发展程度上存在明显短板。其次,在金融监管方面,监管部门要提高协调配合程度,要不断适应发展新变化,完善相关监管制度,明确监管范围,不越监管职权。最后,在信用体系上,不断完善信用体系建设,加强信息共享,助推小微企业与银行对接,有效解决信息不对称问题,提高金融使用效率,推进支付结算稳定运行,助力金融市场高效安全运行。

(四) 农村金融发展较为薄弱

在农村金融机构上(表 5.15),安徽省农村金融发展薄弱,现阶段在农村金融机构资产总额上相对于沪苏浙较小,对农村产业支持力度有待提高,农村发展潜力得不到充分释放,农村特色产业和创新活力得不到有效资金供给,在农村外出务工人员就业上吸引力不足,省内部分城市人口外流问题仍旧存在。在农村外出务工人员地区分布上(表 5.16),2020 年包括安徽在内的中部地区农村外出务工人员总量达 4624 万人,对比其他区域农村外出务工人员最多,占农村外出务工人员总量比重为 36.6%。故安徽省在统筹城乡发展、促进城乡融合上仍要采取多种方式激发农村内生发展活力,继续加大农村金融机构对农村投资的力度,在促进农村发展上继续发力,不断提升农村金融实力以带动多种产业发展,提供就业岗位,吸引农村外出务工人员回流就业、创业,落实好乡村振兴战略。

表 5.15　2019 年银行业金融机构情况

省份	小型农村金融机构			新型农村机构		
	机构个数(个)	从业人数(人)	资产总额(亿元)	机构个数(个)	从业人数(人)	资产总额(亿元)
上海市	361	6919	8909	160	2203	301
江苏省	3384	50285	29945	267	4861	896
浙江省	4054	51308	28816	308	6440	1039
安徽省	3088	33815	13974	326	4339	729

数据来源:各省市区域金融运行报告。

表 5.16　2020 年农村外出务工人员地区分布及构成

	东部地区	中部地区	西部地区	东北地区	合计
农村外出务工人员总量(万人)	4624	6210	5490	635	16959
其中跨省流动总量(万人)	719	3593	2557	183	7052
跨省流动总量占比	15.50%	57.90%	46.60%	28.80%	100%
其中省内流动总量(万人)	3905	2617	2933	452	9907
省内流动总量占比	84.5%	42.10%	53.40%	71.20%	100%

数据来源:国家统计局。

第四节　安徽融入长三角金融一体化的建议

一、完善金融基础设施,构建高效金融机构体系

完善金融基础设施建设,保障金融市场稳健运行,完善支付体系建设,为资金清算提供安全保障。加强信用体系建设,整合各类信息,实现信息共享,保障合法权益,提高经济发展效率,营造良好金融生态,加速现代化安徽建设。要借鉴先进地区金融业的发展经验,充分发挥市场在资源配置中的决定性作用,努力推进金融业改革,努力壮大各类金融机构,着力提高资产质量和经济效益,不断提升金融业市场竞争力[①]。着力为企业有效资金需求提供精准金融供给,更大力度投放于高新技术产业、新兴产业和绿色经济,推进金融供给侧改革,形成差异化的优惠利率,进而影响企业产品供给侧,倒逼推动产业结构优化、经济转型升级,加速区域内经济交流合作,促进区域融合以开拓经济发展空间,并增强一体化发展潜力,更好地为长三角金融一体化提供经济支撑。

二、搭建交流合作平台,完善金融发展政策机制

搭建交流合作平台,协同推进金融业改革发展,提升协调合作能力,共同防范区域内金融风险,加强协同处理金融风险能力,为长三角区域内更高层次、更广领域、更深内涵合作奠定基础。这就需要在推动长三角一体化发展的过程中,更加高度重视金融合作体系建设,运用系统思维和创新理念,在深刻认识到金融合作重要作用的基础上,重点在加强金融合作平台建设、推动金融服务模式创新、引导金融

---

① 程巍.构建新发展格局背景下金融服务实体经济的思考:以黑龙江省为例[J].山西农经,2021(5):189-190.

机构合作共赢等方面努力,使长三角一体化发展过程中金融合作取得新的更大突破①。

同时,在安徽省内优化金融发展布局,发挥省内各市发展优势,明确发展定位,制定完善发展规划,激发各市金融发展活力,在一体化发展中凝聚发展合力,推进资源要素自由流动,发挥金融提高配置效率的功能,让金融与产业发展相匹配,为安徽经济高质量发展提供不竭动力,提高全省发展质效,为推进长三角金融一体化融入安徽元素。

三、培育金融核心区,辐射周边地区发展

提升安徽省金融发展水平就要立足于发展培育核心金融区,更好地集中优势金融资源,凸显金融发展潜力,发挥金融核心区辐射作用,从而带动全省金融发展,基于此安徽省要支持合肥市省会作用,提升合肥金融发展水平,积极对接经济发达地区金融产业,发展金融服务业,推进金融资源、金融人才、金融科技、金融资本等高质量发展,建设金融产业集聚区、金融服务集聚区等,并大力发展合肥都市圈,加强都市圈对周边省市的辐射作用,鼓励支持各市金融产业发展,以金融产业发展加速经济发展,激发市场主体活力,以金融合作促进各市经济合作,以金融产业推动产业结构调整,发挥金融集聚效应,带动各市共同发展,推进各市产业协同发展。

学习先进,强化分工合作,提高合肥城市能级,拉高标杆,主动对接,推动合肥国际金融后台服务基地转型升级,大力建设金融功能区,强化金融科技服务支撑,依托高校资源,培育高端金融人才,搭建长三角金融学术交流平台。推进全省域一体推进,加强沪苏浙地区联动,并充分激发各地区积极性,发挥各地创造性,完善基础设施建设,强化协同发展。

四、加快农村金融设施建设,推进城乡融合

安徽省金融业应当呈现逆序化发展分布,加速"微金融中心"建设,以金融产业的全方位产品带动中心产业的发展,推进和拓展金融空间,为适应农业发展为主布局农村金融②。构建农村金融服务体系,增量提质,提升安徽省农村金融机构发展水平,加强向沪苏浙学习并合作,强化农村中小型金融机构对农村金融发展作用,给予金融机构发展差异化帮扶,有效推进农村中小型金融机构健康发展,破解融资困境,优化金融环境,聚焦重点发展领域,鼓励发展新业态,支持创新创业,提升农村消费结构,释放农村发展潜力,积极引导社会资本参与城乡融合发展,满足产业扶贫、农村基础设施建设、电子商务等融资需求,拓展农村发展空间,促进乡村振兴。

---

① 万霞.金融合作推动下的长三角一体化发展[J].商讯,2020(25):85-86.
② 欧阳秋,张安妮.长三角地区金融发展及区域融合路径研究[J].华北金融,2020(9):35-42.

五、加强金融人才培养,加大金融创新力度

金融活则经济活,金融兴则经济兴,高素质的金融人才对金融业的发展来说是十分重要的。我们要充分认识到金融人才对金融发展的重要影响,树立以人为本的理念,这样做才能为金融发展提供优质的服务,促进地区经济建设。我们加强人才培养,提高金融人员素质,包括他们的思想道德素质与科学文化素质,建立有效的激励机制,设立绩效考核指标,使得金融人才的收入与他们的付出成正比关系。同时我们也要引进和培养高端人才,树立创新、协调、绿色、开放、共享的发展理念,选拔优秀的金融人才,为其提供实现自我价值的机会。创新能够为产业的升级和产品的换代提供技术保障,生产出更多符合当代需求的产品,提高企业的业绩。因此我们要不断加大金融创新力度,支持一些金融创新企业的发展,适当给予政策优惠,优化实体经济结构,加快推进实体经济的转型升级,利用互联网等各种社交媒介,转变其发展方式,发挥实体经济自身的优势,进一步推动实体经济的长远发展。江苏省、浙江省和上海市都临海,地理位置优越,经济发展水平很高,因此在人力资源方面,江苏省、浙江省与上海市优于安徽省,对安徽省来说,可以给予一些优惠政策吸引金融人才来皖就业创业,从而加强高素质的人才队伍建设。

第六章 安徽建设长三角科技创新策源地

第一节 安徽科技创新发展阶段分析

创新是引领发展的第一动力,是建设现代化经济体系的战略支撑。党的十八大以来,以习近平同志为核心的党中央把创新摆在国家发展全局的核心位置,提出了一系列新理念、新思想、新战略,要求充分发挥科技创新在全面创新中的引领作用,并对实施创新驱动发展战略、加快建设世界科技强国作出一系列重大决策部署。党的十九届五中全会明确提出"坚持创新在我国现代化建设全局中的核心地位,把科技自立自强作为国家发展的战略支撑"。长三角作为我国经济发展较活跃、开放程度较高、创新能力较强的区域之一,在全国经济中具有举足轻重的地位。2019年5月,中共中央、国务院印发《长江三角洲区域一体化发展规划纲要》明确提出要"合力打造长三角科技创新共同体""加强协同创新产业体系建设"。2020年8月,习近平总书记考察安徽并在合肥主持召开扎实推进长三角一体化发展座谈会上明确强调,长三角要勇当我国科技和产业创新的开路先锋。在长三角一体化上升为国家战略的大背景下,研究"十四五"时期安徽如何抓住机遇不断提升区域协同创新能力、完善科技创新体系,对于安徽打造长三角科技创新重要策源地①、推进创新型省份建设具有十分重要的现实意义。

区域合作是推动区域协同创新的重要动力。近年来,安徽深化对外开放,积极对接发达地区科技资源,不断加强与沪苏浙科技合作,取得了一定成效。2003年,安徽主动融入长三角创新体系建设,探索泛长三角科技合作机制。2008年,安徽正式加入长三角区域创新体系,在推动跨区域科技创新资源开放共享、重大科技基础设施建设、科技联合攻关、共建长三角技术转移体系等方面加强与沪苏浙协同配合,科技合作全方位推进。

---

① 《长江三角洲区域一体化发展规划纲要》明确提出,安徽要打造具有重要影响力的科技创新策源地。

一、区域创新驱动发展

根据历年《中国区域创新能力评价报告》显示,安徽省区域创新能力已连续十年位居全国第一方阵。2020 年,安徽区域创新能力更是提升至全国第 8 位,较上年提升 2 位[①]。安徽坚持创新驱动、坚定科技自立自强,部分领域实现并跑领跑:全国首个国家实验室挂牌组建,合肥综合性国家科学中心建设取得重大进展,大科学装置数量位居全国前列,区域创新能力稳居全国前列。创新驱动发展,科技创造新动能。据统计,2020 年,安徽全省规模以上高新技术产业、装备制造业增加值比上年分别增长 16.4%和 10.3%[②],战略性新兴产业产值增长 18%,以集成电路、新型显示、人工智能等为代表的"芯屏器合"产业体系加速形成,现已成为安徽的崭新名片。安徽是我国的科技重地,历经几十余载的发展,已经实现从"跟跑"到"并跑"再到局部"领跑"的跨越。然而,在打造具有影响力的科技创新策源地这一重大任务上,安徽目前在原始创新、区域创新体系等方面还存在不足。2016—2020 年,安徽累计登记科技成果由 2016 年的 560 件增长至 20168 件,增长幅度惊人,但基础理论类成果占比尚未达到 5%。同比科技创新能力相对发达的上海地区,其五年间基础理论类成果占比平均为 9.86%,两地区差距巨大。2017 年 1 月,合肥综合性国家科学中心获批建设使安徽在国家创新模式中占据重要地位,使其成为国家参与全球科技竞争与合作的中坚力量。合肥综合性国家科学中心聚焦信息、能源、健康、环境四大科研领域,开展跨学科、变革性的技术研究。同时,安徽还拥有国家自主创新示范区、全面创新改革试验区、中国(安徽)自由贸易试验区、国家科技成果转移转化示范区等重大创新平台,承担国家创新政策试点示范任务,深化科技体制和机制改革。习近平总书记在安徽考察重要讲话中指出,"安徽要实现弯道超车、跨越发展,在'十四五'期间将在全国省区市排名中继续前进,主要在于创新。要继续巩固创新的基础,锲而不舍、久久为功。"党的十九届五中全会提出了坚持创新在我国现代化建设全局中的核心地位,把自力更生、自强不息的科学技术作为国家发展的战略支撑。科技创新是国家赋予安徽省的时代使命,也是安徽融入长三角的重要优势。《长江三角洲区域一体化发展规划纲要》给安徽的第一个定位是基于创新优势打造科技创新源头,科技创新的源头解释为科技创新策动和起源的地方。在长三角一体化成为国家战略的背景下,研究十四五期间如何抓住机遇,不断提高区域协同创新能力,完善科技创新体系,对安徽建设长三角科技创新重要政策出台,以及推进创新型省份建设具有重要的现实意义。创新才是关键,继续夯实创新基础,坚持不懈,长期做出贡献。

---

① 全面强化"两个坚持" 全力实现"两个更大" 共同谱写现代化美好安徽建设新篇章[N].安徽日报,2021-10-28(1).

② 安徽省统计局,国家统计局安徽调查总队.2019 年安徽省国民经济和社会发展统计公报[J].统计科学与实践,2020(3):29-36.

二、科技赋能传统产业

传统产业高质量发展离不开科技支持,近年来,以物联网、人工智能为代表的新兴技术在传统产业中大量运用,带动了传统产业转型升级。2020年,安徽地区创新能力提升至全国第8位,较上年提升2位。安徽始终坚持创新驱动,加强科技自力更生、自强不息,在一些领域取得了成就和领先优势。大型科学设备数量以及区域创新能力居全国前列。全省科技创新平台系统化建设取得重大突破。国家实验室、合芜蚌自主创新示范区等的成立,使合肥成为创新改革试点城市,并且初步成效明显。从支撑引领发展的角度来看,科技赋予传统产业持续加速发展,高新技术产业逐步壮大,科技创新作为推动经济发展的动力。2020年,高新技术企业已达到8559家,较2013年净增6541家,居全国第十。高质量支持引领经济发展。充分利用科技对经济发展的支持和主导作用,不断扩大科技企业规模,加快部署若干重大科技项目和重点研发计划,研发和转化若干重大创新成果。据统计,2020年,安徽省规模以上高新技术产业同比增长16.4%,装备制造业增加了10.3%,战略性新兴产业增加了18%。

三、新型产业集群发展

以集成电路、人工智能为代表的核心组合产业体系加速形成,成为安徽省的新名片。经过几十年的发展,安徽成为我国科技重地,在一些领域关键核心技术研发水平已处于世界领先的地位。最近,安徽诞生了许多重大科技成果,"九章"和"祖冲之号"的出现使中国量子计算机在计算能力方面处于世界领先地位。国家大型科学设备人造太阳创造了1.2亿摄氏度燃烧101秒的世界纪录。安徽集成电路产业等新型产业加快发展,四大产业集群入选中国首批战略性新兴产业集群,以芯屏组合为标志的现代产业体系加快建设,制造业增加值和数字经济增加值超过1万亿元。2020年,科技部将支持50个重点项目。在重点环节和关键领域方面,安徽省科技重大专项定向委托项目11项,公开竞争项目165项,省重点研发项目428项。同时,带头制定了《关于引导全社会加大研发投入的意见》,建立了联席会议制度。实施省支持科技创新相关政策,奖补资金4.37亿元,进一步实施高新技术企业加速成长行动,新入库高新技术培育企业1662家,科技型中小企业7220家。实施科技企业孵化器质量提升行动,科技部绩效评价国家级科技企业孵化器优秀率显著提高。依托安徽创新博物馆建设安徽科技市场,打造联动长三角的国内一流科技大市场,促进科技成果就地转化、交易和应用。初步统计,安徽省吸纳技术合同交易将首次超过1000亿元,省出口技术合同交易700多亿元,较上年增长60%以上,继续稳定实现进大于出。

农业促进创新型省份的发展。以皖西白鹅净化复壮为重点,克服降肥肝血斑率、防雏鹅翻翅等技术问题;围绕稻虾综合养殖存在的突出问题,示范推广了亲虾养殖等10个问题实用新技术。促进地方产业优质发展,增加农民收入,实现农村振兴。

四、科技投入产出良好

随着安徽全面推进创新型省份建设,合肥、芜湖等城市先后加入长三角城市群,融入长三角一体化发展,安徽科技创新经济建设进入快速发展窗口期。安徽的快速发展离不开科技创新的支持,作为安徽的主要创新基地,2015年合芜蚌三市GDP占全省总量42.4%,其中上市企业公司49家,占全省的比例55%,高新技术企业、科技企业孵化器的规模和数量也在增加。2019—2020年,安徽省在高新技术基础研究、试验开发、设备制造和传统工业技术改造升级方面的投资越来越多。随着安徽省创新型省份建设的快速发展,主要创新指标全面提升。2020年,安徽省有效发明专利达到98186件,全省吸收技术合同成交额达到1131.4亿元,近4年来合同收入远远超过支出。安徽科大讯飞等科技龙头企业成立创新联盟,开展共同关键核心技术研究,促进政府、企业、高校以及科研院所的协调创新。建设高水平的科技成果转移转化交易平台,加快长三角科技创新共同体建设,努力打造有影响力的科技创新策源地。近年来,安徽省继续实施人才团队科技成果转化,政府参与股权激励的模式吸引人才。

第二节 安徽融入长三角一体化科技创新优势

一、共建科技创新平台,开展重大科技攻关

自从长三角一体化上升为国家战略以来[①],安徽省根据各个地级市的优势和特点,精准推进与上海、江苏以及浙江产业联动发展。近几年来,安徽省科技厅在科技部的支持下,协同上海、江苏、浙江等地科技管理部门,扎实推进长三角科技创新共同体建设,对接创新政策,共享科技资源、协调创新主体、共建科技创新平台。在国家创新平台联合建设方面,安徽、上海、江苏、浙江共同推进国家实验室和基地建设,推动荃银高科、海螺集团、安徽安利公司与上海、江苏、浙江等地的上下游企业和高校合作,建立水稻种植技术、水泥行业二氧化碳收集与应用、生态功能聚氨酯复合材料等省级创新联盟。

开放共享创新资源。构建长三角科技资源共享服务平台,拥有23个重大科学装备、近3.7万台大型科学仪器、2600多个国家级科研基地、20多万科技人才和2400多个服务机构,建立长三角科技创新共同体专家库共建共享机制。安徽省与

---

① 中共中央《关于新时代推动中部地区高质量发展的意见》提出,安徽要积极融入长三角一体化发展,建设科技创新策源地、新兴产业集聚地、绿色发展示范区。

上海、江苏、浙江的交流专家超过1.5万人。2021年,安徽省邀请上海、江苏、浙江等地600余名专家参与科技项目评审。芜湖、宣城、池州等科技创新中心纷纷落户上海,依托上海优势资源,开展跨区域大众创业万众联动创新,构建上海研发新模式和工业科技创新飞地。协同打造长三角G60科创走廊。为了更好地发挥安徽的优势,安徽省科技厅协同有关单位,联合编制发布了《安徽省促进长三角G60科技创新走廊建设实施方案》,该方案确定了18项主要措施,包括培育和扩大创新主体、建设重大研发平台和关键技术联合研究机制。同时协同打造长三角先进制造业集群,新能源和网络汽车、环境、机器人、新能源等集群,合肥蜀山经济开发区、合肥庐阳区双创园、宁国经济开发区G60科技创新走廊产业联盟获批长三角G60科技创新走廊产融结合优质发展示范园区。G60科技创新走廊与SMIC达成战略合作,推荐安徽省10余家集成电路企业参与配套,促进产业链上下游合作。

安徽的新动能主要体现在基础研究和科技创新上,对高层次人才、重大科研项目、重大科技基础设施有很强的虹吸作用。首先,人才是创新发展的第一资源,近年来,安徽坚持党管人才原则,加快推进人才发展体制机制改革,不断优化人才发展环境,突出抓好创新人才的培育集聚,为实现创新发展打下了坚实基础。在全国科技创新的浪潮中,安徽科技率先下了一盘棋,地位高,效果好。其次,安徽环境保护力度大且资源丰富,是长三角地区关键的生态能源保障,同时协调推进生态文明建设,积极探索和完善长三角"两山"理论。最后,安徽不仅有承东启西、贯通南北的地理优势,还有腹地广阔、交通便利的市场优势。以合肥为核心,以500千米为半径,能涉及中国中东部8个省市近5亿人的消费市场。

二、实施科技发展战略,赋能科技创新动能

安徽省的科技发展战略和规划始终紧扣国家科技发展战略和指导方针,依托自身特点不断发展。为了响应中央"向科学进军"的号召,安徽省科技工作委员会于1958年8月成立。2017年,安徽省委、省政府正式印发《安徽省贯彻落实〈国家创新驱动发展战略纲要〉实施方案》,把创新驱动发展摆在发展全局的核心位置,提出安徽省科技强省建设"三步走"战略目标,即到2020年成为创新型省份,到2030年跻身创新型省份前列,到2050年建成创新型强省。安徽省共制定过15个科技发展规划,针对不同历史时期经济、政治、社会、文化发展需要,明确提出各个时期指导科技发展的指导思想、发展目标、主要任务、重点领域和保障措施等。这些科技发展规划的贯彻实施,对相应时期安徽的科技发展起到了重要的指导和促进作用。

《建国十年来科学技术研究工作的巨大成就及1960年规划》。1958年安徽省科学技术委员会成立后,立即着手开展科技规划工作,当年即对国务院《1956—1967年科学技术发展远景规划纲要(修正草案)》提出修改意见。1959年,安徽省科学技术委员会组织编写《关于建国十年来科学技术研究工作的巨大成就》,同年

开始启动省级科技发展规划编制工作并延续至今。

《安徽省1963—1972年科学技术事业发展规划》。这是新中国成立以来安徽省第一个中长期科技规划，在安徽科技发展史上具有重大意义。规划确定充分利用现有科技力量和基础、填补空白推动科研开展的原则，提出科研队伍建设要重点培养中坚力量、合理调整配备比例，科研机构建设要加强薄弱环节、适当填补空白，科技经费预算要符合实际、统筹考虑，科学技术装备要充分用足现有装备、照顾重点项目配备，科学技术管理要加强党的领导。

《1978—1985年安徽省发展科学技术长远规划纲要》。规划确定了包括农业、工业、医药卫生、交通等在内的16个发展领域65个科研重点课题，提出了科技工作走在生产建设前面，把安徽建设成为具有本省特色的工农业高速发展基地的奋斗目标。

《1986—2000年安徽省科学技术发展规划》。规划在充分调研的基础上分析国内外科技发展状况和趋势，结合本省自然条件、社会经济发展现状、科技发展现状、行业发展水平，对比差距，"扬长避短"，提出到20世纪末安徽工农业总产值翻两番半的战略目标及包括科技攻关、科研成果应用推广、重大技术改造、重点技术引进在内的四个方面重点科研项目。本次科技规划编制对全省科学技术水平和现状做了较为全面、深入的考察和剖析，形成了一套内容丰富、系统性较强的基础资料，为宏观决策和科技年度计划的制定提供了可靠的依据。

《安徽省科技发展十年规划和"八五"计划纲要》。坚持"经济建设必须依靠科学技术，科学技术必须面向经济建设"的方针，结合安徽实际情况，突出科技兴农、科技兴企和高新技术的发展，充分考虑"十年规划""八五计划"与年度计划的有机结合，其编制工作体现了科技管理的科学化、民主化、规范化，是科技计划体制改革的一次重要尝试。这一时期，安徽科技工作贯彻科教兴皖战略，科技事业得到长足发展。

《安徽省科技发展"十五"计划纲要》。21世纪，科教兴皖战略和可持续发展战略成为安徽省经济发展的重要支撑和保障，制定《安徽省科技发展"十五"计划纲要》，对于实施科教兴皖战略，提高安徽省21世纪科技进步贡献率，促进科技事业发展，具有重要而深远的意义。"十五"计划纲要立足于安徽科技发展的基础和内外环境。围绕科技成果产业化，从"加快科技成果产业化，促进全省经济结构战略性调整"和"提高科技创新能力，加快技术创新体系建设"两个层面做出战略部署。提出了五项重点任务：大力发展高新技术及其产业，改造提升传统产业，推进农业科技进步，促进社会可持续发展，加快技术创新体系建设。

长三角一体化发展成为国家战略以来，安徽成为科技产业创新的积极探索者，企业创新能力进一步提高。安徽高新技术企业数量从三年前的5403家增加到上年的8559家。从以前的插班生到正式生，安徽正在努力成为优等生。安徽还携手沪苏浙打造长三角科技创新共同体，推动安徽合肥、上海张江综合性国家科学中心

"两心建设"。自2020年以来,安徽共实施了38个长三角联合科技合作项目,省级财政支持资金达到2502万元,与沪苏浙科研院所及相关企业共同攻克了一批核心技术。三年来,越来越多的上海、江苏以及浙江科研机构和企业与安徽合作的范围越来越广,交流越来越频繁。

第三节 安徽融入长三角一体化科技创新存在问题

一、科技创新要素投入不足,与沪苏浙相比差距较大

掣肘创新主体未能在关键核心技术领域产出重大成果的障碍之一,是在于产学研体系配套的激励制度未能产生理想的激励效果,既体现在人才培养与激励模式未能有效发挥作用,即职称评审、成果奖励等相关活动没有对标国际先进科技创新成果和学术贡献的筛选和奖励规范,进而没能对海内外尖端技术人才及团队形成积极有效地吸引和激励;又在于产学研体系中知识成果转化链路未能畅通,受限于知识产权保护、系统性激励政策体系等方面的不足,现有激励机制未能有效激发创新主体活力。从研发经费投入来看,安徽全社会研发投入相对不足,研发强度尚未达到全国平均水平,与沪苏浙相比差距较大。2021年,安徽全社会R&D经费支出为1006.1亿元,全国排名第十一位,仅为江苏、浙江、上海R&D经费支出的29.25%、46.62%、55.28%。2021年,安徽全社会R&D经费支出占GDP的比重为2.3%。从研发人员投入来看,2020年安徽R&D人员全时当量为19.5万/人·年,仅为江苏、浙江的29.19%、33.44%。然而,在建设有影响力的科技创新源头这一重大工程中,安徽在原始创新和区域创新体系方面还存在一些不足。基础性研究和关键核心技术攻关需要政府财政资金支持。然而,由于政府层面长期对战略性新兴产业体系中的关键核心技术创新的投入不足,导致了安徽省核心技术攻关能力提升缓慢的困境。安徽基础性研究成果的数量一直远低于上海。安徽省R&D经费支出中基础研究经费支出占比总体呈上升趋势,但基础研究经费支出占R&D经费比重始终没有超过6.9%,而同比科技创新能力相对发达的上海地区,该数值最高表现为8.9%,凸显了安徽在基础研究领域投入及产出的欠缺。

二、创新主体协调性不强,科技创新能力有待释放

一是创新主体之间的协调不充分。对于一些原创技术和"卡脖子"关键技术,创新主体之间的协调不够。一些战略性新兴产业仍处于高端产业的低端环节,关键核心技术受制于人。例如,虽然一些企业与科研机构和大学建立了产学研合作关系,但主要停留在技术咨询层面,合作水平低,很少建立长期稳定的技术合作联盟。二是部分创新主体的创新能力有待提高。由于实力有限,部分中小企业缺乏

高素质技术人才、科技资金和科技项目的支持,导致新产品和新技术开发能力和动力不足。此外,安徽股权投资和风险投资发展不足,风险投资基金和种子基金市场化运作相对不足。综合利用基金和多层次资本市场支持科技创新存在不足。三是协调发展程度不高。产业规划布局缺乏有效沟通,信息不对称,产业同质化。四是需要加快成果转化。合芜蚌示范区科技成果转化率仅为上海和北京的一半,技术研发、成果转化和产业孵化之间仍缺乏联系。三市高校虽然集中,但创新成果转让受限,与企业合作发展仍存在约束条件。虽然安徽近些年已颁布数十条省级政策鼓励科技创新,在政策制度方面给予企业尽可能多的支持和引导,依靠各种财政资金补贴性优惠政策进行广泛地招商引资,但政策落地效果与期望之间的差距导致未能有效激励企业形成依靠自主创新能力来获取产业核心竞争力的局面。并且,企业重视短期经济效益的"投机"行为和依赖甚至主动谋求额外政策优惠或行政垄断优势的"惰性"行为,致使企业弱化甚至丧失主动利用强化创新研发投入来获取竞争优势和盈利机会的动机与基础条件。重点产业和战略性新兴产业体系中关键核心技术的突破存在"长期高强度研发投入+高昂的研发团队成本+高度的市场不确定性"这一特征[1]。无论是何种创新主体,其创新活动都受限于该特征引致的创新资源需求庞大的问题。而现实活动中配套资源的数量和质量与需求量之间存在较大差距,以至于产生资金不足、技术人才短缺、政策服务体系不到位、创新风险难以承担等问题,从创新活动的多个阶段直接限制了创新主体行为,出现"巧妇难为无米之炊"的尴尬局面。

三、促进科技创新政策不完善,创新氛围有待改善

技术创新与良好的创新环境密不可分。创新环境是指各种有利于创新的因素聚集在特定地区。在实践过程中,政府颁布的配套政策与创新制度有时出现不匹配的现象,严重影响了自主创新能力的提高。虽然合芜蚌试验区在大力发展的同时提出了一系列创新政策,但政策不完善,后续动力不足,往往导致技术创新活动延迟。政府部门充分肯定了创新环境的重要性。在技术创新的过程中,需要大量的政策支持,才能更好地促进发展。在科技创新的早期阶段,市场调研不够,技术处于早期发展阶段,应结合其特点提出相应的措施,逐步形成良好的创新环境,充分发挥技术创新的优势。目前,安徽支持科技创新的顶层设计仍需完善,突破性创新政策所占比例不高,创新环境有待优化。相比之下,沪苏浙等先进地区的科技创新政策更加完整、优惠和便捷。例如,上海、江苏、浙江在制定科技创新政策时,更加注重企业参与、人才引进等优惠政策。企业申请实施各种科技创新支持政策时效率更高,能够及时实现在线申报、部门审批和限时完成。

---

[1] 徐婕.我国科技人力资源规模层次及国际比较[J].今日科苑,2018(5):14-23.

四、缺乏高层次创新人才,引进高端人才困难

受国际形势变化影响,海外高层次人才对来安徽工作考虑因素过多,引进国外高端人才解决关键核心技术渠道不畅。同时,引进高端外国人才成本高。政府对高校、科研院所、企业等单位引进人才的政策和财政支持不到位,用人单位难以承担引进人才的费用。贫困地区和偏远地区缺乏重大创新平台的支持,导致人才引进难以开展创新创业活动,硬件资源严重短缺,人才普遍流失。例如,安徽省的院士工作站,皖北只有67家,占总数4.9%。目前,安徽科技中介机构规模小,数量少,相关专业人才短缺,对创新创业的服务支持不足。创业融资平台发展不强,创新创业领域专业融资平台普遍较少,风险投资指导和支持机制不完善。具有国际领先水平的科技人才、战略科技领袖和高水平的创新团队,直接决定了技术创新的水平和质量。虽然安徽出台了一系列人才培养、资助和激励政策,但高校、科研机构和企业在具体实施过程中仍产生了一系列扭曲效应,形成了人才特别是尖端人才培养和引进效果差的现象。2016—2020年,安徽R&D研究人员具有中级以上职称或博士学位的人员占45%以下,而韩国、日本、英国等国家占70%以上,凸显了安徽高层次人才的严重缺失[①]。

五、区域科技创新合作不够紧密,推进重点聚焦不够

安徽作为科教大省,在科技创新合作方面与国内领先的创新型省份还有一定距离。创新引领发展凝聚力有待提高。R&D资金总投资不够高,需要进一步提高高新技术企业的辐射驱动能力。产学研合作创新机制不够顺畅,合作模式单一,研发产出效率低,需要进一步优化创新体系和环境。在推进长三角区域创新合作的过程中,安徽仍存在政策衔接不到位、科技资源交流不足、技术市场要素资源流动不畅、跨区域创新与产业协调不强等问题。例如,长三角"三省一市"在科技规划、科技政策、重大科技创新等方面缺乏相应的配套政策支持。此外,长三角地区仍存在技术市场要素资源流动不畅、科技资源开放性不足等障碍。安徽的基础研究能力相对较弱。虽然专利数量在上升,但增长相对缓慢。与江苏省相比,仍存在较大差距,技术交易量低于其他两个省,表明安徽省存在成果转化问题,新产品研发和市场开拓不理想。长三角G60科创走廊更高质量一体化发展,在科技资源开放共享、创新主体培育、跨区域产业链专项行动、创新科技金融工具等方面需要进一步聚焦发展。

---

① 张杰,吴书凤."十四五"时期中国关键核心技术创新的障碍与突破路径分析[J].人文杂志,2021(1):9-19.

第四节　安徽建设长三角科技创新策源地路径

"一体化"并不等同于"均等化"。上海、浙江、安徽的自然资源禀赋不同,发展路径和特色也应该不同。因此,安徽要发挥优势,始终把科技创新作为实现"融合"和高质量的基石工程,着力建设合肥综合性国家科学中心。除了现有科技园、科学城的规划建设,还需要牢牢把握科技创新的主体,借助中国科学技术大学等高校和机构,开创科技和产业创新的新局面。在任务部署、建设规划、经费保障等方面,建立常态化支持机制,积极参与国家重大科研攻关项目,加强长三角科创联盟建设。

一、构建多元主体联动的协同创新体系,健全协调联动机制

一要明晰各类创新主体的职责分工和功能定位,提高各创新主体的创新能力。政府应加强顶层设计,建立健全科技创新协调联动机制,注重对多元创新主体的培育,充分发挥引领和保障作用;企业应强化其科技创新主体地位,增强科技创新意识和能力,把技术创新、增强核心竞争力放在企业发展的核心位置,积极与高校、科研机构开展产学研合作,提升企业自主创新能力;中国科学技术大学、合肥工业大学等高校应以基础研究和原始创新为重点,加大学科建设投入,培养多方面高科技人才;科研机构要围绕主导产业和战略性新兴产业的前沿技术和共性关键技能,进一步展开研究应用技术和集成创新;金融机构应发挥资金保障作用,打造多层次科技投融资体系,拓宽科技创新融资渠道。二要加强多主体之间的协同创新。在确定各主体清晰职责和归属权益的基础上,安徽应加强政产学研等创新主体之间的深层互动,探索建立多主体协同创新的新模式和长效稳定合作机制,以激发各类创新主体的创新活力。三要进一步强化省级统筹协调,努力形成三城三区联动,同时省级宏观调控的力度仍需加大,要连接皖南、皖江、皖北等安徽省多个地级市,协同带动长三角以及中部地区的发展。同时,建议省级设立专项建设资金,重点支持交通基础设施、信息共享平台、创新合作网络等建设。

二、加大创新人才培养力度和研发投入,提升科创供给能力

一要加强创新人才队伍建设。要从全球化的高度出发建设好人才特区,通过和国外的一些专业机构以及大院合作,把国内外的人才更好更快地聚集起来。建设国际化的人才社区,对海外的高层次人才以及居住证制度进行改革,建设国家级的人才资源孵化基地,加大民营企业人才培养的力度,不断地推动科技人才的培养。安徽应加快引进、培育科技创新人才,优化人才队伍结构,推进领军人才、高技能人才、科技服务人才等协调发展,形成各类创新型科技人才衔接有序、梯次配备、合理分布的格局。加强领军人才的引进与培育工作,支持核心研究团队建设、科研

中心建设和科研基地建设,吸引"专精"优质人才投入基础研究活动。增加基础研究投入,给予基础科学稳定可靠的、相匹配的科研经费支持。尊重基础科研的探索发现规律,改革评价制度,放宽考核周期。营造宽松的基础科学学术氛围,培育崇尚原创、大胆质疑、宽容失败的科研环境和制度环境。加快基础研究和应用技术研究的国际化进程,提升我国基础研究的源头创新能力,增加原始创新供给。此外,要完善科技人才评价与激励机制。加快建立健全创新型人才评价体系,以质量、贡献、绩效为核心,充分激发人才的积极性、主动性和创造力,注重科技创新的关键领域和发展方向,引进国外高水平人才,把人才资源引进且更好地融入科技创新事业全局和建设现代化五大发展美好安徽改革发展中去。高层次人才是安徽打造具有重要影响力的科技创新策源地的根本力量,安徽应当优化人才发展生态,坚持引进与培养并举的方式,实现"人才振兴"。一方面,安徽要深入实施江淮英才专项计划、"115"产业创新团队建设工程等[①],引进一批与重点产业和战略性新兴产业链发展需求紧密对接的海内外高端人才、紧缺人才。围绕全省科技战略、产业布局、建设项目等方向,实施精准靶向引才,全力提升人才层次和实用性。以"人才+项目+平台"引才模式,引进创新创业人才团队,助推企业科技创新和招才引智。促进能够适应产业结构调整和技术进步需求的各类人才的开发和引进工作,满足经济社会快速发展对技能人才的需求。夯实高校毕业生等基础性人才储备,促进人力资源之间形成良性互补互动,弥补区域发展的人才短板,为战略性新兴产业技术创新托底,更好地发挥人才的集聚效应。另一方面,坚持"科教兴皖",将本土拔尖人才工作纳入人才重点工作,坚持引进与培育齐抓并重[②],努力推进调整学科专业的改进,建设本土人才分层分类的科学化培养体系。通过打造适合人才知识结构特点的特色培育体系,构建阶梯化、定制化、多样化的知识技能培训体系,形成满足高端科研型人才、复合应用型人才、一线技能型人才等需求的人才结构。并且,探索建立高校、科研院所、企业合作培养产业技术骨干和技能人才的机制,打造高层次人才聚集基地,建设高水平人才培育和发展中心。

二要多渠道加大研发资金投入力度。安徽要充分发挥各类科创基金的引导支撑作用,扩大科创基金规模,加强科创基金管理,切实帮助科技型企业解决融资难、融资贵问题。破除产学研体系下激励效果不理想制度性障碍,营造良好的创新激励环境,能够切实激发创新主体活力,推动原创性科技成果产出。既要优化完善现有人才培养与激励模式,又要建立更为科学、完善的人才评价标准和考核机制,更多地从重学历、重资历向重能力和市场评价转变,对标国际先进科技创新成果和学术贡献的筛选和奖励规范,以创新成果和绩效为依据开展各类人才奖励和资金配套。采用奖励、补助、津贴等方式给予人才支持,不断激发创新活力和市场竞争力。

---

① 李红兵,李颖,陆婉清,等.安徽省科技人才发展现状及对策研究[J].安徽科技,2020(11):9-13.
② 樊秀娣.本土科技人才发展评价及对策:基于本土人才与海归人才的比较[J].中国高校科技,2018(10):15-17.

优化调整人才专项资金管理办法,审核兑现重点人才项目资助、柔性引才政策补贴等,进一步优化创新激励环境。还要着力打通知识成果转化的链路,推动科技创新平台建设,紧扣科技创新、成果转化、产业高端化发展,集聚各种优质资源,打造产学研贯通融合平台,着力推动基础研究和成果转化应用有机衔接,围绕行业共性关键技术瓶颈,通过培育若干国家级产业创新中心,促进重点产业关键技术研究和转化平台建设,加快创新孵化、知识产权服务、第三方检测认证等机构的专业市场化改革,建立健全技术创新、工业设计、检验检测、人才培训等公共服务平台[①]。另外,安徽应当重视基础研究在原始创新中的作用,要提高基础研究地位,瞄准基础前沿和市场应用,重点部署基础研究活动,打通以基础研究促进原始创新成果产出的科研链路。一方面,安徽应加大对基础性、战略性科技创新研究的稳定支持力度。优化科技创新基础研究、应用研究、试验发展不同阶段财政资金投入比例,重点提高基础研究地位,为科技成果转化提供源动力。合理配置经费结构,调节稳定性经费与竞争性经费比例,持续加大对国家重点实验室、高校基本科研业务费等专项经费的投入力度。创新金融资金投资模式,提高金融资金利用效率,建设金融科技投资信息管理平台,加快资金数据实时共享和高效监管的实施,着力解决投入、分散、重复、交叉等突出问题,增强省、市、区三级财政科技资金配套使用的时效。另一方面,安徽应强化基础研究部署。加快科教基础研究一体化发展,重点建设国际先进、国内领先的优势研究中心和学科。加大关注数学、物理、化学等基础科学发展,注重基础领域、应用领域、新兴领域统筹进步,在实践中探索满足战略性新兴产业需求的新发展方向,培育基础研究领域高水平人才[②]。促进科研机构提高基础研究重视程度,将组织管理、人才培养等工作重点转向基础研究,大力探索以基础研究推动技术应用和创新的科研模式;支持有条件的企业加大产业技术基础研究投入力度,重点解决产业链以及战略性新兴产业体系中关键核心技术创新的基本问题,坚持推进创新驱动战略方向。

三、建设长江三角洲科技创新共同体,加强区域科技合作

在创新政策衔接上,安徽要借鉴上海、江苏、浙江在高层次人才引进、产学研协同创新、重大创新平台建设、关键共性技术研究等方面的先进理念和经验,加强创新政策的衔接。精准制定推动科技创新的政策体系。在创新人才对接上,安徽应以此为契机构建更加开放的人才工作体系,建立更加灵活的引才机制,优化人才发展环境,"刚柔并济"地招引一批海内外高层次人才团队来皖创新创业。在创新平台承接上,安徽应结合新兴产业发展需求,围绕产业链部署创新链,进一步强化与沪苏浙大院大所名校的科技交流与合作,开展关键技术联合攻关,争取引进、共建

---

① 程振革.发挥创新驱动原动力作用 打造合肥经济增长新引擎[J].安徽科技,2016(4):15-16.
② 江苏省科技厅.加强基础研究与原始创新[N].江苏科技报,2021-10-22(3).

一批研发分中心。以"人才+项目+平台"引才模式,引进创新创业人才团队,助推企业科技创新和招才引智。促进能够适应产业结构调整和技术进步需求的各类人才的开发和引进,满足经济社会快速发展对技能人才的需求。夯实高校毕业生等基础性人才储备,促进人力资源之间形成良性互补互动,弥补区域发展的人才短板,为战略性新兴产业技术创新托底,更好地发挥人才的集聚效应。

坚持"科教兴皖",将本土拔尖人才工作纳入人才重点工作,坚持引进与培育齐抓并重。满足计算机网络、人工智能、区块链等新型信息技术发展对人才的需求。安徽高校与沪苏浙高校组成各种类型联盟,探索新的人才培养模式和方法。探索建立高校、科研院所、企业合作培养产业技术骨干和技能人才的机制,打造高层次人才聚集基地,建设高水平人才培育和发展中心。将技术、政策、资本、人才、信息等创新资源集中集聚,充分调动各种生产要素,并推动其有机结合,形成高质量技术创新体系,才能为创新链、产业链、价值链的融合发展与价值衍生创造更多的可能性。基于安徽内部视角,安徽应建立创新链、产业链、资金链、人才链、政策链相互交织、互为支撑的创新生态体系。围绕安徽重点产业链和战略性新兴产业体系中的核心技术创新与突破,以高端化、智能化、服务化为方向,组建科技创新联合体,为安徽省科技创新策源地建设提供智力保障。围绕创新链、产业链,疏通资金链,创新投融资模式,促进资本市场健康发展,提升金融服务实体经济的能力。继续加大对科学研究和技术攻关的支持力度,构建覆盖自主创新全过程的政策链。面对外部发展环境,安徽应充分融入长三角发展战略,立足安徽空间、要素、产业优势互补,抓住长三角乃至全球创新资源流动和组合的机遇,积极参与全球产业分工与合作[①]。围绕产业创新发展战略需求,构建集成创新模式,推进长三角科技创新共同体建设,积极融入 G60 科创走廊发展。以创新实验为牵引,大力提升国家科学中心和滨湖科学城建设水平,积极争创综合性国家产业创新中心。聚焦智能家电、新能源汽车、集成电路、新型显示、智能语音等优势领域,构建全方位多层次的跨区域合作交流平台,加强产业合作对接,打造具有国际竞争力的先进制造业和现代服务业集群。着力构建区域一体化技术市场,发挥长三角外向型经济优势,在知识产权保护、促进开放创新等方面,主动学习借鉴国际标准,营造更具国际化、前瞻性和针对性的科技创新体系。

四、全面实施和完善各项科技创新政策,创造良好制度环境

一要确保现有科技创新政策落实到位。结合"四送一服"双千工程,大力宣传和全面落实国家和省科技奖励和资助政策,细化和完善实施措施,让现有政策充分发挥作用。二要进一步适应科技企业特点和科技创新需求、适应科技创新需求的政策体系。积极促进转移转化各种科技成果,鼓励各类主体积极创新,推动上海、

---

① 刘志强.长三角一体化发展的制度机制建设重点及路径[J].经济纵横,2021(11):83-89.

江苏、浙江等先进地区产业发展。制定一系列有针对性的配套政策措施,不断优化创新创业政策环境。三要加强统筹推进,搞好顶层设计,发挥考核"指挥棒"作用;整合产学研创新资源,攻克卡脖子技术;推动各类创新平台对外开放。安徽创新型省份建设要利用好媒体的宣传活动来帮助企业做好品牌策划,从而加强企业在研发上的信心;对现有的政府提出的优惠政策,制定相应的措施和细则,让政策对企业的帮扶产生实实在在的效果,不断强化企业在研发上的投入力度,通过政府的支持,建立一套切实可行的财政投入机制,对于在不同阶段遇到的问题,推出一种"雪中送炭"的服务和支撑模式,做好政府政策支持、资金引入、市场推动的融合。把各方资源聚集起来,建设出一批具有竞争力的企业,为安徽省的创新建设打好基础。加大政策激励和督查考核力度,引导各市(县、区)政府进一步加大财政科技经费投入。政府要顺应创新全球化、制造智能化和数字化发展大趋势,继续推动关键技术领域的国际技术合作,加速本国技术研发的迭代能力。发挥政府在共性技术研发攻关方面的主导作用,重点推进"联合攻关、成果共享"模式,实现技术知识交流,避免重复投资、降低单个企业研发成本。坚持关键核心技术非对称赶超战略,持续聚焦有限目标和细分领域,集中优势力量占领产业竞争高地、形成制约能力。激励以企业为主要创新力量的群体最大限度地发挥科技创新能力与优势,强化企业创新主体地位,关键是要资金、环境两手抓。综合运用财政补贴、税收抵免、绩效奖励等多种方式,加大政府采购对高新技术企业的支持力度,全面激发市场主体科研能动性,通过多维税收倾斜政策,激励企业加大在科技创新项目和成果转化上的投入,支持企业开发和掌握关键原材料、零部件的核心技术,缩短从研发到技术成果成型、再到应用投产的时间;切实提升政策效能和资金实效,借助税收大数据和第三方大数据,分行业、分类别、分项目建立优惠政策落实台账及数据清册,及时掌握动态变化情况,深度挖掘企业发展需求,让税收优惠政策"精准定位"企业,从高度、深度和精度三个层面全面提升财政服务质量。

五、加快建设区域一体化创新服务平台,提升创新技术水平

一要加快推动上海张江、合肥综合性国家科学中心的"两心共创"以及建设合肥综合性国家科学中心等创新平台,同时要积极争创量子信息等新型国家实验室,提升原始创新能力。二要加强企业创新平台培育。要建设好创新生态系统,不断地促进产学研的融合,不断地完善企业的评估机制,加速培养一批具有竞争力的企业群和领头产业,为科技型企业提供技术支持。三要建设一批高质量公共创新平台。构建关键核心技术的开源平台,确定统一标准,建立统一模块,由开源社区共同开发运营而非企业主导,广泛获取国内外全产业链创新力量的支持,把分散的碎片化的创新个体变成有凝聚力的协同攻关队伍,充分发挥各方合力,打通各种应用场景,构建具有全球竞争力的创新生态系统。开源平台社区允许用户基于自身需求改进产品性能,驱动产品创新、服务创新和应用场景创新,建立跨地域可持续的

用户驱动机制。建立公共研发和技术创新服务平台,以行业共性技术为研究对象,以产学研合作为手段,以建设共性技术创新平台为起点,提高产业创新水平和关键共性技术供应能力。四要发展一批专业科技中介服务机构。积极引进科技咨询、技术转让、知识产权、成果转化、科技金融等科技服务机构,形成多层次、全链条的科技服务体系。五要对外开放在创新上的合作,把重点放在科学和优势的领域,建设具有全国影响力的科技创新中心,完善基础科学管理体系,在此基础上重视大型科研项目建设。依靠合芜蚌示范区的发展带动安徽创新发展工作,创新中外合作模式,提高在国际上的合作开放水平。营造良好营商环境。以安徽自贸试验区建设为基点,坚持市场主导和政府引导相结合,进一步开放市场准入,融入国际国内两个市场、参与国际产业链分工,促进安徽省高新产业培养和本土产业升级;大力推进全省网上政务服务平台建设,升级完善"皖事通"一站式平台,对标国内国际一流政务服务水平,全面优化办事流程、全面服务惠民企业,持续将营商环境改革向纵深推进;最大限度地激发市场主体活力,积极培育本土企业做大做强,全面梳理、排查本土科技型企业,出台配套发展规划和扶持政策,在用地、融资、税收等方面予以倾斜,鼓励其在技术创新领域持续加大投入力度,引导企业加大关键设备、零部件、原材料储备和国产化替代力度,提升产业链自主可控能力。

第七章 安徽培育长三角优势产业集聚地

在国内大循环为主体、国内国际双循环相互促进的背景下,安徽培育优势产业集聚地是适应国内和国际形势的现实需要,是推动我国经济发展的必然要求,同时也是引领新发展格局观念的重要体现。

(1)国内和国际形势的现实需要。在逆全球化和新冠肺炎疫情背景条件下,全球的经济呈现出萧条的发展态势,同时近年来不断地增大的经济下行压力,产业结构面临转型升级的难题都是影响实施产业一体化发展的重要影响因素。在以国内流通为主体、国际国内双流通为重点的发展新格局下,将长三角产业一体化上升为未来的国家发展战略是我国政府做的一个至关重要的决定,通过战略的实施来带动经济的发展。这将大大有利于上海市、江苏省、浙江省和安徽省协同发展,在危机中抓住机遇,充分发挥"1+1>2"和充分发挥区域之间产业协作机制的优势,促进长三角产业一体化快速发展。

(2)推动我国经济发展的必然要求。当长三角地区的城市群形成产业一体化的发展局面时,有利于打破行政和贸易壁垒,提升政策和产业发展的协同度,也有利于促进生产要素在长三角地区自由地流动。另外,准确定位"三省一市"产业发展的比较优势,着力发展在我国产业中占据比较优势的产业,形成规模效应,提升产业竞争力,实现地区内的社会分工。有利于共用基础设施,形成产业的扩散效应,推动我国经济发展,缓解经济发展的下行压力。

(3)引领新发展格局观念的重要体现。推进长三角产业一体化的发展,体现了"下一盘棋"的理念,建立健全合作机制,同时一体化的发展还体现了集中力量办大事的发展战略。长三角产业的一体化发展有利于完善各地区的优势,发扬优势,弥补缺点。并在一定程度上起到延长产业链、提高附加值的作用,促进中国城市群的发展,打造出拥有世界竞争力的城市群。长江综合产业发展规划已成为国家发展战略,这是顺应经济全球化的发展趋势的重要体现。另外,为其他地区的综合开发提供宝贵的经验和借鉴。

第一节 长三角一体化发展政策演进

一、宏观层面：高质量协同政策演进

在长三角一体化高质量协同发展进程中，国家层面出台的政策从 2008 年开始经历了长三角区域的扩大、长三角城市群规划到长三角一体化的发展规划，具体见表 7.1 所列。

表 7.1 国家层面的长三角高质量协同发展政策

时间	政策文件
2006 年 4 月	中共中央、国务院印发《关于促进中部地区崛起的若干意见》，将皖江城市带列入中部崛起的重要战略区域之一
2008 年 9 月	国务院印发《关于进一步推进长江三角洲地区改革开放与经济社会发展的指导意见》，长三角囊括了上海市、江苏省、浙江省，将长三角定位为亚太地区重要门户及先进制造业基地，形成具有较强竞争力的世界级城市群
2010 年 1 月	国务院批复《皖江城市带承接产业转移示范区规划》，这表明皖江城市带承接产业转移示范区升级为国家层面战略
2010 年 6 月	国务院正式批准实施《长江三角洲地区区域规划》，提出长三角积极推动一体化，实现对长江经济带和华东地区的带动作用
2014 年 3 月	国务院发布《国家新型城镇化规划(2014—2020)》，提出区域政策空间属性的导向性变化
2014 年 9 月	国务院发布《国务院关于依托黄金水道推动长江三角洲城市群发展规划》，提出培育更高水平的经济增长极
2016 年 5 月	国务院发布《长江三角洲城市群发展规划》，涵盖范围增加了安徽省的 8 个城市，以及江苏省盐城市、浙江省金华市，长三角城市群数量从 16 个增加到 26 个
2018 年 3 月	国家发改委发布《国家发展改革委关于实施 2018 年推进新型城镇化建设重点任务的通知》，提出，2018 年对长三角城市群规划加快实施进度，形成"一核五圈四带"网络优化布局

续表

时间	政策文件
2019年5月	中共中央政治局会议通过了《长江三角洲区域一体化发展规划纲要》，纲要提出，作为活力最大、开放程度最大、创造力最强的区域，长三角在全国经济的发展中发挥了重要作用。长三角的发展具有示范引领作用，抓住"一体化"和"高质量"两个要领，推动长江经济带和华东地区发展，形成高水平发展的世界级城市群
2021年5月	《长三角生态绿色一体化发展示范区重大建设项目三年行动计划（2021—2023年）》发布，主要涉及生态环保、设施互通、产业创新、民生服务等四个领域，这标志着长三角示范区从区域项目协同转向一体化制度创新

资料来源：根据相关文献整理所得。

二、微观层面：高质量协同政策演进

微观层面，安徽推动长三角高质量协同发展政策主要涉及金融层面、产业层面、人才层面、创新层面和生态层面，具体见表7.2所列。

表7.2 安徽推动长三角高质量协同发展政策

年份	政策文件						
2011年	《关于进一步提高利用外资工作水平的指导意见》	《关于印发安徽省"十二五"金融业发展规划的通知》	《关于印发促进中部地区崛起规划安徽省实施方案的通知》	《进一步加快发展旅游业重点工作分工方案的通知》	《关于印发安徽省"十二五"及2011年节能综合性工作方案的通知》	《关于加快推进现代农作物种业发展的实施意见》	—
2012年	《关于加快船舶工业发展的意见》	—	—	—	—	—	—
2013年	《关于加快现代渔业发展的意见》	—	—	—	—	—	—

续表

年份	政策文件							
2014年	《关于支持外贸稳定增长调结构的实施意见》	《关于建设皖北"四化"协调发展先行区的意见》	《关于促进旅游业改革发展的实施意见》	《关于2009—2010年度安徽省社会科学文学艺术出版奖的通报》	《关于加快发展现代职业教育的实施意见》	《关于印发安徽省大气污染防治行动计划实施方案的通知》	—	—
2015年	《关于印发2015年招商引资工作方案的通知》	《关于贯彻国家依托黄金水道推动长江经济带发展战略的实施意见》	《关于印发安徽省落实"三互"推进大通关建设改革方案的通知》	《关于印发促进中部地区崛起2015年工作要点任务分工的通知》	《关于印发安徽省社会信用体系建设规划纲要(2015—2020年)的通知》	《关于加强口岸开放促进开放型外贸转升级的实施意见》	《关于加快体育产业促进体育消费的实施意见》	《关于印发安徽省贯彻落实大别山革命老区振兴发展规划实施方案的通知》
2016年	《关于补短板增强经济社会发展动力的实施意见》	《关于积极发挥新消费引领作用加快形成新供给动力的实施意见》	《关于加快发展生活性服务业促进消费结构升级的实施意见》	《关于补短板增强经济社会发展动力的实施意见》	《关于安徽省江南江北产业集中区总体规划的批复》	《关于印发品牌引领供给结构升级行动实施方案的通知》	《关于推进流通创新转型升级发展的实施意见》	《关于积极发挥新消费引领作用加快形成新供给动力的实施意见》
	《关于补短板增强经济社会发展动力的实施意见》	《关于印发安徽省"十三五"防震减灾规划的通知》	—	—	—	—	—	—

年份	政策文件								
2017年	《关于印发安徽省"十三五"金融业发展规划的通知》	《关于进一步推进省属企业结构调整和重组的实施意见》	《关于建立完善守信联合激励和失信联合惩戒制度加快推进社会诚信建设的实施意见》	《关于印发安徽省现代基础设施体系建设总体规划(2017—2021年)的通知》	《关于印发安徽省现代商务平台体系建设专项规划(2017—2021年)的通知》	《关于大力发展装配式建筑的通知》	《关于进一步推进省属企业结构调整和重组的实施意见》	《关于印发安徽省脱贫攻坚期产业精准扶贫规划的通知》
	《关于印发安徽省"十三五"各产业发展规划的通知》	《关于印发安徽省"十三五"促进就业规划的通知》	《关于贯彻中医药发展战略规划纲要(2016—2030年)的实施意见》	《关于印发新形势下加强打击侵犯知识产权和制售假冒伪劣商品工作实施方案的通知》	《关于印发安徽省"十三五"信息化发展规划的通知》	《关于印发安徽省"十三五"水利发展规划的通知》	《关于印发安徽省"十三五"环境保护规划的通知》	《关于印发"十三五"节能减排实施方案的通知》
2018年	《关于印发安徽省半导体产业发展规划(2018—2021年)的通知》	《关于深化"互联网+先进制造业"发展工业互联网的实施意见》	《关于印发安徽省技术转移体系建设实施方案的通知》	《关于促进"互联网+医疗健康"发展的实施意见》	《关于深化"互联网+先进制造业"发展工业互联网的实施意见》	《关于推动创新创业高质量发展打造"双创"升级版的实施意见》	《关于印发安徽省促进科技成果转化行动方案的通知》	《关于印发安徽省打赢蓝天保卫战三年行动计划实施方案的通知》

续表

年份	政策文件							
2019年	《关于进一步减负增效纾困解难优化环境促进经济持续健康发展的若干意见》	《关于印发优化口岸营商环境促进跨境贸易便利化实施方案的通知》	《关于促进全省开发区规范管理的通知》	《关于进一步加强全省重大项目谋划储备工作的通知》	《关于印发加快发展流通促进商业消费若干措施的通知》	《优化营商环境条例》	《关于进一步加强全省重大项目谋划储备工作的通知》	《关于推大产业基地高质量发展若干措施的通知》
	《关于推大产业基地高质量发展若干措施的通知》	《关于2013—2016年度安徽省社会科学奖获奖成果的批复》	《关于印发安徽省智慧学校建设总体规划（2018—2022年）的通知》	—	—	—	—	—
2020年	《关于加快推进高速公路建设促进长三角一体化发展的通知》	《关于促进线上经济发展的意见》	《关于印发加快推进粮食产业高质量发展行动计划的通知》	《关于印发安徽省"数字政府"建设规划（2020—2025年）的通知》	《关于加强长三角绿色农产品生产加工供应基地建设的实施意见》	《关于推进气象事业高质量发展助力现代化五大美好安徽建设的意见》	《关于印发安徽省加快推进政务服务"跨省通办"工作方案的通知》	《关于印发中国（芜湖）跨境电子商务综合试验区中国（安庆）跨境电子商务综合试验区建设实施方案的通知》

续表

年份	政策文件						
2020年	《关于促进装配式建筑产业发展的意见》	《关于印发安徽省加快医学教育创新发展实施方案的通知》	《关于印发安徽省进一步优化营商环境更好服务市场主体工作方案的通知》	《关于加强长三角绿色农产品生产加工供应基地建设的实施意见》	《关于印发中国（芜湖）跨境电子商务综合试验区、中国（安庆）跨境电子商务综合试验区建设实施方案的通知》	—	—
2021年	《中共安徽省委安徽省人民政府关于促进经济平稳健康发展确保"十四五"开好局起好步的意见》	《中共安徽省委安徽省人民政府关于进一步发挥企业家作用推进民营经济高质量发展的若干意见》	《安徽省人民政府关于进一步激发民营企业创业热情成就企业家创业梦创造民营经济高质量发展的若干意见》	《安徽省新能源汽车产业发展行动计划（2021—2023）》	《支持中国声谷创新发展若干政策》	《中国声谷创新发展三年行动计划（2021—2023年）》	《安徽省光伏产业发展行动计划（2021—2023年）》

第二节　长三角产业发展基础与特征

一、长三角产业发展基础

长三角城市群存在地理概念与经济概念的差异。在地理概念中,长三角位于中国的沿江沿海,呈"T"字形,目前是中国最大的城市群(与珠三角和环渤海城市群相比),由沿长江经济带和杭州湾城市群共同构成。位于长江的下游地区,沿江沿海和临海的众多的港口。在经济概念中,它是由上海、江苏、安徽和浙江组成的一条经济带,有较大的经济规模和较快的经济发展速度,并且具有较大的发展潜力,如今,长三角更多的是以经济概念出现在人们的研究视野中。

目前,长三角城市群分为广义的长三角城市群和狭义的长三角城市群。狭义的长三角城市群指的是"三省一市"(浙江、江苏、安徽、上海)的 26 个城市。这是国务院 2019 年印发的《长三角城市群发展规划》中提出来的。然而广义的长三角也被称为"泛长三角地区",就是由上海市、安徽省、浙江省、江苏省等邻近省份组成的一个区域。本书是以狭义的长三角为研究对象开展研究。

根据上海、浙江、安徽、江苏等统计局历年公布的统计年鉴,可以得到 2010 年至 2020 年长三角地区 GDP 的分布情况,具体见表 7.3 所列。

表 7.3　2010—2020 年长三角地区生产总值分布表

(单位:亿元)

年份	上海市	浙江省	安徽省	江苏省
2010	17436.85	27747.65	14454.07	41971.34
2011	19539.07	32363.38	16582.59	49801.59
2012	20558.98	34739.13	18659.53	54888.84
2013	22264.06	37756.58	20539.43	60712.81
2014	24068.20	40173.03	22404.55	66150.64
2015	25659.18	42886.49	24302.33	71289.51
2016	28183.51	47251.36	26106.71	77388.28
2017	30632.99	51768.26	28178.71	85900.94
2018	32679.87	56197.00	30006.8	92600.00
2019	38155.32	62352.00	37114.00	99631.52
2020	38700.58	64613.34	38680.63	102718.98

数据来源:上海市、安徽省、浙江省、江苏省统计年鉴。

从表 7.3 可以看出,长三角地区的 GDP 从 2010 年到 2020 年呈现出递增的总体态势,从中可以反映出近 10 年来长三角地区的经济水平不断提升。同时,江苏省是长三角地区 GDP 排行榜的龙头,其次是浙江省,而上海市则排名第三,安徽省排名第四,并且上海市和安徽省 GDP 的差距不大,但江苏省 GDP 远远超过长三角其他地区,差距在逐步拉大。

根据历年统计年鉴整理出 2010—2020 年长三角地区"三省一市"的人均生产总值的分布情况,具体见表 7.4 所列。

表 7.4　2010—2020 年长三角地区人均生产总值分布情况

(单位:元)

年份	上海市	浙江省	安徽省	江苏省
2010	77276	51758	20888	53536
2011	84037	59331	25659	63167
2012	86969	63508	28792	69397
2013	92852	68805	32001	76563
2014	99438	73002	34425	83211
2015	106009	77644	35997	89468
2016	116582	84916	39092	96887
2017	126634	92057	43401	107189
2018	135000	97960	47452	115000
2019	157620	107625	58496	123755
2020	155800	100738	63426	121231

由表 7.4 可以看出,2010—2019 年长三角地区的人均生产总值总体呈增长趋势,且增长速度较快,但到了 2020 年,受到疫情与国际形势影响,人均生产总值却出现了下降趋势。然而上海的人均国内生产总值最高,其次是江苏省,第三是浙江省,最后为安徽省。人均 GDP 在一定程度上代表着该地区的富裕程度。由此可以看出,上海市最富裕,这也充分证实了上海在长三角地区处于核心位置。

二、长三角产业重点发展方向

长三角地区从改革开放时期就承担着国家对外开放战略、东中西区域联动等多重使命,为了有效地发挥资源配置作用,整合各种资源,发挥协同作用,需要立足发展优势产业。在优势产业中开展协调创新,促进产业发展优化是大趋势。在长三角发展规划中,主要有五个重点产业,分别是集成电路、生物医药、智能制造、新材料和新能源汽车。这是当前推进长三角更高质量一体化进程中值得重点关注的五大产业方向,见表 7.5 所列。

表 7.5 长三角重点研究产业发展方向

发布时间	政策文本	发布主体	重点支持产业
2016 年	《长江三角洲城市群发展规划》	国家发展和改革委员会	电子信息、钢铁制造、石油化工、新能源汽车、纺织服装、现代金融、商贸、现代物流、文化创意、新一代信息技术、生物产业、高端装备制造、新材料、北斗产业、光伏产业
2017 年	《长江经济带产业转移指南》	工业和信息化部	集成电路、软件、电子元器、智能电网、机器人、海工装备、钢铁石油化工、汽车、纺织服装、现代服务业
2018 年	《长三角地区一体化发展三年计划行动(2018—2020)》	长三角联合办公室	智能交通、物联网、汽车、5G、集成电路、人工智能、新能源、节能环保、商务金融

数据来源：上海统计年鉴。

（一）集成电路产业

在长三角地区，集成电路非常发达。产业规模和销售量大约占全国 60%，是龙头发展地区，这里的产业链完整，综合技术水平高。长三角地区一共有 4 个城市进入集成电路设计十大城市之中。行业内出现一大批的优秀企业，集成电路的发展条件和环境较完善，未来，将会有更多的资源如高端人才涌入长三角，为集成电路发展提供动力。

（二）生物医药产业

长三角地区通过国家政策大力扶持，优秀人才聚集。生物医药产业不断发展，拥有高端技术和高端人才，与各种社会要素相关联，形成长三角区域高端创新生态系统。在国内外合作和各种重大项目推进中，长三角区域整合各种生物医药研究成果，向高端方向前进，在全国医疗资源上名列前茅。完善的科技资源基础设施配置，社会资金聚集，研究成果广泛。并且长三角地区高校众多，为生物医药直接输入人才，未来长三角地区还会有更多的一流科技创新项目落地，为长三角产业创新发展助力。

（三）智能制造产业

智能制造是当今发展的重点领域，长三角龙头企业跨区域发展，大力促进智能制造与其他产业创新融合。实施区域重点项目，加强与实体企业的合作经营。逐步建立专属的智能制造运营体系，国家政策大力扶持，对工业和制造业包括高精密传感器等进行布局和配套服务。将地区高校与科研机构联动,为智能制造提供高端人才。

(四)新材料产业

长三角面向新兴市场开发专用型新材料,将需求与供给对应连接,促进高端制造业的发展,面向市场的需求,整合创新资源,通过开展相应的机构合并,对相关产业进行投资,开拓材料来源,强化资源控制力。通过要素匹配促进资源整合,加强创新,促进新平台发展。长三角区域开放程度高,人才和资源要素丰富,国家政策大力扶持新兴产业发展,新材料在不断发展的过程中产业日益完善,为我国经济增添活力。未来,长三角区域新材料将会获得更大的发展空间,吸引更多的行业人才,为我国制造业的发展提供来源和动力,不断缩小与发达国家的差距,增强国家发展的自信心。

(五)新能源汽车产业

在长三角区域,低端动力电池生产的企业市场饱和,但是关于汽车驱动电机和能量管理方面的专业研究却很少,存在零部件市场恶性竞争的现象。因此,要大力开展新能源汽车的创新研究,强化新能源汽车生产环节。当前,长三角地区在充电桩生产配置方面发展较为快速。但是主要以公共充电桩为主,私人充电桩发展远远落后。未来,长三角地区要大力推广私人充电桩,为各地区城市建设发展提供完善的基础设施。在新能源汽车发展道路上,还存在很多问题。如缺乏充电桩配置和完善的修理条件设施等。长三角是我国经济发展的示范区,将起到示范作用,为新能源汽车的发展提供良好的实例。未来,我国其他各地区将在长三角地区发展经验的基础上不断改善,获得进步。

三、长三角产业发展特征

新冠疫情大流行激化着全球经济领域的固有矛盾,同时也催生了中国经济新的动能、新的增长点。习近平总书记在主持召开企业家座谈会时指出,在当前保护主义上升、世界经济低迷、全球市场萎缩的外部环境下,必须充分发挥国内超大规模市场优势,通过繁荣国内经济、畅通国内大循环为我国经济发展增添动力,带动世界经济复苏。

长三角世界级城市群是我国参与国际竞争的重要平台,探索长三角高质量协同发展特征,优化长三角高质量协同发展,全面提高开放水平,集聚创新要素,形成与国际通行规则相适应的投资、贸易制度,培育具有全球影响力的科技创新高地,有利于提升国际国内要素配置能力和效率,带动国家以及安徽竞争力的全面增强。

(一) 协同治理机制多元丰富

长三角协同一体化中必不可缺的一环就是协同治理机制,健康有效的治理机制就是协同发展的重要保障。目前,长三角地区在高层会晤、平台搭建、政策落实方面已经构成了完整的治理系统。

高层会晤方面,在长三角任何一项区域合作协同的措施中,少不了跟进的高层会晤。最初在经济协调会上设立了联席会议制度,后面在围绕地区之间的具体合作都展开了定期的领导高层会议。这种协同治理机制为长三角内部政策的可行性提供了有效的保障,在各区域领导高层的会议下及时对问题进行反馈,提高了运行的效率。

平台搭建方面,区域之间形成的协同平台有力推动了长三角地区创新协同政策,为实践提供了强大的平台后盾。这些年来,长三角区域围绕全方位多层次的发展角度搭建了长三角G60科创走廊等重要平台,将区域协同真正纳入人民生活息息相关的各个方面。

政策落实方面,协同办公室和专项工作组的设立保障了各项政策的落实。为了保证工作运行的透明度,各区域的工作人员组成了办公室。在协同系统内部,各司其职,发挥优点和长处。

(二) 产业一体化进程加快

一个区域的经济实力,很大程度上反映了这个区域的发展水平。社会经济是研究长三角地区协同发展的重中之重,除地区生产总值外,还需要进一步研究经济增速、固定资产投资和产业结构。

长三角城市内部的产业分工与布局在协同机制下平稳运行,2020年,即使是在疫情的大环境影响下,长三角地区也抵挡住了冲击,展现了强大的经济底蕴和韧劲。经济总量达到24.47万亿元,约占全国比重的24%。在协同一体化的不断深入下,长三角三省的GDP增速超过了全国平均水平的2.3%,其中安徽省以3.9%的增速领跑,在协同发展的步调上凝聚了强大的合力。

2020年长三角"三省一市"生产总值、第一产业、第二产业、第三产业产值及产业结构比如表7.6所示。2020年,全国三次产业结构比例为7.7∶37.8∶54.5,以全国的数据为基准,"三省一市"的产业结构与地区的经济发展水平有着很大的联系。国家政策的实行、科学技术的运用、资本的投入、先进设备的使用是经济增长不可或缺的动力,但是不能忽略的一点恰好是发展的重中之重——资源的优化配置程度,而产业结构的构成状态和变化则是资源配置效益的关键。上海的经济发达程度在我国居于"排头兵"的地位,第三产业占到了产业总量绝大部分的比重;反观没有达到全国基准的安徽,三次产业比重为8.2∶40.5∶51.3,在"三省一市"的经济发展中处于欠发达的地位。

表 7.6　2020 年长三角"三省一市"生产总值及产业结构构成

(单位:亿元)

	生产总值	第一产业	第二产业	第三产业	产业结构比
江苏	102718	4536	44226	53955	4.4∶43.1∶52.5
浙江	64613	2169	26412	36031	3.4∶40.8∶55.8
上海	38700	103	10289	28307	0.3∶26.6∶73.1
安徽	38680	3184	15671	19824	8.2∶40.5∶51.3

在区域一体化的经济发展中,既受到自身因素的影响,又离不开所处区域的效应。虽然区域内部经济发展水平差异仍然存在,但是长三角主要16个城市产生了明显的一体化效应。经济总量增长迅速,区域发展中各有自己的定位和分工,长三角整体的产业结构趋于完善。产业结构的平衡能够放大技术创新效应,从而促进经济发展,带动区域的不断发展。

总体来看,在协同一体化发展背景下,长三角地区经济发达,经济增速快,产业结构合理。自2019年安徽省加入长三角之后,安徽省暂时在"三省一市"的局面中处于落后位置,但作为一个处于经济高速增长的省份,安徽省未来可期。

第三节　长三角产业一体化现状分析

一、长三角产业一体化的理论基础

(一) 一体化理论

一体化是指许多独立的主权国家(或主体)在同一制度下以某种方式与其他国家合作,最终实现互利互惠的目标。一体化有着广泛的涉及范围,从小的方面来说,其既可以包括企业向同一产业的下游发展,即产业的纵向一体化以增加附加值,延长产业链;又可以包括地区之间通过联合和合并获得的竞争优势的横向一体化,以提高企业竞争力。从大的方面来说,也可以包括这个国家内部的政治、经济、文化、社会、法律、产业、警务等一系列社会因素。由此可见,一体化可以将世界各个国家紧密连成具有主体资格的单一实体。本节主要从产业发展的角度进行深入研究,在对象选取方面,以长三角地区的一体化作为主要的研究对象。日本学者植草益是从产业融合的过程和产业融合的结果两个方向对产业的一体化程度进行分析。他认为产业融合化就是通过技术的革新,提高技术创新能力并降低区域间的壁垒。为了加强产业间的竞争和协同作用,其他学者认为不同产业或同一产业内的不同产业相互渗透和融合是最终达到不同产业融为一体的重要因素。而本书认为,产业一体化是各个国家(地区)之间在全球化的潮流下,通过技术革命和技术的扩散使得各国的技术提升,创新能力增强,使得各国的产业协作能力增强,融合成一个整体。通过形成新的产业体系和提高在国际市场的竞争力,适应新的市场需求,同时满足各国可持续发展的实际需要,产业间优势得到补充和扩大。

(二)规模经济理论

规模经济理论由美国经济学家亚当·斯密创立,是现代经济学的重要理论之一,为许多的产业发展奠定理论基础。主要内容是在特定的一定期间内,投入生产要素生产出来的产品数量的增加,达到为降低企业的生产成本而提高竞争力的目的。企业有两种经济规模,具体形式分为内部经济和外部经济。内部规模经济主要是由于降低生产成本和扩大生产规模;外部规模经济是指全球产业间生产规模的扩大,导致整个产业规模的扩大,形成外部规模经济。

(三)比较优势理论

比较优势理论是经济学家李嘉图在绝对优势理论的基础上提出并发展起来的。该理论认为,如果一个国家(A国)在两种生产要素上相对于另一个国家(B国)来说均处于绝对劣势,即B国在利用两种生产要素进行的产品生产上具有绝对优势。但只要这两种生产要素的优劣程度不同,即A国在两种生产要素中绝对劣势较小的产品的生产上具有比较优势,B国在两种生产要素中绝对优势较大的产品的生产上具有比较优势,这样A国和B国均可以进行专业分工和专业化生产。即A国可以进行专门生产A国具有比较优势的产品,并将该产品出口到B国;同理B国专业化生产并出口其具有比较优势的产品。这样A国就可以和B国进行贸易,通过贸易两国的福利水平都将得到提升。比较优势理论的原则不仅可以用来解释不同国家间的经贸往来,同时还适用于一个国家内不同区域或者相同区域的企业之间的关系。

二、长三角产业一体化的现实基础

(一)产业基础设施不健全

早在1982年就提出了上海经济特区的决定,同时顺应改革开放的战略,并且上海在当时中国的经济发展水平是首屈一指的,因此发展的历史悠久,基础设施比较健全,有良好的发展前景,并有国家政策的支持。在我国的产业经济发展程度中,工业经济在长三角地区的经济发展中占有很高的比重,并且在许多的领域都处于遥遥领先的地位。家电制造业、汽车制造业、战略性新兴产业和高新技术产业在长三角地区是大力发展的工业部门。从这一角度看,长三角产业整合具有良好的产业基础,为产业整合发展奠定了坚实的基础。但是从深层次来说,现阶段长三角地区的交通还是停留在表面量化的阶段,没有达到质的突破。各省市之间的道路联系还没有打通,运输体系比较单一,重要的运输地和主要港口之间的衔接不够紧密。

(二)产业发展不平衡

长三角由上海、安徽、浙江、江苏等城市组成,其中上海经济发展水平最高,安徽发展水平最低,其发展水平和发展程度的不平衡在长三角地区的"三省一市"中淋漓尽致地呈现出来。浙江与江苏的三个产业结构相似度较大,但是均落后于上海,而安徽省的产业结构则是更加的不平衡。从"三省一市"的产业发展方向来看,信息技术业、制造业和高新技术产业是"三省一市"共同的产业发展方向,由此可以看出长三角地区的产业发展的不平衡。通过产业的一体化发展来缩小这些差距,扬长避短,提高长三角地区的产业协同发展水平。

(三)产业同构化严重

在没有实施长三角一体化战略之前,各个地区都有自己的产业,难免会出现不同地区的产业同构现象。今后,战略性新兴产业、高新技术产业、服务业和新能源汽车业等行业在许多城市都有不同程度的发展,这能反映出长三角城市群产业同构的现象比较严重,并且在未来一段时间内这一现象有持续加深的趋势。地方政府各自为政,导致长三角各地区的重复建设,大大加速了地区间的同构化现象。近年来,长三角各地区均大力发展绿色产业、现代信息技术和新能源产业,导致主要的产业重叠,大大地阻碍了长三角地区的区域分工协作。同时由于城市间 GDP 的竞争,促使当地政府大力发展高值产业,这也导致了重复建设,使得产业的同构化现象严重。

三、战略性新兴产业发展现状

(一)安徽省战略性新兴产业整体状况

在本书中,将战略性新兴产业概念界定为"新兴起的具有经济主导性产业"。现阶段,我国对战略性新兴产业主要涵盖:节能环保产业、新一代信息技术、生物产业、新能源与新材料产业以及高端装备制造业。因而,在本研究中主要针对以上产业的规模进行分析(表7.7)。同时,结合安徽省"三重一创"政策,与产业结构布局调整,主要针对新一代信息技术产业、生物产业与新能源汽车产业等战略性新兴产业进行分析。由表7.7可以看出,2011 年安徽省战略性新兴产业总产值从 4132.1 亿元,直至 2020 年增长至 19417.9 亿元,很明显安徽省战略性新兴产业规模总体增长较快,然而,战略性新兴产业增长率从 2011 年的 62.1%下降至 2016 年的

16.4%,2017年随着云技术、大数据、人工智能、生物制药等产业的快速发展,以及在高质量发展思路的引导下,使增长率又提升至21.4%,2018—2019年随着安徽省产业结构调整与升级,大力推进供给侧改革,导致战略性新兴产业的短期波动,但在2020年又增长至18%,总体呈现较好的趋势。

表7.7 战略性新兴产业总产值与增长率

年份	增长率	战略性新兴产业总产值(亿元)
2011	62.1%	4132.1
2012	33.1%	5094.1
2013	23.4%	6863.4
2014	22.5%	8378.9
2015	17.6%	8921.5
2016	16.4%	10161.3
2017	21.4%	12335.8
2018	16.1%	14321.9
2019	14.9%	16455.8
2020	18.0%	19417.9

数据来源:安徽省统计局官网。

1. 新一代信息技术产业

在安徽省战略性新兴产业中,新一代信息技术、新材料、新能源、生命健康发展最快,也成为安徽省加快战略性新兴产业发展的关键产业。在安徽省政策扶持下,新一代信息技术发展较快。通过数据汇总新一代信息技术产业(在2015年作为专有名词进行统计,之前为电子信息产业)得出,2011年安徽省新一代信息技术产业仅有1017.7亿元,直至2020年增长至5048.2亿元,增长近5倍。安徽省新一代信息技术产业,是以TD-LTE技术作为产业主导,不断加快5G产业布局,拉动移动通信设备的产业发展。通过增长率分析,从2011年的82%,降低至2018年的12.7%,在2018—2020年,产业增长率有所回升。从2018年的12.7%增长至2020年的28.5%。

2. 生物技术产业

安徽省大力推进生物技术产业发展,2010年安徽省正式引入生物技术产业,2011年生物技术产业产值为591.6亿元,增长率为36.5%,直至2020年增长至2357.1亿元,增长率为22.7%。从2011—2016年生物技术产业增长率呈现逐年递减的趋势,在2016年后生物技术产值增长率不断提升,尤其是随着医疗器械、医药制造产业较快的增幅,使安徽省生物医药产业保持投资的活跃度,其中安徽省丰原集团生物能源、生物化工和生物材料技术等,在我国位于前列,现阶段是国内最大的生物能源和生物化工产业基地,产品居全国第一。

3. 新能源汽车产业

新能源汽车产业逐步成为安徽省战略性新兴产业的关键产业之一,新能源汽车产业2011年产值仅有5.2亿元,2020年已增长至1039.0亿元,增长20余倍,可以说是战略性新兴产业中发展最快的产业。新能源汽车的增长率均保持在较高水平,2019年增长率短暂回落至10.5%,但是在2020年又快速回升至23.1%,同时随着安徽省"三重一创"政策以及新能源汽车产业布局,新能源汽车必将迎来快速发展时期。现阶段,安徽省已有多项新能源汽车产业发展的科技创新成果,尤其是自主研制的镍氢电池和锂离子电池已经突破了关键技术瓶颈,其效率接近国际最高水平,且已经成功应用于公交客车。瑞风汽车作为较早研发新能源汽车技术的企业,通过加大新能源汽车研发投入力度,已经初步具备新型节能环保汽车制造关键技术。

4. 新材料产业

安徽省乃至全国新材料产业发展水平是不断提升的,且拥有巨大的发展潜力与价值。通过对新材料产业产值与增长率的比较分析,发现新材料产业规模增长较快。2011年新材料产业产值为889.9亿元,直至2020年新材料产业规模增长至4617.7亿元,但是增速在2015年后逐渐放缓。新材料产业增长率回落至14.8%,其中安徽省在稀土功能材料、有机硅、超硬材料、先进储能材料、特种不锈钢、玻璃纤维等产能方面均居世界前列。

5. 新能源产业

新能源包括核能、太阳能、风能等,新能源作为清洁能源,将成为传统能源产业必要补充,中国新能源产业在技术研发和生产制造等方面已达到国际先进水平,国际影响力也越来越大。安徽省也积极响应高质量发展,大力推进清洁能源的使用,因而新能源产业增速较快,2011年新能源产业产值为290.1亿元,增长率为220.3%,至2020年新能源产业的产值增长至1503.4亿元,经过多年增长,增长率略有回落,降低至23.1%,虽然增长率有所回落,但是在战略性新兴产业中增长速度较快。

6. 高端技术设备制造产业

安徽省高端装备制造产业重点是发展数控机床等数字化、柔性化及系统集成的重大基础装备,新型基础零部件。高端技术设备制造业从2011—2014年呈现逐年递增的趋势,从2011年的1066.6亿元,增长至2014年的2163.2亿元。2015年大幅降低至928亿元,后又逐年递增,2020年增长至1880.1亿元,由此可见高端技术设备制造业总体增长较为缓慢。

7. 节能减排产业

自2008年节能减排政策实施以来,在环保政策的驱使下,节能减排产业得到快速发展,具备良好的发展势头。在2011年节能减排产业产值为229.4亿元,

2020年节能减排产业已增长至2660.8亿元,产业规模增长十余倍,且依旧呈现稳步增长的趋势。其中,安徽国桢环保公司城市污水处理和工业污水处理工艺及装备被列入国家重大专项,成为节能减排产业的佼佼者,具有做大做强的基础。

(二)安徽省战略性新兴产业结构

战略性新兴产业主要包括节能减排产业、新一代信息技术产业、新材料、新能源、新能源汽车、生物技术产业以及高端技术设备制造业,按照不同产业在战略性新兴产业中的占比情况进行解读,以此分析战略性新兴产业结构布局。其中,节能减排产业从2011年占比5.61%增长至2015年的18.2%,在2015年后占比呈现缓慢下降的趋势,直至2020年降至14.94%,通过数值分析发现2016年后节能减排产业规模占比趋于稳定。高端技术设备制造产业,呈现出逐年递减的趋势,从2011年的26.08%降低至2020年的9.69%。新能源产业2011—2020年产业占比稳定在5%~7%,总体占比较低。新材料产业从2011年的21.76%占比增长至2020年的24.08%,有小幅增长,同时新材料产业总体产业较高。生物技术产业占比从2011年的14.46%,小幅缩减至12.15%,规模占比仅有小幅度的回落。而新一代信息技术产业占比较高,从2011年的24.88%增长至2020年的26.03%,呈现坡度增长趋势。

总体来看,在2011年战略性新兴产业中,高端技术设备制造产业(26.08%)、新材料产业(21.76%)、新一代信息技术产业(24.88%)占比最高;至2020年新材料产业(24.08%)、新一代信息技术产业(26.03%)占比最高(表7.8)。由此可见,安徽省的新一代信息技术产业、新材料产业始终是战略性新兴产业的支柱产业,而高端技术设备制造产业占比逐步回落。

表7.8 安徽省战略性新兴产业结构占比

年份	节能减排产业	高端技术设备制造产业	新能源产业	新材料产业	新能源汽车产业	生物技术产业	新一代信息技术产业
2011	5.61%	26.08%	7.09%	21.76%	0.13%	14.46%	24.88%
2012	6.47%	26.71%	6.19%	20.20%	0.34%	13.82%	26.28%
2013	7.67%	27.80%	5.24%	20.70%	0.50%	12.41%	25.69%
2014	7.30%	26.09%	5.82%	20.80%	0.58%	11.38%	28.02%
2015	18.20%	10.40%	7.19%	23.14%	4.13%	11.23%	25.71%
2016	15.35%	12.05%	7.54%	23.03%	5.05%	11.24%	25.72%
2017	15.75%	11.53%	7.64%	24.25%	5.12%	11.12%	24.60%
2018	15.92%	10.89%	7.33%	25.41%	5.40%	11.18%	23.86%
2019	16.26%	10.51%	7.46%	24.87%	5.16%	11.74%	24.01%
2020	14.94%	9.69%	7.75%	24.08%	5.36%	12.15%	26.03%

数据来源:安徽省统计局官网。

(三)安徽各地区战略性新兴产业发展现状

针对安徽省各个城市战略性新兴产业增长率进行分析发现,在2014年,合肥(28.2%)、蚌埠(24.7%)、阜阳(27.2%)、芜湖(22.4%)与铜陵(22.2%)增长较快;至2020年,淮北(30.7%)、亳州(21.4%)、淮南(30.4%)、滁州(29.8%)、六安(20.7%)、马鞍山(22.6%)、池州(20%)增长较快,而安庆、黄山地区的战略性新兴产业发展相对缓慢(表7.9)。总之,早期合肥、阜阳、蚌埠等经济发达地区战略性新兴产业早期增长较快,后期呈现出稳定增长趋势;而淮北、淮南等经济发展较慢的地区,在政府拉动区域经济高质量发展的背景下,战略性新兴产业得到快速发展。

表7.9 2014—2020年安徽省各地区战略性新兴产业增长率

区域	2014	2015	2016	2017	2018	2019	2020
全省	22.5%	17.6%	16.4%	21.4%	16.1%	14.9%	18.0%
合肥	28.2%	20.5%	11.8%	16.1%	13.1%	10.6%	18.2%
淮北	20.2%	6.5%	6.0%	20.8%	-3.3%	22.6%	30.7%
亳州	18.2%	13.0%	17.3%	27.1%	14.8%	25.4%	21.4%
宿州	19.7%	30.6%	29.6%	28.8%	20.1%	16.1%	14.6%
蚌埠	24.7%	28.0%	27.9%	18.3%	22.4%	21.8%	18.3%
阜阳	27.2%	33.6%	33.8%	29.0%	21.2%	19.5%	12.6%
淮南	-3.3%	-12.7%	0.3%	18.4%	19.6%	12.1%	30.4%
滁州	15.6%	25.5%	22.3%	27.8%	17.7%	23.2%	29.8%
六安	15.8%	6.4%	12.9%	33.1%	10.1%	11.2%	20.7%
马鞍山	18.6%	16.4%	20.3%	27.3%	19.2%	17.0%	22.6%
芜湖	22.4%	18.2%	20.1%	22.4%	15.4%	14.8%	18.1%
宣城	21.9%	22.6%	11.5%	25.0%	21.0%	20.5%	13.3%
铜陵	22.2%	8.3%	11.8%	30.1%	17.1%	2.0%	3.3%
池州	17.2%	26.2%	17.0%	21.4%	17.2%	32.5%	20.0%
安庆	16.7%	5.0%	11.2%	8.9%	19.3%	10.9%	16.3%
黄山	12.0%	1.9%	18.3%	21.4%	16.6%	15.8%	7.0%

数据来源:安徽省统计局官网。

第四节 长三角产业一体化实证分析

一、长三角地区产业集中度分析

从就业人数视角来分析产业集中度(又称区位商,LQ),通过计算各地区产业集中度,分析各产业部门的相对专业化程度,进而评价地区之间的经济联系。我们也可以评价一个行业能否成为长三角的专业化生产部门。其计算公式为

$$\text{生产集中度}(LQ) = (N1/A1)/(N0/A0)$$

式中:$N1$ 表示为长三角地区某部门就业人数;$N0$ 表示全国范围内某部门的就业人数;$A1$ 表示长三角地区所有部门就业人数;$A0$ 表示全国范围内所有部门就业人数。计算出来的区位商是通过和 1 作比较来反映某产业的相对专业化程度。当 $LQ>1$,这就意味着该地区的专业部门具有比较优势。以长三角地区为例也就是,长三角地区的专业化程度超过全国工业平均专业化程度,可以进行该项专业化生产。当 $LQ<1$ 时,表示该地区的专业化部门不具有比较优势,以长三角地区为例也就是,长三角地区的专业化程度低于这个产业在全国的平均专业化程度,该地区不可以进行该项专业化生产。当 $LQ=1$ 时,表示该地区的专业化部门可以时间自给自足,以长三角地区为例,长三角地区的专业化程度等于这个产业在全国的平均专业化程度。

分析如表 7.10、表 7.11、表 7.12 所示。

表 7.10 长三角地区的各行业的从业人员

(单位:万人)

行业	上海市	江苏省	浙江省	安徽省
农林牧副渔	45.31	2.71	406.83	3.1548
采矿业	0.04	4.03	1.28	14.278
制造业	322.55	453.74	1340.2	127.692
电力、热力等生产	4.57	14.29	14.33	10.411
建筑业	99.96	270.07	408.46	111.059
批发和零售业	243.92	60.48	584.12	26.999
交通运输、邮政业	89.52	48.34	110.41	23.703
住宿和餐饮业	60.89	19.17	147.63	5.787
信息传输、信息服务业	55.84	32.43	82.28	9.256
金融业	35.32	38.89	53.22	23.229

续表

行业	上海市	江苏省	浙江省	安徽省
房地产业	51.59	29.1	67.11	17.62
租赁和商务服务业	141.84	46.14	156.44	18.33
科学研究和技术服务业	50.24	27.27	67	10.624
水利、环境和公共设施	19.53	13.23	21.02	8.31
居民服务、修理和其他服务	37.4	4.95	123.27	2.198
教育	39.47	110.35	102.39	69.487
卫生和社会工作	30.4	59.37	63.34	35.579
文化、体育和娱乐业	11.59	9.23	32.35	3.739
公共管理、社会保障	35.68	88.55	93.43	59.583

数据来源：上海市、安徽省、浙江省和江苏省统计局。

表 7.11　全国的各行业的就业人数

（单位：万人）

行业	全国
采矿业	367.7
农林牧副渔	134.1
批发和零售业	830
电力、热力等生产	373.1
金融业	826.1
制造业	3832
交通运输、仓储和邮政业	815.5
住宿和餐饮业	265.2
信息传输、信息服务业	455.3
建筑业	2270.5
房地产业	510.3
租赁和商务服务业	660.4
水利、环境和公共设施	244.5
科学研究和技术服务业	434.3
居民服务、修理和其他服务	86.3

续表

行业	全国
公共管理、社会保障	1989.8
卫生和社会工作	1006.2
文化、体育和娱乐业	151.2
教育	1909.3

数据来源:国家统计局统计年鉴。

表 7.12 长三角地区的行业区位商

行业	上海市	浙江省	江苏省	安徽省
农林牧副渔	1.66	5.29	0.1	0.29
采矿业	0.0005	0.0061	0.056	0.47
制造业	0.413	0.61	0.6	0.404
电力、热力等生产	0.06	0.067	0.194	0.338
建筑业	0.216	0.067	0.603	0.593
批发和零售业	1.443	1.227	0.369	0.394
交通运输、仓储和邮政业	0.54	0.236	0.3	0.352
住宿和餐饮业	1.13	0.97	0.37	0.26
信息传输、信息服务业	0.6	0.32	0.36	0.246
金融业	0.21	0.112	0.082	0.341
房地产业	0.496	0.229	0.099	0.419
租赁和商务服务业	1.05	0.413	0.122	0.337
科学研究和技术服务业	0.568	0.269	0.109	0.296
水利、环境和公共设施	0.392	0.15	0.094	0.412
居民服务、修理和其他服务	2.128	2.49	0.291	0.309
教育	0.102	0.093	0.101	0.441
卫生和社会工作	0.148	0.11	0.3	0.429
文化、体育和娱乐业	0.38	0.373	0.31	0.3
公共管理、社会保障	0.088	0.082	0.226	0.217

二、长三角产业一体化实证分析结果

通过对表 7.12 的分析,我们发现:其一,上海市在 19 个行业中有 5 个行业的区位商大于 1,浙江省有 3 个行业的区位商大于 1,江苏省和安徽省没有行业的区位商大于1。这说明四个地区发挥各自所长,大力发展该地区的具有比较优势的产业,并没有朝着产业一体化的方向发展。其二,上海市有5个行业计算出来的区位商大于1,分别是农林牧副渔业、批发和零售业、住宿和餐饮业、租赁和商务服务业和居民服务、修理和其他服务业,这说明上海市在这个5个行业的专业化程度高于全国,也即这5个行业在上海的产业发展中具有比较优势。其三,浙江省在农林牧副渔业、批发和零售业、居民服务、修理和其他服务这三个行业的区位商大于1,具有比较优势。其四,江苏省和安徽省在这19个产业中没有比较优势的产业。则表明其产业一体化的程度较低。其五,浙江省的农林牧副渔业的区位商为5.29,表明在长三角地区具有明显的比较优势。这可能是由于浙江是沿海地区,并且地势多以丘陵为主,所以农林牧副渔产业比较发达,投入力度较大。总的来说,区位商在一定程度上反映着长三角地区的产业格局。从李嘉图的比较优势理论来看,各个地区应该大力发展具有比较优势的产业,扩大生产规模,形成规模经济,从而提高长三角地区的产业在和国内市场和国外市场的竞争优势。

此外,从区位商的计算结果来看,统计的"三省一市"的19个行业中,上海市只有5个行业的区位商大于1,表明上海市只有5个产业的专业化程度高于全国。浙江省有3个行业的区位商大于1,表明浙江省只有3个产业的专业化程度高于全国水平。而江苏省和安徽省在19个产业中没有产业区位商大于1,表明江苏省和安徽省的产业专业化程度低于全国水平。由此可以看出,长三角地区的一体化不均衡,"三省一市"之间存在差异,一体化水平较低,可能是由长三角地区的产业同质化所导致。

第五节 安徽培育长三角优势产业困境

长三角的产业一体化是一把双刃剑,在拥有优势的同时,也会出现一些问题和弊端。长三角产业化建设是一个系统性的工程,各个环节紧密联系。一体化的建设是一个复杂又庞大的工程,不仅会出现投资周期长,相应的也会出现收益见效慢的情形。除此之外,政策风险、金融风险、财务风险等一系列的风险也是需要考虑的问题。

一、产业同质化风险严重

基于上述分析和长三角地区的产业发展政策来看,长三角地区的产业同质化现象比较严重。上海提出要发展信息技术、高端制造业、新能源等产业,浙江省提出要大力发展新能源、绿色产业和高端制造业等产业,安徽省提出今后发展新能源和设备制造业,江苏省提出发展新能源、制造业和现代信息技术产业。从"三省一市"的产业发展方向可以看出,信息技术产业、新能源产业和高新技术产业是共同的产业发展方向,产业的同质化现象化较严重。长三角地区产业发展情况如表7.13所示。

表 7.13　长三角产业同质化发展情况

主导产业名称	上海市	浙江省	江苏省	安徽省	总计
装备制造业	5	11	32	10	58
电子信息	6	8	25	10	49
汽车及零部件	3	8	10	9	30
新材料	4	8	11	4	26
生物医学	2	5	11	4	22
石油化工	1	7	5	2	15
新能源	1	3	8	1	13
精密机械	0	2	10	0	12
光电光伏	0	2	8	1	11
服装纺织业	0	4	7	0	11

表7.13进一步印证了长三角地区产业同质化的现象,这可能是由于长三角地区的资源禀赋、技术水平和区位优势相近所导致的这一现象。一方面,产品的同质化会使得原来的同质产业之间的竞争变成"三省一市"之间的合作,共同发展优势产业转变为产业异地联动和一体化方向发展。另一方面,产业的同质化不利于长三角各地区的产业差异化发展,不能使长三角的产业链形成规模效应,导致长三角地区的资源配置效率低,也不利于长三角地区进行产业内分工,进而影响长三角地区产业的高质量发展。

二、长三角地区的产业链脱节

虽然全球化趋势在目前来看是不可逆转的,但是近年来全球还有全国的经济形势对产业梯度转移的方向和路径具有重要影响,另外还有诸多其他的因素也会对此产生影响。第一,我国的制造业总体水平在全球处于中下等的水平,与许多发达国家之间仍然有着较大的差距。而且我国传统制造业的优势主要是依靠价格,通过低价来获取竞争优势已经不符合现在制造业的发展方向,这不利于产业的一体化和高质量发展。第二,近年来中国的迅速发展遭到许多西方资本主义国家的"红眼",于是对中国采取一系列的制裁行动,以此来遏制中国的发展。一些国内制造业的技术引进难度不断加大,并且中国企业的海外并购难度也不断加大,这些都会影响产业一体化的高质量发展。第三,长三角的规划缺乏统一性,长三角与周边地区产业发展的匹配度和契合度都不够高。再加上中国现在的生产要素的成本不断上升,这使得一些地区的比较优势不断地降低,这会导致长三角地区的产业链脱节。

三、区域性政策体系需加强完善

长三角地区"三省一市"相关政策和法规虽然早有落实,但是相关法规之间缺乏协调,给长三角产业协同发展也带来很多问题。法律法规之间存在对有关问题的不明确规定,阻碍产业发展。早在2007年,我国就开展过增强长三角创新能力的相关调研,很多高校专家调研显示,长三角地区的相关政策法规存在疏漏和矛盾,科技项目的审批、科技资金的投放、科技产品的审核标准不同,虽然长三角地区大力扶持产业发展,有很多优惠政策,但相关优惠政策仅短暂实施,严重缺乏可持续性,影响企业发展的积极性。相关企业也各行其是,缺乏联系沟通,忽略整体优化效应。产业集聚的体制机制不够健全,导致人才等各种资源禀赋要素跨区域流动成本较大。长三角企业与外省市的研发力度不够,大多数企业与长三角内部企业合作研发,影响各区域的产业集聚创新发展,阻碍进步。

四、要素市场一体化存在一定阻碍

长三角高质量一体化发展已经取得一些成就,产品一体化程度也较高,在世界上也处于一个较高水准。但是,长三角区域的要素一体化发展存在障碍。例如,劳动力的流动方面,长三角地区存在明显的不公平,如城乡之间户籍限制、基础设施配置、公共服务的供给等。从上述分析可以看出,长三角地区的待遇公平化还欠缺,各地区的劳动力市场较为分割,差异明显。其中的重要原因就是户籍限制,在改善进程中,应当大力改进长三角地区的户籍壁垒,为劳动力提供相对公平的环境,加强人才吸引力,为各地区提供相对公平的基础设施环境,在大病医疗救助、社会保障方面等缩小差距,完善劳动力市场分配。

五、区域协同机制仍需健全

长三角地区的区域机制还需要完善。当前长三角地区的产业协作机制较为松散,没有统一的规定,而且缺乏规定的权威性,很多企业不遵守市场规定,逃避法律责任,却无从追责。相较于京津冀区域的国家机制协调,还有很大进步空间,因此,可以借鉴京津冀地区,结合长三角自身发展特点,不断优化改善。在制度化方面,要完善不足之处,促进长三角地区的有序持续发展,促进区域协同。目前长三角立法协调机制基本上还处于空白状态,不同地区在税收优惠政策、劳动用工、道路交通和环境保护等法规方面存在冲突,在技术标准、行政规章、惩罚尺度、法律效力等方面也存在较大差异。市场化机制欠缺。当前长三角的区域协同大多数仅限于政府之间的合作,缺少企业参与和社会资本的支持,资金的来源过于单一,缺少与政府之间的良性互动,在政策上,协调的过程也需要不断完善公民意见的诉求表达机制。已经探索起步的区域公共产品的产权交易机制还很缺乏,很多领域几乎处在空白阶段。排污权交易市场化程度还较低,没有形成区域的监督管理制度。此外,区域协同发展还缺乏稳定的财政支持。在2012年,长三角合作与发展共同促进基金正式实行,达到了不错的效果。但其规模过小,难以对长三角地区协同发展提供有力的支持。

第六节 安徽培育长三角优势产业路径

一、打造世界级产业集群,融合产业链创新链

当前全球分工呈现出的整体特征是区域专业化,在全球范围内,各个城市相互分工协作,各自发挥自身的比较优势,这种情况对全球化发展起到了十分重要的作用,其中的产业协同更是其中的重中之重。就相较华北地区的京津冀来说,长三角地区的城市群呈现出明显的同行业竞争态势,区域分工不够明确,而京津冀三地相互填补产业上的空白,实现一条完整的分工明确的产业链。长三角地区的同质化发展,导致长三角区域内城市竞争的激烈化和城市定位的同质化。随着创新驱动发展理念的深入人心,很多地区都会大力支持高科技产业发展,这大大地影响区域内产业发展方向的趋同,如电子信息装备、装备制造、汽车产业和新材料等高精尖技术产业成为长三角城市群共同的焦点产业,不仅如此,在其他领域的竞争同样激烈,如上海与杭州的金融业,上海与苏州的装备制造业,这都是城市间需要优化的竞争产业。长三角城市群由于城市竞争和产业发展的同质化,造成了一系列资源利用效率低下的问题。国家制定了《长三角区域一体化规划纲要》(以下简称《纲要》),提出了长三角区域一体化,解决了存在的问题,形成了科技与产业融合的新形势,推动创新产业与现有产业链深度融合,加快科技创新中心建设。优化资源配置,可提升长三角城市群的核心竞争力和全球影响力。《纲要》的内容明确指出,要想推动制造业朝着高质量的方向发展,完成从量变到质变的蜕变,实现的主要途径之一就是要加强产业间的分工协作,引导产业形成合理的布局。更加全面地完善长三角地区区域内的产业政策,贯彻坚持以市场为主导和产业政策引导相结合的战略,实现优化区域统筹发展和产业的合理布局。

二、打造产业一体化载体,营造良好外部环境

实现长三角的产业一体化建设除了政策的支持,同时也需要打造一个实现一体化的载体,通过这个载体使得长三角地区的一体化水平高质量发展。首先要发

挥企业在长三角产业一体化进程中的主体作用。要打造产权链和产业链,建立长三角地区企业的联系,进行专业化的分工,充分发挥各自的比较优势。可以借鉴上海的一些产业园、科技城等做法,深化长三角开发区合作的产业园的建设。除此之外,也可以借鉴国外的建设经验,如波士顿128公路、旧金山101公路,以公路为轴,沿线集聚众多的企业,这些企业有替代型也有互补型的,发挥这些企业的辐射作用,带动相关企业的发展,通过这些企业推动区域的综合性发展。其次要构建公平统一的竞争规则,为一体化的发展构筑一道法律屏障。政府要做到简化自身的权力和履行好自身的职能,必须继续加强经济主体干预的灵活性,发挥市场在资源配置中的决定性作用。最后要协调各地的产业政策和经济发展的战略,减小差异化,提高统一性。努力营造一个政策无差异的良好的外部环境。

三、加强基础设施联通,规范产业园区发展

众所周知,一个地区的基础设施对该地区经济贸易发展起着举足轻重的作用,对推进该地区的产业布局发展更是起着无法比拟的重要作用,具有先行性和基础性地位。长三角地区本身各种交通方式都较为发达,不管是公路还是水路抑或是航空,都处于我国优势地区,各种交通运输要素比较丰富,交通技术人才充足,交通运输体系完善。因此,要加强各种交通运输方式的联系,整合交通工具,提高运行效率,完善和发展交通运输网络体系,提高跨城交通的能力与效率。对接城市轨道交通,连接城际轨道,减轻城市交通压力,形成一体化的交通运输体系,减少交通死角,为长三角产业发展与贸易联通构建强大的流动条件,提升资源跨城市流动的效率,减少不必要的交通成本和损失。

在长三角基础设施联通过程中,长三角产业园区的发展也非常关键。长三角地区主要有四种运行方式:园区与企业、园区与政府、园区与园区之间、政府与政府之间。跨城区共建产业园对于发达地区和欠发达地区十分重要,有利于形成地区间的优势互补,分工协作。对产业发展的影响深远,可以推进长三角地区的总体协作分工,明确各地区的功能定位,有利于产业之间打造互利共赢的合作发展模式。共建园区的建设基础在于两个园区之间存在互补产业,从而形成产业优势互补、合作共赢,否则很难实现良好的共建效果。

四、发挥产业梯度辐射效应,促进产业承接转移

在长三角地区,由于地区条件和后续社会经济发展不同,自然资源和社会资源都存在差异,因此在地区经济水平变化差异较大,各地区明显不同,呈现经济发展梯度特征。从产业发展的方面来看,长三角地区存在明显的梯度差异。工业化发展进程基本结束,进入后工业阶段,江苏向工业化后期转变,浙江发展也基本处于工业化后期,安徽的工业化水平正从工业化中后期向工业化后期努力推进,虽然安徽处于整体发展较落后地区,但是发展势头迅猛。长三角地区要积极探索产业对

接的方式和途径,创造各地区各产业的创新联合创新合作机制,明确承接产业的类型和重点区域。例如上海地区,产业转移主要有三类:第一种是规模扩张性产业转移,大多数表现为规模经济发展较强,地区产业的关联度较大,例如装备制造业、船舶业等。第二种是功能性产业转移,出现在产业技术管理发达和具有品牌发展优势的领域,例如电子信息产业。第三种是战略性扩张产业,主要表现为通过探索新发展方式来优化产业,主要是新兴产业较多。

五、促进产业高端突破,打造对外开放平台

全球经济高度化发展,但如何实现高质量发展才是重中之重,光有经济发展的数量和经济发展的速度,没有经济发展的高质量,那么经济发展存在很大的漏洞,如今全球化更是对各国经济发展的高质量提出更高的要求。就长三角地区来说,必须改变全球产业链的中断"陷阱",改变在全球产业链分工布局中的不利地位,由中端附加值转向高端附加值区域,提升在全球产业链中的竞争地位。要加大发展现代服务产业的力度,优化地区科技创新的资源配置,制造业的发展离不开先进科技的推动。长三角不同区域的科技要素与资源存在不同,必须要突破行政区经济发展模式,推动区域之间的联动创新。就上海地区来说,要不断提高服务业发展水平,虽然制造业的市场份额在不断萎缩。但是提高经济发展水平离不开制造业,这是各国经济发展的规律。因此,上海必须要优化创新资源配置,推动现代服务业和先进制造业协调发展。

吸引跨国公司的技术投入,获得技术优势,摆脱创新乏力的发展困境。发挥上海的"龙头带动"作用,苏浙皖各展所长。在更高质量推进长三角地区一体化发展的背景下,上海市作为经济发展龙头地区,应当引领各地区发展,建立合作、平行、协同的友好关系,在资源方面注重产业衔接,整合资源,促进产业发展,良好互动,形成合理的分工体系,优势互补。过去,上海注重在高质量一体化进程中对外开放发展。目前,上海大力建设对外开放的系统性平台,完善政策法规,提高参与国际竞争的优势和能力,大力发展现代化服务产业。相对于江苏和浙江,集中力量发展先进制造业集群,形成合理的产业链,为制造业发展提供良好的环境。安徽则需要加快经济发展速度,加强与苏浙沪的联系合作,实现区域的协同发展,提高经济发展质量。

第八章　安徽打造长三角数字经济新高地

第一节　长三角数字经济一体化理论与实践

长三角地区在经济发展、开放程度、创新能力等方面都名列前茅,已成为数字经济发展的前沿阵地。2021年国务院政府工作报告中提出:"加快数字化发展和数字社会建设步伐,推进数字产业化和产业数字化的转型,提高政府数字化建设水平,建设数字中国。"自《长三角区域一体化规划纲要》中明确提出要打造"数字长三角"以来,长三角地区以上海为龙头,围绕"一体化"和"高质量"两个中心,对数字化转型进行了有益的探索。长三角数字经济规模持续扩大。2020年,沪苏浙皖数字经济总量达10.83万亿元,占该地区GDP总量的44.26%,与2019年相比,增长3.26%。长三角数字化建设走在全国前列,在产业数字化和数字产业化融合、工业互联网、智能制造等方面,承担的重点项目均占全国1/3以上。长三角数字经济一体化发展可以外溢到长江经济带及周边区域,具有极强的区域引领作用,有利于形成高质量发展的数字经济产业集群。从安徽来看,2020年数字经济核心产业增加值与2019年相比大幅度增长,占据GDP比重的9%,这些为安徽更快融入长三角一体化发展打下坚实基础。

一、数字经济理论研究

近年来,有关"数字经济"的研究得到国内学者的广泛关注,目前长三角数字经济领域内的研究主要聚焦以下几个方面:

一是人工智能,核心是包括大数据、数字技术、感知智能等。人工智能领域的不断发展与进步,迅速赋能多个领域的数字化发展,首当其冲就是数字经济发展领域。数字经济的发展主要依赖数据,数据与人工智能之间有密不可分的关系,而数据需要人工智能等技术的支撑赋能,提升挖掘分析的效率,因此,通过人工智能技术进行海量数据最大程度的处理,增强数字经济的优势,从而让数字技术和实体经济更加紧密高效地融合,实现持续提升各个领域行业的核心竞争力,最终加快数字经济与人工智能的协同发展步伐。人工智能是一种重要的新型技术能力。具体而言,数据量的激增给企业带来了决策过程中的诸多困扰,企业往往都希望在短时间内做出最优的决策,如果仅仅依靠传统的经验和人力输出,而不去实现大数据时代下企业对于数据价值的全面挖掘与体验,势必将会影响企业的决策和经营。当前,以人工智能为代表的高新技术已经为多个行业领域开拓了更多发展的空间,也让数字经济发展的前景趋势日益清晰起来。未来,人工智能与数字经济的联系将会更加紧密,也值得学者们进行更加深入的研究。

二是数字鸿沟,核心是数字隔离、能力鸿沟、城乡差距等。疫情期间,尽管全社会生产和生活方式发生了巨大变化,却无法阻挡数字经济的发展脚步,数字经济反而逐步成为经济发展的增长极。然而,数字鸿沟现象随着新型基础建设发展缓慢、应用能力比较不足等问题日益凸显,数字鸿沟现象也越来越明显。具体而言,在数字经济背景下的数字鸿沟可表现为"接入鸿沟""使用鸿沟""能力鸿沟"三个层面。首先,"接入鸿沟"主要体现在信息资源的接入,根据第48次《中国互联网络发展状况统计报告》统计数据,目前我国依旧有4亿多以农村人群为主的非网民用户,对这些群体而言,信息的接入也就构成了一个巨大的接入鸿沟。其次,使用鸿沟体现在使用者能力和技能差异上。因为使用者仅仅会访问不是数字经济的核心,而是怎么会操作信息技术。通常网民使用互联网的目的多为信息获取及交流沟通,城镇网民多以获取时事新闻、经济政治等信息为主,农村网民大多通过网络从事娱乐活动。然而数字技术的使用存在一定的技能门槛,受到知识、年龄等原因,影响其掌握数字技术的相关技能,从而诞生新的使用鸿沟。最后,能力鸿沟则是体现在对信息资源使用质量上。近年来,随着人民生产、生活的各个方面都离不开数字技术,数字技术变成一种普遍使用的技术。这就使得近年来出现的数字鸿沟,不仅仅限制在数字技术的发展和应用层面,不同群体在数字资源的获取、处理与创造等方面的差异更为明显。数字经济的发展在城市、乡镇、农村出现严重的发展差距,而这种不平衡性造成的数字鸿沟是目前我国数字经济亟须解决的问题。

三是技术创新,核心是科技创新、数字化建设等。无论所处任何时期、任何领域下,拥有更为先进的技术,都将获得竞争优势,而科技创新则是保证技术持续处在优势位置的核心手段,数字经济时代下更是如此。然而,一方面,我国数字经济高速发展局面下,数字经济科技创新仍存在诸多不足。首先,传统技术创新的影响因素,限制了数字经济中科技创新的可持续发展。技术创新具有高风险性,目前来说我国的企业大部分倾向于从国外引进技术,而不愿意在研发上投入大量资金,因而造成企业的创新思维不活跃、创造能力缺失、创新氛围不浓厚;其次,科技人才的短缺问题也很大程度上限制了技术创新上的突破。主要原因是数字科技人才储备不足、新的数字技术不断涌现、还有研发人员个人职业发展与企业发展目标不一致等。有效技术创新人才对自身职业规划非常明晰,而企业的科技创新工作是基于利益驱使,从而导致人才流失,给技术创新造成了不利的局面;最后,技术创新受制于资金高投入的特点。我国投融资体系尚不健全,与发达国家的成熟体系相比较还有较大的提升空间,这也在一定程度上影响着数字技术创新的资金投入。另一方面,数字经济基于数据资源与高新技术高度融合的新经济模式,其中,数据不能完全共享导致了高应用价值的数据资源大多数由政府及官方机构才可获得,而技术或技术人才主要集中在企业及高校科研机构当中。因此,需要迫切找出合适的优质数据资源共享方式,通过有效利用官方机构和大型平台机构的资源优势,最大限度地发挥企业和高校的技术研发及创新能力,从而推动以数据为基础的数字经济良性发展。

四是互联网信息安全,核心是互联网安全、互联网空间等。目前,正是新一轮科技革命发生之时,在空前复杂的难以预测的经济局势面前,我国经济发展面临诸多困难。在数字经济新模式和新业态出现、规制制度的完善、数字技术的进步等多重因素的影响下,数字经济得到快速发展,这也给我国网络安全带来了新的挑战与机遇。数字经济在经济总量中占比越来越高后,网络安全被严重威胁,数据被盗取事件时有发生,针对关键信息基础设施的攻击和破坏时有发生,这些都严重威胁着数字经济赖以生存的网络设施。同时,网络安全产业也在持续发展,网络安全结合了物和人的安全概念。其中,数据安全领域作为网络安全中的重要组成部分,同样将迎来快速发展的势态。我国已提前布局,较早地建设了数字安全体系,实施保障数字经济安全的重要举措,包括国家级工程"东数西算工程"启动,数据生命周期安全得以运转。从市场角度而言,无论是跨领域融合的网络安全企业还是特色数据安全产业,都在数据安全领域积极探索并取得成效。因此,随着对网络安全应用需求领域的扩大、现实需求的释放以及理论研究的不断深入,数字经济的发展必然要与其同步,共同筑牢网络安全屏障。

我国专家及学者们对数字经济的界定倾向于将数字经济视作经济活动,包括数字产业化与产业数字化。长三角数字经济实力雄厚、数字技术创新领先、数据资源丰富、数字产业生态优良,具有建设全球数字经济创新高地的综合优势。数字经济技术在产业转型和经济高质量发展中扮演着越来越重要的角色。长三角地区高质量发展水平和数字经济规模逐年上升。长三角各省市重视数字经济发展,形成各具特色的数字经济发展体系,在全国处于领先地位。相关学者普遍认为数字经济对长三角一体化有正向促进作用。其中,王庆喜(2020)等用省域面板数据实证研究资本流动和物流设施对于区域一体化的正向影响,吴福象(2020)认为长三角地区两翼产业带的数字经济具有典型推广经验,从内在机制角度解释了数字经济和长三角区域一体化之间的关系。金飞(2022)等从资本、技术、接受高等教育的人力三种要素检验了数字经济对长三角一体化的正向促进作用。目前,长三角数字经济一体化已从区域合作、要素合作迈入一体化协调发展和高质量一体化发展阶段(刘志强,2021),苏沪数字经济一体化程度高,长三角地区数字经济发展水平的区域差异明显(吴青青,2022)。因此,长三角地区仍需完善数字基础设施、大力发展数字产业、构建良好数字发展环境,加大对数字相关资本、技术和人才的投入,提升数字经济发展水平,促进区域经济一体化发展。

二、长三角数字经济一体化推进成效

2018年6月,长三角地区主要领导座谈会在上海召开,长三角地区数字经济转型正成为合作焦点。会议明确近期长三角数字经济发展的重要目标,计划以建设世界级产业集群为目标,优化重点产业布局,推动产业链深度融合。共同推动云计算、大数据、物联网、人工智能等技术创新,打造全球数字经济发展高地。2018年,长三角数字经济规模达到8.63万亿人民币,占全国数字经济总量的28%,已经成为全国数字经济最活跃、体量最大、占比最高的地区。长三角地区数字经济将会带动全国数字经济发展,起到示范引领的作用。

沪苏浙皖积极采取措施落实会议制定的数字经济发展规划。上海市选择了包含经济存量、产业增量、要素流量、生态质量等内容的"四量"转型示范路径,预计到2023年,形成世界级的数字创新产业集中示范区、数字经济与实体经济融合发展示范区、数字经济生态系统建设领头兵、数字经济国际创新合作典范之城;浙江省确定数字经济为推动高质量发展的"一号工程",入选首批国家数字经济创新发展试验区;江苏省举全省之力建设数字技术,全力打造具有世界影响力的数字技术创新、国际竞争力的数字产业发展、未来引领力的数字社会建设和全球吸引力的数字开放合作;安徽省完善"数字江淮"世界名片,形成政府、企业、社会三位一体的数字经济发展模式。通过近几年长三角地区数字经济合作,在基础设施、技术合作、市场监管、人才培养、产业链等方面取得了不少成绩。各地形成特色和差异化发展,上海在数字产业化与产业数字化方面名列全国前三位,浙江省在产业数字化方面非常成功,江苏省和安徽省在数字产业化方面发展迅速。

我们通过对《中国数字经济发展与就业白皮书》(2018—2022)中的数据进行统计,可以得到2017—2021年长三角主要省市的数字经济发展规模情况,如表8.1和表8.2所示。

表8.1 数字经济总量全国排名情况

2017		2018		2019		2020		2021	
全国排名	地区	全国排名	地区	全国排名	地区	全国排名	地区	全国排名	地区
2	江苏	2	江苏	2	江苏	2	江苏	2	江苏
4	浙江	4	浙江	3	浙江	4	浙江	4	浙江
5	上海	5	上海	4	上海	5	上海	5	上海
14	安徽	13	安徽	11	安徽	13	安徽	13	安徽

数据来源:选自2018—2022年《中国数字经济发展与就业白皮书》。

表 8.2 数字经济总量增速全国排名情况

2017		2018		2019		2020		2021	
全国排名	地区	全国排名	地区	全国排名	地区	全国排名	地区	全国排名	地区
8	安徽	4	浙江	4	浙江	7	浙江	5	浙江
10	江苏	5	江苏	6	江苏	11+	江苏	15+	江苏
15+	浙江	10	安徽	8	安徽	9	安徽	10	安徽
15+	上海	11	上海	11	上海	11+	上海	15+	上海

数据来源：选自 2018—2022 年《中国数字经济发展与就业白皮书》(注：2017 年全国排名只公布前 15 名，2020 年全国排名只公布前 11 名，2021 年全国排名只公布前 15 名)。

从表 8.1 可知，2017—2021 年，沪苏浙皖所在的长三角地区的数字经济高居全国数字经济总量前十位。并且，2019 年，沪苏浙皖的数字经济总量均在 1 万亿元以上。由表 8.2 可以看出，在发展增速全国排名中，江苏、浙江和安徽也开始跻身全国前列。

在肯定长三角数字经济发展势头良好的同时，也应正视存在的问题，伴随着长三角数字化转型从单点突进到整体推进，转型需求差异大等问题日益凸显。由于产业数字化涉及多种行业门类和环节、治理数字化涉及城市这一复杂系统中的诸多要素，数字化转型的不同环节对信息化要求差异巨大。另外，数字经济的核心技术需要长三角组成科技共同体，集中优势资源联合攻关，提高科技独立自强的能力。

第二节 安徽融入数字经济长三角发展成效

为了加快"数字安徽"建设，安徽全面建设数字江淮，强化数字经济治理，做大做强数字经济，取得较好的成果。目前，安徽数字经济核心产业增加值占生产总值比重达到全国平均水平。据中国信通院发布的《中国数字经济发展白皮书》显示，2019 年，安徽数字经济增加值首次突破 1 万亿元，总量排名全国第十一位。2020 年，安徽数字经济规模为 11202 亿元，与 2019 年同期相比增长约 11%，增速排名全国第九位。2021 年，安徽数字经济规模达 1.3 万亿元，占 GDP 比重约为 30.6%，数字经济增速居全国第十位。从统计数据得出，自 2019—2021 年安徽数字经济体量不断增加，在数字产业化、产业数字化、新型基础设施建设、保障措施等方面取得了不俗成绩。

一、数字产业化

在数字产业化方面，安徽电子信息产业、软件服务业、新型显示产业、集成电路产业发展迅速。从安徽经信厅公布数据看，自2016—2021年以来，安徽电子信息制造业规上工业增加值年均增速超过20%；营业收入总量规模跃居全国同行业第十位。软件和信息服务业产业规模稳健扩大，全省行业营业收入年均增长约30%。智能语音、类脑智能创新能力持续增强，科大讯飞、华米科技、国盾量子、科大国创等优势企业量质提升。安徽是全国最早大规模发展新型显示产业的地区之一，汇集了京东方、东旭光电等行业龙头企业。

（一）电子信息产业发展势头强劲

2021年安徽省制造业增加值占GDP总量的比重达到27.9%，与2020年同期相比提升1.6个百分点。2021年，安徽电子信息制造业营业收入额超过5000亿元，新增规上工业企业2718户，营业收入超100亿元的企业共50家，其中，2021年新增加营业收入过100亿元的企业有14家，以联宝(合肥)电子科技有限公司为龙头。2020年，合肥联宝科技公司营业收入首次超过1000亿元；2021年营业收入1227亿元。2021年合肥市六大主导产业增加值占全市工业66.6%，同比增长19.8%。其中，平板显示及电子信息产业对全市工业增长的贡献率达38.8%。合肥电子信息产业在新型显示、集成电路、智能终端等领域优势明显。除合肥以外，安徽各地级市电子信息制造业呈现出迅速发展，特色明显的态势。相对来讲，滁州、芜湖、蚌埠等市电子信息制造业规模较大、发展速度快。滁州在新型显示（智能家电）、太阳能光伏、关键电子材料、集成电路等产业已形成较大规模；滁州设有国家电子元器件、绿色照明产品质量监督检验中心、中国家电研究院安徽分院等研发和检验机构；滁州还是中国家电设计与制造特色产业基地、安徽首家智能家电产业集聚发展基地，拥有知名企业博西华、惠科、康佳、创维、东菱电器、霍利韦尔、长电科技、立讯精密、太平洋科技等。芜湖在新型显示、汽车电子及化合物半导体等产业发展迅速，这些产业同时也是芜湖的优势产业；蚌埠市在新型显示、微机电系统（MEMS）传感器、仪器仪表制造等领域形成特色产业。安徽不仅拥有新型显示、集成电路、太阳能光伏和整机终端等电子信息制造业中优势产业，而且还在数字信号处理芯片、智能芯片、量子通信技术等多个核心技术领域具有明显优势。

（二）数字产业集群初步形成

《2021年"数字江淮"建设工作要点》提出，要聚焦产业升级，提升安徽产业数字化、智能化水平，打造具有全球影响力的世界级数字产业集群。安徽一直把发展实体经济作为主要方向，开展信息技术、人工智能、新能源汽车、智能网联汽车、高端装备制造等新兴产业，加快构建数字产业集群。安徽战略性新兴产业工作以合肥都市圈为中心点、沿长江经济带各市协力发展的"一核一带"产业格局。具体而言,安徽省智能终端发展迅速,以计算机、电视机、智能手表、手环为代表,就全省产量而言,微型计算机居全国第五位,彩色电视机居全国第三位,智能手表、手环产品产量居全国乃至全球前列。安徽汽车产业集聚,传统汽车企业与人工智能企业合作发展智能汽车。江淮汽车与大众汽车、华为公司合作开发和应用汽车数字技术。新能源汽车产业快速发展,比亚迪、蔚来、大众(安徽)、江淮汽车、合肥长安等制造企业。2021 年,其产量为 14.5 万辆,与 2020 年相比同期增长 1.5 倍,其中,蔚来汽车产量 9.29 万辆,与 2020 年同期相比增加 4.84 万辆、增长 1.1 倍。在其他智能数字方面,智能手表 733.67 万个、增长超过 40%。太阳能电池 2228.97 万千瓦、增长 20.5%,计算机 3673.58 万台、增长 18.6%。在京东方视讯等企业带动下,数字创意产值增长 62.9%。以合肥、芜湖为龙头,数字产业集群竞相发展。合肥新型显示器件、集成电路、人工智能入选全国首批国家级战略性新兴产业集群。合肥基于信息技术的公共安全创新型产业集群、芜湖机器人产业集群、芜湖新能源汽车创新型产业集群入选全国创新型产业集群试点。滁州智能家电产业基地先后获批中国家电及装备制造业基地、国家家电设计与制造特色产业基地、国家新型工化产业示范基地。

(三) 软件服务业后劲十足

安徽软件和信息服务业产业规模稳步增长。2019 年,全省营业收入第一次超过 1000 亿元,2020 年营业收入为 1202.2 亿元,嵌入式系统软件实现收入 62.78 亿元,同比增长 11.9%,占全行业收入的比重为 11.7%。2020 年,安徽规模以上软件企业数目 538 家,主营业务收入有 16 家企业超过 10 亿元。安徽上市软件企业共计 10 家。2020 年,称为"中国声谷"的安徽合肥市智能语音集群,入驻企业达 1024 户,实现营业收入 1060 亿元。5G 技术、人工智能、信息技术等技术创新模式应用成为产业发展的新方向,行业应用软件以及互联网服务软件占比在逐渐增大,对经济高质量发展有不可替代的作用。智能语音、人工智能创造能力不断提升,科大讯飞、华米科技、国盾量子、科大国创等企业的创新能力不断增强。2021 年,科大讯飞公司年营业收入超过 183 亿元,成为市场高度关注的人工智能企业。软件企业重视研发,不断提高产品质量和服务水平,研发创新成果不断涌现,安徽"十三五"期间 1000 余款软硬件一体化产品投放市场,创新研发和推广应用 100 余款首版次、首台(套)创新软件产品。目前在国内智能语音、人工智能等领域形成了一股活跃的"安徽力量"。软件产业集聚效应显著,产业生态稳步构建。其中,合肥、芜湖、马鞍山、铜陵 4 市的软件和信息服务业主营业务收入达到 10 亿元以上。安徽省各市软件服务业发展重点不同,其中合肥集中在智能语音和人工智能领域,持续推进中国声谷发展,创建产业集群;芜湖在动漫游戏、文化创意、现代物流等领域,建设产业集中区;马鞍山在电子商务、软件服务外包领域集聚产业;铜陵市构建智能交通应用软件集中区。各个软件产业集群具有不同特色,初步形成了沿江软件和信息服务业城市集聚带(表8.3)。

表8.3 2016—2020年全省软件和信息服务业规模

(单位:亿元)

	2016年	2017年	2018年	2019年	2020年	平均增长
主营业务收入	421	618	802	1002	1202	30%
软件业务收入	259	341	456	669	784	32%
在全国的位次	16	16	16	14	15	

二、产业数字化

产业数字化是指在新一代数字科技支撑和引领下,以数据为关键要素,以价值释放为核心,以数据赋能为主线,对产业链上下游的全要素数字化升级、转型和再造的过程。

(一)产业数字化转型提挡加速

安徽借助中科院智能研究所、中科大先进技术研究院、合工大智能制造技术研究院等科研院所力量,发挥数字科技赋能作用,推进核心零部件完整链条本地化、整机组装本地化,加快产业数字化发展。安徽实施机器换人"十百千"工程,以"皖企登云"促进企业与云资源深度对接。为了发展数字化产业,安徽利用互联网技术打造专有行业工业互联平台。在传统企业中,全方位、全角度、全产业改造设备及流程管理,在上千家企业中建成大量数字化工厂、智能化车间。在基础建设方面,安徽运用创新技术,打造国家互联网链条核心连接点,推动江淮大数据中心、先进计算中心、数字科技中心、计算智脑、网络高速公路等建设,同时开展中国声谷模式创新和业态创新。合肥市互联网平台专项行动实施以来,现已建成上百家工业互联平台,形成体系化、深层次平台应用项目,通过"平台+"形式来推动研产供销一体化、本土互联互动一体化。在现有的工业互联平台中,包括跨行业企业、专注一个行业的企业以及本地成长起来的企业等多种类型。马鞍山市在全省率先开展认定智能制造优秀企业的活动,对面向老百姓的各种服务平台进行智能化改造。企业工业互联网标准化、模块化,便于在行业互动交流学习,极大地降低中小企业获取成熟方案、路径和知识经验的门槛和成本。马钢智慧料厂、云轨信息公司"轨道交通客流大数据分析"等一批项目入选工信部各类试点示范。正在推进粤美金属"5G+工业互联网全连接工厂"、华孚精密"5G智慧工厂"等一批重点项目。近年来,马鞍山持续努力把传统工厂、车间和生产线进行智能化改造,约200家企业完成了产业数字化,一批典型数字应用场景被评为国家级试点示范。坚定走智能化道路,马鞍山举全市之力支持企业集中力量数字化转型,帮助企业获得数字化转型所需核心技术、配件和资金。马鞍山加大实施创新驱动战略的力度,拥有高新技术企业近七百家,国家级、省级专精特新"小巨人"企业分别为10多户和200多家。马鞍山现有省级以上研发机构约200家,规模以上企业有独立研发机构的占约50%,在省排名第一位。马鞍山市开展投资效益评价三项改革,即亩均效益评价、单位能耗产出效益综合评价和铸造产能综合评价。采取新的招商理念,积极引进外部优秀企业,在政策上给智能化、绿色化企业更多支持。2021年上半年,马鞍山市检查检出产出效率低的生产线132.18万吨;发挥本地招商优势,招商引资几十个几十亿元以上效率高的铸造项目,投资219.6亿元。马鞍山市得到产业智能化的益处,正在组织实施三年内产能倍增计划。安徽各地重视产业数字化转型,也都在探索一些好的方法和路径。

(二)自动化和智能化水平大幅提升

安徽开展产业数字化转型行动,推进制造业数字化、网络化、智能化、绿色化改造。如今人工智能技术逐渐广泛应用替代越来越贵的人工,工厂制造中机器智能占比更高,企业运用智能技术更加熟练。安庆高度重视工业机器人应用发展,持续深化制造业和互联网融合,不断打造互联网+制造业平台,组织实施企业开展互联网+项目,每年逐步增加企业数量和拓宽应用领域。安庆以"产业数字化、数字产业化"为主题,逐渐从一家公司到一个行业、从一个行业覆盖一个领域。在汽车、装备制造等核心企业,焊接、装配、涂装、分拣、搬运等劳动力强的工作完全由机器人代替,相比于人工劳力更稳定可控,同时避免对人身造成伤害。对智能改造相对困难的公司企业,组织一个车间、一个生产线、一台机器的改造行动,尤其在核心装备上做出突破。在示范生产线模式化改造后对整个行业起到领头示范作用,形成良好的改造智能化车间、智慧化工厂氛围。企业按照政策规定购买使用机器生产线,政府补贴费用,让企业感受到使用机器人的实惠和对自己生产产品的帮助。运用"四送一服"等,工业机器人政策送到企业中,给企业帮扶培训,完成政策实施到企业"最后一公里"。工业机器人除在机器装备制造产业使用外,还大量应用在塑料包装、家具智能装备、新化工、服装纺织等轻工业产业。2021年安庆新增工业机器人数量919台,同比增长22.9%,截至年底全市累计建成省级智能工厂11个。2021年,全省共推广应用机器人9000台,新增"皖企登云"企业7300户。安徽工业互联网发展很快,先后建成以科大讯飞图聆和海螺云工、奇瑞海行云为代表的工业互联网平台130多家。

三、新型基础设施建设

安徽打造"数字江淮"名片,在传统领域如城市、交通、能源、水利、铁路、医疗、教育等运用数字技术提升全要素生产率的同时,加快新型基础建设。安徽组织建设一批5G网络、数据信息库、人工智能等数字化工程,谋划建设全国一体化算力网络枢纽节点,协同建设长三角工业互联网示范区,共同争创国家数字经济创新发展试验区。

在5G网络建设方面。2021年10月,安徽已建成5G基站51033个,应用模块化应用近300个,包括智慧农业、人工智能、智能无人驾驶公交等二十多个行业,实现5G技术在重点行业全覆盖应用。建立"5G+工业互联网"场景应用项目库,入库项目53个,总投资7.5亿元。特别是在工业领域,评选出海螺集团5G+工业联网项目、宝武马钢5G智慧矿山在内的"安徽省5G+工业互联网"十大创新应用,引领5G、工业互联网融合发展。另外,合肥中国声谷以人机交互、新型医疗器械,建设智慧数字相关产业国家基础基地,如今产业园入驻企业约2000家。

在信息互联方面,安徽挖掘5G典型应用场景和工业互联网平台的构建。打造以"双跨"平台为引领、区域级平台横向覆盖、行业级和专业级平台纵向连接的全方位平台赋能体系。支持科大讯飞、海螺、奇瑞打造"双跨"平台。安徽省将坚持以"上云用数赋智"为手段,加快发展工业互联网,牢牢把握"生产线改造—数字化车间—智能工厂—工业互联网平台—赋能中小企业"这条主线,持续推动制造业数字化转型。合肥在新数字基建方面一直走在全省前列,以政务办公线上平台为基础、算力一体化系统为保障,合肥形成政务线上平台系统,做到政务线上线下全部办理,打造数字合肥城市名片。合肥总计提供3万核VCPU、40 T内存及4000 T存储规模,30家单位、近60个业务系统上云,不仅应用在本市还可以跨市、城市各个部门信息资源平台共用、数据在平台汇聚资源共享、承办业务线上同步省时省事。政务外网实现100余个市直单位、13个县(市、区)及近2000个乡镇(街道)和行政村(社区)安全接入,政务信息在平台共享,老百姓办理政务不会因为缺少信息而各地奔跑,工作人员快捷便利得到所需信息便于快速处理。合肥量子城域网可为近500家机构提供量子安全接入服务和数据传输加密服务,是全国第一个把量子技术应用到基层。合肥市大数据平台、统一办公平台等业务均已在合肥量子城域网上线运行。合肥获评"宽带中国"优秀城市,固定宽带平均接入速度达到150 Mbps,合肥新建居民区、商务区光纤每家每户接入光纤,光纤覆盖率在城市和乡村几乎达到100%。合肥先进计算中心"巢湖明月"建成并投入使用,同时,全市大规模数据中心有9个,为基础科学研究、产业创新发展、智慧城市建设等提供强大的算力。

四、保障措施

政策支持。安徽认真落实数字经济发展相关政策,从技术创新、培育市场主体、开发数字经济平台、优化产业环境、新建基础设施等方面对全省数字经济发展提供政策支持。落实《支持中国声谷建设若干政策》,投入大量资金、人力、物力,支持合肥中国声谷的发展。落实软件企业税收优惠政策,出台有关集成电路、数字经济、5G等政策,不断加大对软件和信息服务业发展资金支持与政策支持力度,为数字型企业保驾护航。

  督查激励。政府将发展数字经济作为重大政策措施，由安徽省政府办公厅采取统一方法对真抓实干、成效明显的地方进行表彰，通过督查激励，能够激发和调动各地加快发展数字经济的积极性和主动性，调动社会各类群体为数字经济的发展出谋划策。

  宣传推广。为了做大做强数字经济，安徽举办2019世界制造业大会数字经济展、2020世界制造业大会江淮线上经济论坛"5G+工业互联网"高峰论坛等活动，将安徽数字经济领域的优秀企业、优秀产品、优秀做法展现出来，吸引更多数字型企业入驻安徽，培育更多的独角兽企业、瞪羚企业和高成长企业，优化数字经济环境，营造推进数字经济发展的良好氛围。

  交流合作。安徽落实长三角区域信息化合作机制，与长三角地区深度合作，打造数字长三角。2020年，长三角一市三省经信部门主要负责人在长三角一体化发展重大合作事项签约仪式上，共同签订了《共同推进长三角数字经济一体化发展战略合作协议》，打造长三角数字经济发展高地。

  安徽数字经济发展的优势表现在：第一，产业优势。安徽制造业排名位居全国前列，工业体系完备，由传统产业转型升级，到新兴产业形成体系、现代服务业加快发展，再到数字经济蓬勃兴起，这些为数字技术的发展奠定基础、提供了产业和成本优势，带来更多红利。第二，技术优势。国家实验室、综合性国家科学中心落地安徽。在人工智能、量子计算、物联网、区块链、大数据等领域持续突破，技术优势为安徽省数字经济的发展提供有力支撑。第三，人力资源优势。2022年安徽常住人口有6127万人，合肥有963.4万人，这不只说明人口数量多，还体现安徽省对人才的吸引力增强、人才素质整体提高。政府对人才重视与支持力度不断加大，人才资源优势为数字经济发展提供有力保障。

第三节 安徽融入数字经济长三角存在的问题

  虽然安徽数字经济发展呈现高速增长的态势，数字经济成绩显著，但整体上仍处于起步阶段，与长三角发达地区差距较大，在核心技术突破、产业数字化、数据共享、制度体系、人才资源等方面还存在不少制约和瓶颈。

一、数字经济发展规模不大

  中国信通院发布的《中国数字经济发展和就业白皮书》对全国各省市数字经济发展进行综合排名。2018年，与珠三角、长三角、京津冀地区数字经济总量上比较，长三角地区数字经济规模最大，为8.63万亿元，珠三角地区居第二位，数字经济规模仅4.31万亿元，长三角数字经济总量远大于排名第二位的珠三角，接近珠三角地区的 2 倍;从数字经济占 GDP 总量比重来看,珠三角地区数字经济占 GDP 总量比重最高,达到 44.3%,长三角地区占 GDP 总量比重为 40.9%,而安徽数字经济占 GDP 总量比重不到 30%,明显低于长三角地区占 GDP 比重平均水平。从数字经济增速来看,长三角地区数字经济增长最快,增速达到 18.3%。安徽省数字经济增速在 15% 左右,拉低了长三角地区数字经济增速。2020 年,在数字经济总量上,安徽省排名全国第十三位;在数字经济增速上,安徽省在全国的排名是第九位。相比较而言,长三角其他省市的数字经济总量远超安徽,江苏和浙江在省级排名中分别排名第二位和第四位,上海在全国排名第五位。全国数字经济占 GDP 比重的平均值为 38.6%,上海 GDP 占比全国第二,为 55.1%,浙江、江苏数字经济占 GDP 的比重超过全国水平,而安徽数字经济占 GDP 的比重低于全国水平。由数据可得,虽然安徽数字经济不断增长,但由于历史原因、经济发展水平、产业结构等方面的影响,使得数字经济总量、GDP 占比与长三角其他省市相比仍然处于劣势、追赶的状态。安徽数字经济规模直接影响到长三角数字经济一体化发展水平。

二、数字经济发展区域不平衡

安徽省数字经济发展出现长三角区域内和省内两个不平衡并存的现象。安徽数字经济发展在省内严重不均衡现象是一个明显的问题。合肥、芜湖、蚌埠数字经济发展水平较高。2020 年,合肥市数字经济规模超 4000 亿元,占 GDP 比重超四成,数字经济核心产业增加值占 GDP 比重为 9% 左右。合肥是安徽发展数字经济前沿地区,是我国数字经济发展的新一线城市。2021 年,合肥市进入数字经济城市发展百强榜。合肥聚集了大数据、人工智能、集成电路、新型显示、装备制造、健康医疗等数字产业,数字经济发展不仅是在安徽乃至全国范围内占有一席之地。从数字经济产业发展布局来看,以合肥为中心城市的合肥都市圈、皖江城市带相对发达一些,皖北地区还存在一定的差距。软件和信息服务业发展不均衡,安徽省大多数地级市很少有软件园区的建设,软件和信息服务业规模较小,2020 年,软件业务收入全国排名第十五位,占全行业的比重不足 1%;长三角地区排名是第四位,安徽与长三角其他省市差距较大。

三、数字经济核心技术面临瓶颈

虽然目前长三角区域数字技术应用较为广泛,但是安徽在核心技术的基础研究方面仍然略显不足,数字经济关键的核心技术缺乏突破,这也是我国普遍存在的问题。具体而言,基础设施和基础技术产业体系不强,数字技术不能完全满足数字产业化和产业数字化发展的需要,核心技术研发难以较大突破,在生产效率、创新能力、高端供给等方面与发达地区相比仍有差距,这些现状无疑给长三角数字经济一体化发展带来了非常大的阻碍。安徽在精密传感器、集成电路、工业软件、操作系统、数据库等基础数字产品方面依赖进口;而在人工智能、操作系统等数字核心技术则受到国外科技公司的掣肘。虽然安徽近年来有些数字科技企业在开源软件的基础上进行多次创新,但相对于开源社区的优化与革新还有较大差距。另外,安徽省在软件和信息服务业自身规模小实力不强,研发能力较弱,软件企业多数以行业应用研发为主,与制造业、高新技术产业融合深度不够,转型高质量发展任务重。长三角数字技术研发中心、科技创新共同体和数字经济科技园区建设方面需要有实质性的突破,共同攻克数字经济核心技术。

四、数字经济一体化渗透度不够

安徽数字经济一体化发展体现在各领域中,但在各个领域中的应用存在很大差异,数字经济在服务业与流通领域行业中的渗透就明显高于工业和农业领域。并且,就数字经济在服务业与流通领域行业中的渗透而言,与世界发达国家仍然存在很大的差距。通过《全球数字经济新图景(2020年)》报告中的内容了解到,2019年我国农业数字经济渗透度为8.2%、工业数字经济渗透度为19.5%、服务业数字经济渗透度为37.8%,与国外发达国家差距较大。因此,安徽数字经济在领域内渗透度参差不齐,相互联系不紧密,产业链难以形成,甚至还有市场壁垒、数字鸿沟等不利于发展的因素。

互联网技术的连接性尚有巨大潜力,供给与需求衔接性不够,产品附加值低。具体而言,工业方面,生产智能化程度较低,智能工厂、智能车间数量偏少,柔性制造、人性化定制等新模式应用不多,信息技术尚未引起足够重视。在农业方面,农业生产标准程度、信息化程度、精准程度水平难以满足现代农业发展需要。信息服务体系不健全,农产品的生产者和消费者存在信息不对称的问题,健康、绿色、安全农业发展不足。服务业方面,互联网应用程度较低、服务效率不高,个性化的服务水平不能满足客户需求。电子商务交易规模有待扩大,安徽在互联网消费方面落后于浙江、江苏等大省。另外,互联网与安徽传统行业跨界整合发展不足,缺少有影响力、带动力的新产业、新模式、新业态。产业规模小、互联网龙头企业数量少、质量不高、整体盈利不乐观、创新成果转化不足、量子等前沿技术的产业化水平与技术水平仍不匹配。

五、数字经济体制机制不完备

随着数字经济的大力发展,数字技术的重要程度与日俱增,愈发受到政府和相关管理部门的重视,然而在数字经济的发展制度仍然存在不足,缺乏完备的体系,尤其体现在技术服务以及资金扶持等方面,一些部门存在"画饼"现象。目前人工智能无人驾驶技术是一个技术发展热门话题,但在安徽有一家汽车企业投资无人驾驶汽车,在路面实验过程中发现其未来很难取得相关电信增值服务业务,导致企业不愿意再投资,路面实验活动也相应停止。个别企业利用算法工具谋取不当利益,例如,某些自动驾驶系统同保险费计算程序挂钩,如果用户不严格按照自动驾驶系统所"建议"的方式驾驶车辆,那么将可能面临保费激增的后果。平台垄断流量入口之后,就会各个方向扩张,将市场垄断从一个垂直市场传导至多个垂直市场,形成双轮垄断,导致在竞争政策、数据安全、基础服务能力和特别监管机制等方面缺乏有效治理。省、市之间在云计算大数据产业布局、财政支持和基金投入等方面出现同质竞争之势,行业的差距体现在同质化竞争激烈和产学研一体化能力不足方面,没有统一建立省级层面的统筹协调标准,数据共享难度大,尤其是基础数据,省市之间的信息壁垒问题没有解决。信息化管理模式难以适应新要求。当前,安徽省信息化管理取向集中管理与应用发展,各地政府跨部门、跨行业、跨区域整合信息资源,在电子政务、智慧城市领域实现资源的互联互通,但是信息资源的获取既受管理体制的约束,还有一些垂直业务系统不能实现信息资源互联互通,海量数据资源的价值不能利用,未能充分挖掘数据价值,大数据开发利用效率低。一些地方和部门还存在信息化水平低和重复建设问题。同样数字长三角建设也缺乏制度保障,目前在建设过程中发现的问题,只能依靠协商解决。

六、数字经济领域专业人才相对匮乏

在数字化转型过程中,大数据、物联网和人工智能等数字化技术更新快,数字化产业发展快,需要的数字化人才数量多、要求数字化人才具备专业性强,门槛较高。安徽省数字型人才结构性过剩与短缺并存,虽然总人口基数大,但是数字经济企业仍然缺乏高层次、复合型人才与专业技术带头人。第一,缺乏数字化高端应用型人才,安徽省数字企业存在的复合型高层次人才匮乏等问题日益严峻。部分企业花费大量资金引进国外先进的设备与技术后,在使用过程中出现不会操作设备与新型的管理系统软件等问题,不具备操作该项技术的能力,缺乏专业人才的操作指导。第二,缺乏直接从事数字化生产的专业技术人员,劳动者技能平均水平偏低,专业技术人员是指既懂数字技术又熟悉工业知识。第三,安徽省毗邻沪苏浙,受发展水平和经济条件的制约,安徽省外出务工人员多,数字化企业对外地人才的吸引能力和留存本地人才的能力都较差,使得企业接纳高素质高能力的人才花费的成本更高,小微企业的利润不能支持高额的成本。2022年8月,在六安市调研过程中企业反映,一方面跨境电商专业人员缺少,另一方面当地培养的优秀人才又流失到长三角发达地区。最后,数字化人才队伍建设滞后。安徽省各高校数字化人才培养仍有待加强,截至2021年,安徽省高校获批开办数据科学与大数据技术专业的数目较少。安徽省在较长时间内,从事数据收集、加工、集成和分析应用高级数字化人才存在巨大缺口。

总之,安徽在数字经济发展方面有一些缺点:安徽GDP总量中数字经济体量占比不大;省内数字经济各地级市协同发展不平衡;数字经济核心技术面临瓶颈、受制于人;数字经济结合的空间角度上不够广和深,在领域上,数字经济应用工业和农业低于服务业的消费和基础流通;数字经济发展最好的服务业不能突出优势,数字经济的新兴企业缺乏平台型领头羊企业；数字经济发展制度体系尚不完备；数字高端数字人才供应不足,高校培养的人才数量难以满足数字企业需求人才数量。

第四节 安徽融入数字经济长三角发展路径

安徽在数字长三角建设大背景下,数字经济取得较好的成绩,未来发展有优势,但也存在限制因素。为了着力推动数字经济快速发展,建议从以下几个方面加大力度。

一、引导数字经济区域特色发展

安徽加强数字长三角建设规划落实,制定和完善配套政策,优化数字经济布局结构。数字经济发展数量和质量居同等地位。安徽省加大数字经济在GDP总量中的占比,缩小与沪苏浙之间的差距。同时,安徽发挥在人工智能语音、量子通信、平板显示等方面的优势,在数字长三角中突破发展,立足先机。安徽对标沪苏浙发达地区的标准,打破省域内数字经济发展现状,优化省内分布散乱的格局,在地理和行政分界上,改变一直以来皖南、皖北、皖中等板块,主动寻找皖南、北、中结合互动发展新方式。加大皖北落后地区大数据中心、5G基站等通信网络基础设施建设力度,为数字经济发展提供必要的条件。发现不同地方的特色产业,从地方特色产业数字化开始,让数字技术赋能当地产业发展。挖掘各地发展数字经济的资源优势,发展不同类型数字经济产业,比如合肥企业发展"中国声谷"语音数字产业,淮南因人力资源丰富发展承接数字外包业务。通过基础设施建设和数字技术发展,各地结合自己地方特色,融合发展数字化产业和产业数字化,形成特色的数字经济。这样可以解决省内数字经济布局不合理问题。安徽数字经济可借鉴国内外先进发展模式,积极主动融入长三角数字经济协同发展。安徽与沪苏浙在基础设施、产业布局及产业链等方面要科学规划,协调发展。

二、重视数字经济技术创新合作

安徽加大数字经济技术的研发财政支持和金融支持力度。各类企业、高校和科研院所实现产学研密切合作,集中优势力量攻克技术难关,尽快做到在基础研究和应用研究方面多出成果。实现数字经济高质量发展就要把科技掌握在自己手里,把新型举国一体的体制强项应用在实处,在最主要技术上攻坚克难,促进突破卡脖子技术壁垒。安徽要努力在量子计算、超导芯片、区块链等领域关键核心技术实现重大突破,从而提高数字经济发展水平。注重数字经济技术方面的国际合作,充分吸取国际先进技术经验,通过合作与学习的路径引进国外数字经济技术。鼓励省内研发机构和企业主动与国外科研机构及企业合作共建数字经济国际科技互动交流中心、海外研发合作基地等机构,以便发展数字经济技术和培育更多国内高端技术人才。强化企业在技术创新主体地位,突出产学研用融合链条功能,完善科技创新成果在企业和高校中分享,意见不同的创新主体交流互动的机制。支持数字经济企业运营模式创新,在运营、技术和融资上等方面进行模式创新,提升安徽数字经济企业的市场竞争力。安徽深化"建芯固屏强终端"行动,加快推进"中国声谷"建设,支持合肥创建"中国软性名城",打造全省经济发展新引擎。数字经济相关企业要出省主动对接,积极参与区域科技创新活动,合力打造长三角数字创新共同体,与苏浙沪一起共同对重大的技术联合研发,增加与苏南、杭州、宁波等长三角地区的国家自主创新示范区交流学习,加强"两心共创"上海张江、合肥综合性国家科学中心的合作。

三、推进数字经济与实体经济深度融合

首先,组织实施数字技术与实体经济的有层次结合。通过对市场需求的调研,为实现数字技术与不同行业的实体经济之间的深度融合提供基础,从而开拓出不同情景下的产业新模式。其次,通过"数字技术+先进制造"以及"大数据+产业集群"等战略规划的实施,实现数字技术在生产制造环节的融合应用,从而推动传统制造企业向数字化、智能化转型升级。最后,力求促进农业经济与数字技术的深度融合,探索数字化环境下农业发展的新模式,通过对数字化农业技术的推广,从而重新塑造出新型农业生产及经营模式。促进智能机器发展,进一步打造智能制造核心装备、关键平台软件、工业互联网等系统集成应用。加快"院企登云",促进企业使用云平台在云上获取所需资源,加强资源获取速度,对企业信息化建设提供补贴。推进实体经济数字化转型,促进实体经济企业生产数字化产品的,深层次制作、经营管理、市场服务等部分的数字化发展,把得到的数据信息收集分享。制造业智能化集中管理,促进指定位置制造业集中管理的基础建设达到数字化标准,促进智能物流互联、能源管控系统等新型基础设施共建共享。培育数据驱动的新模式新业态,推广企业在互联网平台连接消费与服务、供应与制造、生产与产品间的信息数据和业务数据推动创新资源互联互动,打造一对一对接服务、根据需求做产品、整个产品厂商一体化制造等新路子,推动平台经济、共享经济、产业链金融等新业态发展。

四、促进数字经济发展手段创新

数字经济发展离不开统一有序的大市场和有效的政府促进政策。发展数字经济是提升中国全要素生产率的必然选择。在宏观调控上,需以政府为主导,强化以"连接—数据—融合"为核心的数字经济生态体系,促进数字经济的健康发展与全面渗透。政府促进政策根据不同对象而不同,当然促进手段也要不断创新。比如,在各种领域"数字基建"方面要区分竞争性业务还是非竞争性业务,对于竞争性业

务的促进政策依赖法律手段和经济手段,在非竞争性的"数字基础建设"方面,发挥政府能动带头作用协调各单位参与,主要依赖行政手段。创新信息化管理模式,优化数字经济发展环境。积极落实网络信息安全、个人信息保护等方面制度,规范网络市场秩序。促进"利用互联网的线上监管",对新产品、新业态的市场准入规则有更高的容忍度,调整紧缩的政策环境转为宽松的政策环境。促进政务信息化建设模式特色、政务数据共享和开放。不断深化改革数字经济营商环境,将其统一到"放管服"改革体系中。简化政策权力下放,深层次改革准入条件;在数字素养方面,制定目标,完善数字素养。为了鼓励数字技术应用和运营模式创新,安徽应加强与沪苏浙政府合作,利用长三角数字一体化信息平台的作用,不断改进促进方式。

五、完善数字经济发展体制机制

数字经济是长三角区域经济增长的重要引擎,也是产业协作和公共服务共享的基础。长三角建立专门机构负责公共服务、市场机制、技术监管等多方面推进整体协同、高效运行的数据共享流动机制。探索出长三角一体化的数据监管协同,积极防范化解风险体制机制的创新。浙江牵头推进"电子证照安全制度建设和授权管理"等多项制度机制建设,制定《建立长三角高效数据供需对接机制的工作方案》。安徽要积极参与长三角数字经济发展体制机制的建设。建立健全法律法规,指导行业章程。从政策和行业标准上促进完善,不断查缺补漏数字经济发展战略指导,政府政策相互协调而不是相互制约,从长远发展的角度制定政策。促进不同行业结合的标准体系建设,加强共性标准建设,完善核心技术标准。调整补充数字经济统计理论、方法和实施措施。运用互动互联便利管理效率,优化大数据、人工智能、区块链等现代信息技术在治理中的应用。在运行过程做好实时监控记录、科学手法判断风险、科学手法防范风险,线上工作可降低成本,提升工作效率。监管过程时刻注意安全防范风险,全面加强核心信息基础设施、互联网信息数据、个人数据信息等安全防范能力,加强在各种行业融合后的安全防护能力,把新型网络安全风险扼杀在萌芽中。

六、加快数字经济领域复合型人才供给

清华大学经管学院发布《长三角地区数字经济与人才发展研究报告》,安徽省的高水平人才和数字人才储备,在长三角地区存在一定的劣势。安徽采用培养和引进等多种形式解决数字经济人才短缺问题。政府应加快财政投入和政策支持数字经济高端人才的培养和引进。高校加快数字经济相关专业招生和培养,主动邀请企业参与数字经济领域人才培养,培养具有视野宽广和创新意识、理论功底深厚、知识运用能力强的数字经济复合型高层次人才,为数字经济发展提供智力保障。高校加大引进数字经济相关专业学科带头人的力度,面向国内外招聘,具体形

式多样,可以是全员制聘用,也可以采取柔性引进方式。鼓励高校与企业合作培养人才,可以通过共同设立研究院的形式培养高端人才;也可以通过各种形式产业学院培养应用型高层次人才。数字经济产业需要大量现场技术和管理人员,这些为职业教育提供良好发展机遇。安徽高校与长三角合作,在学科建设、师资队伍、专业设置、人才培养等方面开展紧密合作。企业是数字经济人才的用户,可以充分利用长三角数字一体化建设的优势,引用上海的 ICT 和制造产业、浙江的基础型和融合型数字经济产业、江苏的传统行业中的优秀人才。安徽在推动数字人才引进和培育体系方面日益健全、发展环境不断改善,在数字经济重点领域集聚了一批顶尖人才,为推动数字长三角建设提供了有力的人才支撑。

参 考 文 献

[1] 安虎森.高级区域经济学[M].大连:东北财经大学出版社,2020.
[2] 姚洋.发展经济学[M].北京:北京大学出版社,2018.
[3] 王振.长三角协同发展战略研究[M].上海:上海社会科学院出版社,2018.
[4] 陈丹宇.区域创新系统中的协同效应理论与实证研究:以长三角为例[M].杭州:浙江大学出版社,2021.
[5] 费景汉.增长和发展-演进的观点[M].北京:商务印书馆,2004.
[6] 刘志彪.新发展格局下的长三角一体化[M].合肥:安徽人民出版社,2022.
[7] 林毅夫.新结构经济视角下区域经济高质量发展和产业升级[M].上海:上海人民出版社,2022.
[8] 王祖强.长三角城市群与都市圈发展的机制与路径研究[M].北京:人民出版社,2020.
[9] 陈雯.长江三角洲区域一体化空间合作、分工与差异[M].北京:商务印书馆,2018.
[10] 国务院发展研究中心课题组.长三角区域一体化发展的战略路径[M].北京:中国发展出版社,2020.
[11] 郭熙保,胡汉昌.后发优势新论:兼论中国经济发展的动力[J].武汉大学学报(哲学社会科学版),2004(3):351-357.
[12] 杨辉.我国财政支出与人文发展指数相关性研究[J].长沙铁道学院学报(社会科学版),2007(1):69-71.
[13] 汪卫民,吕永龙,卢凤君.可持续发展的理论分析及实现途径初探[J].中国农业大学学报,1998(2):1-5.
[14] 王连峰.人力资本不平等与中国区域经济增长[D].厦门:厦门大学,2007.
[15] 海因茨·D.库尔茨.经济思想简史[M].李酣,译.北京:中国社会科学出版社,2016.
[16] 上海市人民政府发展研究中心.长三角更高质量一体化发展路径研究[M].上海:上海人民出版社,2020.
[17] 陈雯,孙伟,袁丰.长江三角洲区域一体化空间合作、分工与差异[M].北京:商务印书馆,2018.
[18] 张明,魏伟,陈骁.五大增长极[M].北京:中国人民大学出版社,2021.
[19] 施戍杰.保持经济稳定增长与优化收入分配结构良性互动研究[J].学习与探索,2018(7):126-130.
[20] 刘世锦.中国经济增长十年展望(2020—2029):战疫增长模式[M].北京:中信出版

社,2020.
- [21] 刘志彪,孔令池.长三角区域一体化发展特征、问题及基本策略[J].安徽大学学报(哲学社会科学版),2019,43(3):137-147.
- [22] 陈仲常,曹跃群.产业结构变动指标体系研究[J].重庆大学学报(社会科学版),2003(1):50-53.
- [23] 张学良,李丽霞.长三角区域产业一体化发展的困境摆脱[J].改革,2018(12):72-82.
- [24] 李世奇,朱平芳.长三角一体化评价的指标探索及其新发现[J].南京社会科学,2017(7):33-40.
- [25] 曾刚,王丰龙.长三角区域城市一体化发展能力评价及其提升策略[J].改革,2018(12):103-111.
- [26] 姚鹏,王民,鞠晓颖.长江三角洲区域一体化评价及高质量发展路径[J].宏观经济研究,2020(4):117-125.
- [27] 单静怡.长三角高质量一体化发展进程中产业发展问题及对策分析[J].现代管理科学,2020(1):27-29.
- [28] 刘志彪.长三角一体化发展示范区建设:对内开放与功能定位[J].现代经济探讨,2019(6):1-5.
- [29] 陈雯,孙伟,刘崇刚,等.长三角区域一体化与高质量发展[J].经济地理,2021,41(10):127-134.
- [30] 谢非,袁露航,傅炜.长三角区域何以实现高质量市场一体化?:基于对外开放、产业结构升级、金融发展视角[J].改革,2021(6):112-124.
- [31] 周正柱,李瑶瑶.长三角市场一体化经济增长效应及路径:基于长三角27个城市的考察[J].华东经济管理,2021,35(8):29-39.
- [32] 张学良,陈建军,权衡,等.加快推动长江三角洲区域一体化发展[J].区域经济评论,2019(2):80-92.
- [33] 梁丽娜,于渤.经济增长:技术创新与产业结构升级的协同效应[J].科学学研究,2021,39(9):1574-1583.
- [34] 胡立君,石军伟,傅太平.产业结构与产业组织互动关系的实现机理研究[J].中国工业经济,2005(5):50-57.
- [35] 特木钦.长三角一体化下养老服务区域融合研究[J].宏观经济管理,2019(8):51-58.
- [36] 李金昌,史龙梅,徐蔼婷.高质量发展评价指标体系探讨[J].统计研究,2019,36(1):4-14.
- [37] 张霞,何南.综合评价方法分类及适用性研究[J].统计与决策,2022,38(6):31-36.
- [38] 王明吉,吴兵.基于熵原理的电力企业上市公司综合效绩评价研究[J].管理学家(学术版),2011(5):21-28.
- [39] 曾刚.长三角城市协同发展能力评价及其区域一体化深化路径研究[J].华东师范大学学报(哲学社会科学版),2021,53(5):226-236,242.
- [40] 刘秉镰,朱俊丰,周玉龙.中国区域经济理论演进与未来展望[J].管理世界,2020,36(2):1
- [41] 侯勇志,刘培林.区域一体化:高质量发展有效路径[M].北京:中国发展出版社,2020:2-8.
- [42] 刘士林.长三角一体化的发展历程与文化选择[J].中国名城,2021(8):7.
- [43] 张五常.交易费用的范式[J].社会科学战线,1999(1):1-9

[44] 赵宏,等.中国区域经济发展报告:2019—2020[M].北京:社会科学文献出版社,2020.

[45] 李应松,程晖.安徽:对标沪苏浙,"三张清单"推进落实长三角一体化发展[N].中国经济导报,2021-11-26.

[46] 洪必纲.区域经济发展战略下的主体功能区建设[N].光明日报,2011-01-16(7).

[47] 刘志彪.长三角一体化发展的基础在市场一体化[N].学习时报,2019-11-28.

[48] 张理想.长三角区域一体化 共绘旅游一体化发展新图景[N].安徽日报,2021-06-11.

[49] 杨成凤,柏广言,韩会然.流动人口的城市定居意愿及影响因素:以安徽省为例[J].世界地理研究,2020(6).

[50] 刘晨旭,何茜茜,乔银,等.安徽省人力资本对技术创新的影响:基于空间计量的实证研究[J].当代经济,2020(10).

[51] Lucas R E. On the mechanics of economic development[J]. Journal of Monetary Economics,1988(22):3-42.

[52] Romer P M. Human capital and growth: theory and evidence[J]. Carnegie Rochester Conference Series on Public Policy,1990(32):251-286.

[53] Barro R J. Economic growth in a cross section of countries[J]. Quarterly Journal of Economics,1991(2):407-443.

[54] Rauch J E. Productivity gains from geographic concentration of human capital: evidence from the cities[J]. Journal of Urban Economics,1993,34(3):380-400.

[55] Benhabib J,Spiegel M M. The role of human capitain economic development: evidence from aggregate crosscountry data[J]. Journal of Monetary Economics,1994(34):143-173.

[56] 汪彦,华钢,曾刚.人力资本对长三角城市群区域创新影响的实证研究[J].南京社会科学,2018(5):27-35.

[57] 黄征学.奋力共绘长三角高质量一体化发展"工笔画":《长江三角洲区域一体化发展规划纲要》解读[J].旗帜,2020,13(1):75-76.

[58] 贺静.关于金融支持长三角高质量一体化的实践与思考[J].现代营销(经营版),2019(11):68-69.

[59] 王军,付莎.金融一体化与城市群经济协调发展[J].财经科学,2020(10):80-92.

[60] 王晓红.推进长三角金融一体化的探讨[J].现代金融,2010(11):28-29.

[61] 孙丽霞,梁燕君.珠三角区域金融一体化发展探讨[J].南方金融,2011(5):81-83.

[62] 黄国平,方龙,徐玄.高质量发展下长三角金融一体化研究[J].宏观经济管理,2020(10):48-55,71.

[63] 岳昌君.我国教育发展的省际差距比较[J].华中师范大学学报(人文社会科学版),2008,47(1):122-126.

[64] 程巍.构建新发展格局背景下金融服务实体经济的思考:以黑龙江省为例[J].山西农经,2021(5):189-190.

[65] 万霞.金融合作推动下的长三角一体化发展[J].商讯,2020(25):85-86.

[66] 欧阳秋,张安妮.长三角地区金融发展及区域融合路径研究[J].华北金融,2020(9):35-42.

[67] 徐婕.我国科技人力资源规模层次及国际比较[J].今日科苑,2018(5):14-23.

[68] 张杰,吴书凤."十四五"时期中国关键核心技术创新的障碍与突破路径分析[J].人文杂志,2021(1):9-19.

[69] 李红兵,李颖,陆婉清,等.安徽省科技人才发展现状及对策研究[J].安徽科技,2020(11):9-13.

[70] 樊秀娣.本土科技人才发展评价及对策:基于本土人才与海归人才的比较[J].中国高校科技,2018(10):15-17.

[71] 程振革.发挥创新驱动原动力作用 打造合肥经济增长新引擎[J].安徽科技,2016(4):15-16.

[72] 江苏省科技厅.加强基础研究与原始创新[N].江苏科技报,2021-10-22(3).

[73] 刘志强.长三角一体化发展的制度机制建设重点及路径[J].经济纵横,2021(11):83-89.

后 记

本书是安徽省哲学社会科学规划重点项目(AHSKZ2019D032)研究成果。课题组成员自2020年6月接到立项通知以后,克服新冠疫情带来的困难,收集相关文献和数据资料,开展大量社会调查,采取多种形式征求专家意见,组织撰写研究报告,按时完成相关研究任务。

在本书写作过程中,特别感谢以下诸位:李如潇(参与第一章),沈韵竹(参与第二章),李阿叮、陈卓(参与第三章),戚名侠(参与第四章),朱成科(参与第五章),于娜(参与第七章),还有硕士生王亚洲、刘亚娇和黄越越同学,他们对章节相关内容提供了素材和重要建议。本书观点仅限于学术讨论范围,任何缺点最终由作者负责。

本书的最终完成,也离不开中国科学技术大学出版社的信任和支持,尤其感谢编辑部同志们的辛苦付出,在此深表感谢!